日本への
原爆投下は
なぜ
必要だったのか

Wilson D. Miscamble 著
金谷俊則 訳

幻冬舎 MC

日本への原爆投下はなぜ必要だったのか

本書について

「The Most Controversial Decision」(日本への原爆投下はなぜ必要だったのか)トルーマン、原爆、日本の敗戦

本書は、第二次世界大戦でアメリカが日本に原爆を使用した経緯と、日本を敗戦に追い込むことになった原爆の役割を探求しようとしたものである。また、原爆の投下を決断したという、多くの議論の余地がある問題を生み出すことになったハリー・S・トルーマン大統領にも焦点を当てている。本書は、よく知られた公文書等の史料を精査し、本書のテーマにかんするごく最近の学説を検証しながら、偏りのない立場から説得力のある概説を述べている。さらに、歴史家のあいだで多くの議論を呼んでいるテーマを取りあつかい、トルーマン政権が「原爆外交」を推し進めたとされる非常に議論の多い問題にも正面から取り組んでいる。なお本書は、アメリカが広島と長崎にこの恐るべき兵器を使用したことが道徳的に正しかったかどうかを問う歴史上の中心となっている分析とは一線を画している。また、核兵器と冷戦の発端との関係についてもバランスの取れた評価を下している。

CSC(聖十字架の会衆)の聖職者ウィルソン・D・ミスキャンブル氏は、一九八八年にノートルダム大学の終身専任教授に加えられた。オーストラリア出身で、一九七三年にクイーンズランド大学を卒業して三年後に修士号を取得し、一九七六年にノートルダム大学に移って大学院で歴史学を研究し、一九八〇年に博士号を取得した。その後、オーストラリアのキャンベラにある首相内閣局の査定課で北米担当の専門家として二年間ほど勤務した。一九八二年の夏にノートルダム大学に戻り、「聖十字架の会

衆」の聖職者養成課程に入り、一九八八年四月九日に聖職者の称号を授けられた。ミスキャンブルの研究分野は、第二次世界大戦以降のアメリカの外交政策についてで、これまでに出版した著書に、「George F. Kennan and the Making of American Foreign Policy, 1947-1950」と「Keeping the Faith, Making a Difference」がある。また、「American Political History: Essay on the State of the Discipline」と「Go Forth and Do Good: Memorable Notre Dame Commencement Addresses」の編集にもたずさわっている。最近の著書としては、二〇〇七年に「From Roosevelt to Truman」「Potsdam, Hiroshima, and the Cold War」を刊行し、二〇〇八年にハリー・S・トルーマン図書賞を受賞している。

推薦のことば

これは痛快な本です。ウィルソン・ミスキャンブル氏は、簡明ななかにも生き生きとした、まるで素手で戦うような筆致で、アメリカが原爆を使用する際にハリー・S・トルーマン大統領が決断した核心的な部分と、この兵器が第二次世界大戦で日本を敗戦に追い込んだ役割を的確に捉えています。なかでも、視野の狭い偏狭な批評家たちが、トルーマンがヨーロッパの東部から中央にかけて野望を抱くソ連を押しとどめるために「原爆外交」を採用したのだと主張したり、トルーマンの周囲でくり広げられていた出来事に対する洞察を省みない姿勢を、ミスキャンブル教授はやり玉にあげているのです。さらに、現存する公文書をはじめとする史料を縦横に駆使し、「常識」という当たり前の立場に立って、今ひとつの結論を導いています。それは、「トルーマンが広島と長崎に原爆を投下する命令を下さなかったら、何千人というアメリカと連合国の兵士、水兵、海兵隊、航空隊員が第二次世界大戦の戦没者のリストに載ることになるはずだ」ということです。「さらなる殺戮を防ぐことができる兵器と知りながら、それを使わなかったとしたら、アメリカの大統領として、政治的にも個人的にも生き残ることができただろうか?」という、著者が呈した疑問を取り上げる人は、これまでほとんどいなかったのですが、ミスキャンブル氏がトルーマンと原爆について語っている内容は、二十世紀の一人の大統領が下した、もっとも議論の多い決断について専門家がもう一度取り上げたいと思ったとき、まず立ち寄るところになるはずです。本書は、大学課程および大学院課程の学生のためには理想的な一冊といえます。

ジョセフ・M・シラクサ（ロイヤルメルボルン工科大学）

「American and the Cold War, 1941-1991: A Realist Interpretation」の共著者

「CAMBRIDGE ESSENTIAL HISTORIES」について

シリーズ編集者　ドナルド・クリッチロウ（セントルイス大学）

「Cambridge Essential Histories」は、歴史上の重大な出来事、その時期、それにかかわった人物などを学生に紹介するために編纂されたものである。このシリーズの各巻の構成は、歴史を研究する学生に親しみを持たせるため物語風に執筆されることに重きを置き、第一線の専門家たちが大学の歴史を学ぶ学生を対象に、テーマを絞って手軽にまとめた各巻をつうじて、ヨーロッパ、アメリカ、アジア、ラテンアメリカ、中近東、アフリカ各地の歴史上の話題を取り上げたものである。また本書は、歴史上の出来事に読者が精通してもらい、そこで主張されていることを伝える手引きとし、出来事や問題点を年代を追って物語るようにして、最後に結論として、その歴史を解説して分析を加えるように構成されている。

このシリーズのほかの著書

エドワード・D・バーコウィッツ（Edward D. Berkowitz）「Mass Appeal: The Formative Age of the Movies, Radio, and TV」

ジョン・アール・ヘインズとハーベイ・クレーア共著（John Earl Haynes and Harvey Klehr）「Early Cold War Spies: The Espionage Trials that Shaped American Politics」

ジェームズ・H・ハトソン（James H. Hutson）「Church and State in America: The First Two Centuries」

モーリー・クライン（Maury Klein）「The Genesis of Industrial America, 1870-1920」

ジョン・ローリッツ・ラーソン（John Luritz Larson）「The Market Revolution in America: Liberty, Ambition, and the Eclipse of the Common Good」

チャールズ・パーカー（Charles H. Parker）「Global interactions in the Early Modern Age, 1400-1800」

＊＊＊

わたしの師であり、かけがえのない友人であり、
陸軍大尉（第二十四歩兵師団第十九連隊）として太平洋戦争に従軍した、
ヴィンセント・P・デサンティス氏に

＊＊＊

目次

謝辞

本書の構想は、友人のドナルド・クリッチロウとの議論のなかから生まれてきたものでした。その後ドナルドは、自分が編集にたずわっていたケンブリッジ・エッセンシャル・ヒストリーの一巻として本書を出版しようと、わざわざ勧めてくれたのです。本書の企画を手伝ってくれたのは、長年にわたり友情を深めてきたドナルドと、奥さんのパトリシアお二人のおかげです。本書がケンブリッジ大学出版局から出版されることは、わたしにとっては大きな喜びであり、編集者で友人でもあるルイス・ベイトマンとエリック・クラハンには、激励と、辛抱強く暖かいご支援をいただいたことに深く感謝申し上げます。ケンブリッジ大学出版局のアンネ・ラバリング・ラウンズ氏、シャーリ・チャッペル氏、ジェニファー・キャレー氏にも、本書のアシスタントになって下さり、お礼を申し上げます。シンシア・ランディーン氏は、本書の細かな索引を作成するため、慎重な上にも手早い作業をして下さいました。

このたびの企画について、わたしに学問上のご教示をいただいた方々のなかでも、とくに感謝申し上げたい方は、マイケル・コート氏とジョセフ・M・シラクサ氏のお二人で、原稿の内容について意見を述べて下さったり、助言をいただきました。お二人の業績だけでなく、ほかの歴史家の知見も参考にさせていただきましたが、このお二人の著作は、わたしが引用した参考文献のなかで、とくに役立つものと考えています。また、リチャード・B・フランク氏とデニス・ギアングレコ氏の重要な研究からも示唆をいただいて本書に役立ったことを、とくに認めなければなりません。

本書は、フランクリン・ルーズベルトからハリー・S・トルーマンに至る外交政策上の意義についても、以前わたしが研究していたことを発展させたものですが、当時の研究計画にご支援いただいたすべての方たちと団体に対しては、今でもお世話になっています。なかでも感謝を申し上げたい方々として、ハリー・S・トルーマン大統領図書館のスタッフのマイケル・デバイン氏、サム・ラッシェイ氏、ランディー・ソーウェル氏、リズ・サフライ氏、リサ・サリバン氏の面々です。トルーマン大統領図書館のポーリン・テスターマン氏には、本書に引用する写真を提供していただきました。「聖十字架の会衆」の二人の友人であるスティーブ・ブレディとステファン・コースには、原稿を丹念に読んでもらいました。ビル・デンプシー氏は、わたしにとって貴重な方で、本書の第七章について示唆に富んだ意見を述べて下さり、ありがたく思っています。有能なアシスタントのブライアン・コーリガン、ケリー・シュマッチャー、ステファン・クロニスターは、本書についてだけでなく、そのほかのさまざまな事柄についてもよく承知していて、わたしの手伝いをしてくれました。

わたしは、イェール大学国際安全保障研究センターの客員研究員をしていたときの特別研究期間という、もっとも有意義な年に本書の執筆に取りかかりました。その年の内に本書を完成させることはできませんでしたが、それは多くの方たちから少なからずもてなしを受けたことも一因で、その方たちというのは、ジョン・ガディス氏とトニー・ドーフマン氏、サン・ジョー・シン氏とヘンリー・スミス氏、「聖十字架の会衆」の、わたしの同僚ジョン・ヤングとダニエル・サリバン司祭、それにコネチカット州ハムデンのマウントカーメル聖母教会のみなさんです。この方たちのご厚意で、わたしはもう一度、あそこで客員研究員の仕事ができることを楽しみにしているのです。

ノートルダム大学では、歴史学部の同僚たちと、わたしの研究仲間であるマートル・ドークスから有意義な支援をいただきました。また同大学のモリー・セミナリー・コミュニティーの方たちにも感謝します。ただ、わたしがみなさんとの会話のなかで本書の話題を取り上げすぎていたようでしたら、みなさん方にお詫びしなければなりません。またオーストラリアにいるわたしの家族、なかでも、わたしの両親、兄弟姉妹たちの支えと、これら家族が本書を完成させるときに相談に乗ってくれたことをありがたく感じています。

本書を、わたしの師であり、かけがえのない友人でもある、ノートルダム大学歴史学名誉教授ヴィンセント・P・デサンティス氏に、ささやかな感謝の想いをこめて捧げたいと思います。わたしは三十五年前にノートルダム大学に赴任して、デサンティス氏のもとで指導を受けながら研究をつづけてきましたが、それ以来、氏は、研究面でいつも変わらず、わたしを励ましつづけてくれました。また氏が、太平洋戦争中に第二十四歩兵師団第十九連隊の陸軍大尉として従軍されたことにも敬意を表したいと思います。デサンティス氏は時折、わたしがノートルダム大学に赴任する前に自分もオーストラリアにいたのだと友人に語っていて、この話も、わたしにとっては嬉しいことであり、当時の氏の苦労と戦争中にオーストラリアを防衛し日本に対して勝利をおさめる役目を果たした氏のような若い多くのアメリカ人に感謝する意味からも、本書を活字に残したいと思ったのです。

ウィルソン・D・ビル・ミスキャンブル、「聖十字架の会衆」
インディアナ州ノートルダム大学にて

はじめに

広島と長崎の五十年目を迎える原爆記念日を前に、一九四五年に日本に投下された原子爆弾（以下、「原爆」）は本当に必要だったのか、賢明な判断だったのか、道徳上はどうだったのかという問題がアメリカ国内では学界と世論の双方で議論が白熱し、これを取り扱った書籍[1]が店頭に溢れ、スミソニアン航空宇宙博物館では、一九四五年八月六日に広島に原爆を投下したB-29エノラ・ゲイの機体を展示する計画があった際にも、その是非について国民のあいだで、はげしい論争が巻き起こったのである。スミソニアン博物館としては、ごく最近の専門家による研究成果をふまえて、今まで広く行きわたっていた国内の「神話」に一石を投じる意味もあって、展示されるエノラ・ゲイの説明文に、あえて批判を恐れずに、「原爆は太平洋戦争を終結させるために、あるいはアメリカ人の命を救う目的としてはかならずしも必要ではなかった」と書いたのだが、案の定、この説明文に対する世間の非難はスミソニアン博物館の関係者を驚かせることになった。歴史家のJ・サムエル・ウォーカーは、「退役軍人の団体は、原爆を使用したことが残虐で非人道的で不当だったと暗に述べた博物館の立場をくりかえし非難した」と語っている[2]。今では高齢化している退役軍人たちも、連邦議会からも相当の支持を受けていて、その世代では名うての発言力のある団体であり、スミソニアン博物館に対して、説明文を取り下げるか、相当の修正をするか、あるいは展示の趣旨を変更するよう強く求めたのだ[3]。とにかく、十分に検証されてきた歴史上の展示にさえ口を差し挟むという、このような政治的な圧力があるという現実を目にするのは嘆かわしいことである。

エノラ・ゲイの展示にまつわる騒動は、結局、おさまるどころか白熱してきた。さらに、原爆を使用するというもっとも困難な決断をトルーマン大統領みずからが本当に下したのかという点についても、それから長いあいだにわたって論争がくりかえされることになったのだが、ようするに、このような論争の発端は、「原爆は、日本本土への進攻を不要にさせ、戦争終結を早め、多くのアメリカ人の命を救うことになった」というトルーマンとヘンリー・L・スティムソン陸軍長官らの政治指導者たちが主張してきたことが正しかったのか、というところからはじまってきたのである[4]。なかでも、一九六五年にガル・アルペロビッツが著書『Atomic Diplomacy《原爆外交》』を世に出してから、すでに降伏を目前にしていた日本に勝つために原爆がはたして必要だったのかという問題については、さまざまな評者が相次いで論評を書くようになった。アルペロビッツは首尾一貫した立場を取っていて、原爆五十周年を前に改訂した『原爆外交』のなかで、トルーマン政権はソ連に対する外交手段として原爆を使用したと結論づけていて、原爆投下はかならずしも必要ではなかったとする自分の主張をくりかえし述べている[5]。ただ、原爆にかんする論争を精査した人の述べているところでは、アルペロビッツの著作は、「専門家たちが問題にしている論点から目をそらせている」ということになり、アルペロビッツの主張するような、原爆を使用する必要があったかどうかの是非についてではなく、「主要な問題は、原爆の使用を決定する上で重要な要因は何だったのか、あるいは当時の政治指導者にとって、なぜほかの手段でなく原爆の使用だったのか」[6]ということを本来は議論するべきなのである。この一見すると些細と思われる論点のすり替えによって、原爆の使用は本当に必要だったのかという問題だけが大きく取り上げられることになって、トルーマン政権が俎上に乗せられることになり、本来なら必要でなかったことが、なぜおこなわれたのかということが争点の中心になってきたのである。

　過去の探検家が、困難な土地をどのように地図に記してたどって行こうかと努力してきたように、歴史家が探求している問題は、歴史を知ろうとする人にとっては重要で大きな影響力をもっているため、原爆の使用という論争の多い問題については、本書でも、この問題に取り組む目的を初めにはっきりさせておくことが賢明だと思う。そうすることによって、なぜ日本に原爆を投下したのかということを考えることになるし、原爆が日本の降伏に果たした役割を検討するという方面に進んで行くことになるからである。そして、このような基本的な立場に立って、さらに、ほかの注目すべき問題についても論じるつもりである。具体的にいうと、トルーマンにとって偉大な前任者だったルーズベルト大統領なら、トルーマンが正当だと認めた原爆をはたして使用したのか？　原爆を保有したことで太平洋戦争が終結するときにアメリカ軍が当初予定していた作戦を変えることができたのか？　当時の同盟国だったソ連に対してアメリカは外交方針を変えることになったのか？　原爆が使用される前に、本当に日本は降伏する直前だったのか？　また、広島に原爆を投下したことは、ガー・アルペロビッツが四十年以上も前に大胆に指摘したように、冷戦の幕開けとなる発端だったと見るべきなのか？　ポツダム会談（一九四五年七月十七日〜八月二日）は、トルーマンにとっては、ただ一度の試練となった三大国の外交の場になったのだが、アメリカが原爆を保有したことによって、そのときの会談にどれほどの影響が生じたのか？　以上のような問題に対する答えが、日本の敗戦を早めるために、あの恐るべき兵器を使用する必要があったのかという重要な問題にも光をあてる助けとなるのである。[7]そして、これらさまざまな問題を検討することは、たしかに歴史家の領分であって、これらを検討することによって、トルーマンが原爆の使用を決断したことと、そののちの世界情勢を理解するのに十分に役立つことになると思う。さらに、原爆を取り巻く論争がどれほどはげしいとしても、当然のことながら、原爆の道徳上の問題にも触れないわけにはいかないのであって、本書では、アメリカが広島と長崎に原爆を使用したことが道徳上において正しかったかどうかについても検討することになる。イェール大学の歴史家ジョン・ルイス・ガディスが、「歴史について考えるときに、つねに道徳という問題を避けてとおることはできない」と述べている意見[8]には、わたしも同感であるし、この道徳上の問題を思わせぶりに取り扱うのではなく、わたしとしては、はっきりと取り上げておきたい。そうすることで、わたしの解釈が読者に好ましい影響と討論の機会をあたえてくれるものと信じている。

わたしは、ほかの歴史家の学術研究に対して事細かに反駁するつもりはないが、本書では、過去の研究で述べられている解釈の一部に修正を試みたり、正直に疑問を呈したりしている。ただ、それよりも本書でわたしが試みたことは、これまで多くの議論がなされてきた問題を検討する際に、これまで高い評価を受けている歴史的史料を幅広く引用して述べていることであって、これによって、それぞれの問題に有力な知見をもたらしていると思っている。さらに、わたしの試みとして、原爆の使用の是非という問題について、ごく最近の研究成果も考慮に入れている。このような新たな研究成果が次々と世に出ることで、アメリカが広島と長崎に原爆を投下したことをより深く理解し、説明するのに役立つからである。

トルーマン大統領が原爆の使用を決断したことを理解し説明する試みとして、本書のなかで述べた内容については、わたしが以前に出版した著書『From Roosevelt to Truman: Potsdam, Hiroshima, and the Cold War』[9]のなかから、かなり引用している。前著では、トルーマンの人間像を一面的に捉えることのないよう努めたつもりだったし、大統領という権力に恵まれながらも自分の能力に限界があることに悩み、外交政策の場面では曖昧で優柔不断とも思われるような対応を取ってきた人物だということを明らかにしようとした。このような複雑な性格をもった人物を理解することで、トルーマンの外交政策や決断を迫られた場面が、さらに理解できるようになるからである。また、トルーマンが政策を担っていた当時の国内外の状況について正しく理解することも、同じように必要なことである。本書は、前著と同じように、トルーマン大統領が政策決定をするときに、理解しにくい、曖昧で、わかりにくい対応を取ったということを認めないわけにはいかないのだが、このことを語ることによって、いかなる政治指導者も、緊張を強いられる状況に置かれ、重圧に苦しみ、みずからの判断が周囲に複雑な影響をおよぼすことになるという事実があることを本書では伝えようと試みた。そうすることで、これからの政治指導者たちが、大統領としてのトルーマンという人間のことや、トルーマンが原爆の使用を決定したという、もっとも論争のある問題について理解を深めることができると、わたしは信じているからである。

1　被爆五十周年に際して刊行された出版物としては、ガー・アロペロビッツらによる「The Decision to Use the Atomic Bomb and the Architecture of an American Myth（New York, 1995）」、ロバート・ジェームズ・マドックス「Weapons for Victory: The Hiroshima Decision Fifty Years Later（Columbia, MO, 1995）」、ロバート・ジェイ・リフトンとグレッグ・ミッチェル共著「Hiroshima in America: Fifty Years of Denial（New York, 1995）」、ロバート・P・ニューマン「Truman and the Hiroshima Cult（East Lansing, MI, 1995）」、スタンレイ・ワイントラウブ「The Last Great Victory: The End of World War II, July-August 1945（New York, 1995）」を参照。その後の六十周年の際には、二〇〇五年八月初めに刊行された論評や雑誌の内容は、それ以前よりも低調だった。これらの刊行物のなかでは、リチャード・B・フランク「Why Truman Dropped the Bomb」（The Weekly Standard, 10（August 8, 2005）」pp.20-25が出色である。

2　J・サムエル・ウォーカー「The Decision to Use the Bomb: A Historiographical Update」（マイケル・J・ホーガン編「America in the World: The Historiography of America Foreign Relations Since 1941（Cambridge and New York, 1995）」）p.206

3　スミソニアン博物館の展示をめぐって好意的に語られたものとしては、エドワード・T・リネンタールとトム・エンゲルハート共編「History Wars: The Enola Gay and Other Battles for the American Past（New York, 1996）」を参照。批判的なものとしては、ロバート P・ニューマン「Enola Gay at Air and Space: Anonymity, Hypocrisy, Ignorance」（ロバート・ジェームズ・マドックス編「Hiroshima in History: The Myths of Revisionism（Columbia, MO, 2007）」）pp.171-189を参照。

4　ウォーカーは「The Decision to Use the Bomb」p.207で、この立場を総括している。

5　アルペロビッツ「The Decision to Drop the Bomb and the Architecture of an American Myth」を参照。

6　ウォーカー「The Decision to Use the Bomb」p.213
7　マイケル・コート「The Columbia Guide to Hiroshima and the Bomb（New York, 2007）」pp.81-116の「Key Questions and Interpretations」が役立つ。
8　ジョン・ルイス・ガディス「The Landscape of History:How Historians Map the Past（New York, 2002）」p.122
9　ウィルソン・D・ミスキャンブル「From Roosevelt to Truman:Potsdam, Hiroshima, and the Cold War（New York and Cambridge, 2007）」

一　フランクリン・ルーズベルト、マンハッタン計画、原爆の開発

ハリー・トルーマンは、原爆を使用するという責任を負わされることになったのだが、この兵器を第二次世界大戦中に開発することを決めたのはフランクリン・ルーズベルトだった。ルーズベルトは二十世紀の卓越した政治家であり、アメリカの歴史上で、平和と戦争の時代を一人で経験した偉大で華々しい経歴をもち、後世のどんな大統領も模範とするような人物としての地位を今でも保っている。当時のアメリカの恐慌時代にニューディール政策を掲げ、絶望の淵にあった国内に希望を取りもどし、一九三九年から一九四一年にかけては、アメリカ独自の孤立主義と一国主義を捨ててヒットラーの指導するドイツと死闘をくり広げていたイギリスとソ連を支援し、日本が真珠湾を攻撃すると、国民に向けて、「我々は真に世界規模の難局に直面していてドイツと日本を倒さなければならないのです」と訴え、史上最大となった戦争で完全な勝利をおさめる直前まで、アメリカという国を導いてきたのである。

しかし、ルーズベルトという人物を、世界恐慌や第二次世界大戦を乗り越えた偉大な政治家という大ざっぱな見方をせずに、もう少し綿密に観察してみると、その姿は、案外ぼやけてくるのである。もしかしたら、「老獪な政治家」[1]のこれ以上ない見本だと考える方が似合っているかもしれないし、ものごとの確信とか目的にいつまでも拘るようなことは決してない人間だったかもしれないのだ。ニューディール政策においても、むしろ「臨機応変に対応する人間」とか「力を行使する達人」として、必要

とあれば方針を躊躇なく変更し、政策の内容を変えたりしたり、自分の方針がどのような影響をあたえるかを考慮したり、一貫した考えをもちつづけるよりも、自分の人間性が周囲にどのように思われているかということの方を気にしていて、込み入った問題を苦労して検討するようなことは避け、自分が心のなかに抱いている詳細な計画については語ろうとしない傾向があった。そして、このような性格は、原爆を開発する計画が持ち上がったときの対応にも特徴づけられている。

ルーズベルトの政治公約や目的が、このように、ときに捉えどころがないことは明らかなのだが、とはいえ、ホワイトハウスの支配者で大統領の権限を行使することに満足し、自信をもっていたことを疑う人は周囲にいなかった。そして、自分の政権にたずさわる人たちを支配し、配下の者たちを互いに対抗させて両者に責任を負わせ、最終的に自分が決断を下すという役割を演じてきた[2]。そのため、政策決定に取り組んでいる政府の関係者は、自分が検討中の政策課題について大統領に報告し、その内容について納得してもらわなければならないことをよく知っていた。少なくとも、ナチスドイツからアメリカに亡命した物理学者アルベルト・アインシュタインは、そう思っていた。

一九三九年八月二日、アインシュタインはルーズベルトに宛てた書簡で、「ウラン元素は近い将来、新しい重要なエネルギー源になるかもしれません」と述べている。この書簡の大意は、アインシュタインと同じようにヨーロッパからの亡命者でハンガリーのすぐれた物理学者レオ・シラードが作成したもので、その原案にアインシュタインは、「多量のウランを使って核連鎖反応を起こすことが可能になるかもしれませんし、それを応用すれば、この新しいラジウムのような元素がすさまじい威力を生み出すことになるのです」と書いている。このような専門的な科学上の説明は、ルーズベルトにとってはほとんど関心がなかったのだが、アインシュタインは、「この新しい事実は、ウラン元素を利用して爆弾を製造することにつながり、まだ明らかではないものの、大きな破壊力をもつ爆弾を造ることができると考えられます」[3]と訴えて、ルーズベルトなら、そのことがある警告を意味することに気づいて関心を向けてくれるものと期待し、この壮大な計画をアメリカ政府が取り上げ、シラードと同じくファシスト政権のイタリアから亡命してきた一九三八年のノーベル賞受賞者エンリコ・フェルミらの、核連鎖反応を研究している科学者たちとアメリカ政府とが共同開発するよう依頼したのである。さらにアインシュタインは、科学者たちがこの計画を研究するためアメリカが資金を提供することと、ウランの原料を十分に確保するよう懇請し、書簡の最後に、ドイツの科学者たちもシラードやフェルミと同じように核連鎖反応の研究に取り組んでいて、ヒットラーの支配するドイツもウランを確保するために行動を起こしていることを書き添えた。もちろんアインシュタインは、ドイツのおこなっている研究が危険な意味合いを帯びていることなど説明するまでもないと感じていた。

アインシュタインは、自分が科学界で高い評価を受けているにもかかわらず、ホワイトハウスへ気軽に出入りしたり連絡を取ることはできなかったため、一九三九年十月十一日に、ウォール街の経済学者で政治顧問でもあったアレクサンダー・ザックスが科学者たちの仲介を買って出てアインシュタインの書簡を預かり、ザックスがルーズベルトと面会したときに書簡を渡して、その内容について二人で話し合うことになった。そのころはすでにナチスドイツがポーランドに侵攻して第二次世界大戦が勃発していたため、大統領の関心がヨーロッパの戦況に向けられていたことは無理からぬことだったが、ルーズベルトはアインシュタインの書簡に目をとおしてから、ザックスと陸海軍の代表らで構成される米国標準局長のライマン・ブリッグス博士を議長とする検討委員会でその書簡を公表した。そして十一月一日に検討委員会は報告書を提出して、核連鎖反応を利用した爆弾を製造するための研究を支持する旨を発表し、研究中の科学者たちに十分ではないが支援を申し出て、シカゴ大学で世界で初めてとなる原子炉を建造する費用として六千ドルの資金提供を承認したのである。ただ、この資金は、「総額二十億ドルとなる開発計画としては、ほんのわずかばかりの頭金にしかならなかった」と歴史家のマイケル・コートが述べている[4]ように、原爆の開発計画は、前途洋々たるスタートとはいいがたいものだった。

一九四〇年ころまでは、アメリカ国内の科学者たちは、ドイツの科学者たちが密かに原爆を製造しているのではないかと危惧しながらも、自分たちの大学にある研究施設でささやかな理論研究をおこなっているだけだった。またヨーロッパでも、ナチスドイツと死闘をくり広げるなかで、その年の六月にフランスが敗北して孤立状態になったイギリスの科学者たちもアメリカの科学者たちと同じように思っていて、イギリス空軍がドイツ空軍の攻撃を防いでいるなかで、ヨーロッパ本土から亡命してきた科学者たちと一緒に、「チューブ・アロイズ」と呼ばれた核兵器の開発計画に取り組んでいた。そしてウラン同位元素235にかんする重大な結論を導き出すことに成功し、この結果、現実に原爆が製造できる可能性を意味することになったのである。イギリスは一九四一年七月に、この研究結果をモード委員会（MAUDは暗号名のことで、頭字語ではない）の報告書としてまとめ、それによると、一九四三年の末までには原爆の製造は可能となり、このたびの戦争で決定的に重要な役割を果たすと予想されたのだ[5]。

アメリカは、ヨーロッパの戦争にはまだ公式には参戦していなかったが、イギリスは一九四一年十月のモード委員会の報告を受けて、科学研究開発局のヴァネヴァー・ブッシュを座長とするアメリカ政府の科学顧問団と協定を結んだ。アメリカ政府が二年前にアインシュタインの書簡を読んで応じた結果とは対照的に、このたびのモード委員会の報告書はアメリカ政府部内でも大きな反響を呼び、ルーズベルトも、現在研究が進んでいる新兵器をドイツが先に製造に成功するのではないかと危機感を強めたようで、チャーチルに書簡を送って、イギリスとアメリカは今まで以上に一致協力してあたらなければならないと伝えている。この年の十二月七日には日本による真珠湾攻撃があり、その四日後にドイツがアメリカに宣戦布告したこともあって、ルーズベルトはブッシュに対して原爆の開発を急ぐよう指示した。これに応じてブッシュは一九四二年六月、原爆に使用する核物質を製造するための大がかりな施設をアメリカ陸軍のなかに建造するようルーズベルトに勧告し、アメリカ陸軍工兵部は、この計画をニューヨークに本部を置くマンハッタン工兵区に選び、のちに「マンハッタン計画」として知られるようになったのである。

原爆を製造するという途方もない計画は、ナチスやファシストから逃亡してきた科学者たちをはじめとする当時の優秀な科学者たちもすでに関心を抱いていたので[6]、これら科学者たちと、デュポン社をはじめとするアメリカ国内の製造業界も原爆の製造計画に組み込まれることになった。その結果、当初の数ヶ月の面倒な手続きを経たあとの一九四二年九月には、陸軍のレズリー・グローヴス少将の指揮のもとマンハッタン計画が始動することになった。グローヴスは、国防省の建造計画を監督したことのある、人使いの荒い、頑固一徹で保守的な考えをもった軍人で、「このたびの戦争を終結させるもっとも手早い」爆弾[7]を製造するよう陸軍長官のヘンリー・スティムソンが命じた計画の責任者に任命されたのだ。スティムソンの次官補が、グローヴスのことを、「わたしが生涯で出会った、もっとも気にくわないゲス野郎だが、もっとも腕の立つ男だった」と、のちに語っていて[8]、グローヴスの容赦ない命令で大規模な開発研究と製造施設がテネシー州オークリッジ、ワシントン州ハンフォード、ニューメキシコ州ロスアラモスの三ヶ所に建造された。そして最初の大がかりな仕事としては、原爆の原料となる核物質を生成することに重点が置かれ、その核物質は、当時すでにウラン235のみならずプルトニウムも見つかっていた。プルトニウムは、化学者のグレン・シーボーグが発見した超ウラン元素で、通常のウラン238が中性子を捕獲した結果プルトニウム239となって、核爆発を起こすはずだった。ロスアラモスの施設では、ウラン235とプルトニウムの両方を原爆として製造できるための研究施設を稼働したが、これは歴史的に価値のある試みであり、はたして計画が成功するかどうかは保証のかぎりではなかったが、三年後に初めての核爆弾が実験されたのは、このニューメキシコ州の場所だったのである。

一九四二年十月中旬、グローヴス少将は、マンハッタン計画の責任者に任命されてから数週間後、ロバート・オッペンハイマーという、すぐれた才能をもち神経質な性格のカリフォルニア大学バークレー校の物理学者をロスアラモス研究所の責任者に任命して、原爆の開発計画を指導するよう命じた。

オッペンハイマーは、ふだんからジョン・ダンの詩を愛読していて、サンスクリット語で書かれたヒンズー教の叙事詩バガバッド・ギータを詠ずるような人間だったが、そんなことはグローヴスにとってはまったく関心のないことだった。ただ、無骨な軍人のグローヴスでも、マンハッタン計画のもとに集まったノーベル賞受賞者アーネスト・ローレンス、エンリコ・フェルミ、イジドール・ラービのような、さまざまな才能をもった科学者たちをオッペンハイマーなら率いてくれると直感的にわかったのだ。よく言われているように、この計画に集められた科学者たちは、「ゴジラがハムレットと知り合いになる」[9]と皮肉られたような、互いにまとまりのない関係だったが、この計画にかんしては恐ろしいほどの団結力を生んでいて、ルーズベルト大統領が連邦議会をとおさずに承認した巨額の資金を使って、原爆を製造するために極秘の大がかりな研究に取り組んだのである。

実は、グローヴスとオッペンハイマーが原爆の製造に並々ならぬエネルギーを注ぐ前から、すでにルーズベルトとウィンストン・チャーチルとは原爆の開発計画について初めての会談を開いていた。一九四二年六月にニューヨークのハイドパークにあるルーズベルトの私邸で両者は会談し、非公式ながらも原爆を製造する困難な試みのため英米両国が情報を共有することで一致した。チャーチルは、ドイツの核開発計画を探っているイギリスの情報部から、ドイツではノーベル賞受賞者のヴェルナー・ハイゼンベルグの指導をもとに科学者たちが核連鎖反応によって生じる威力について懸命に研究していることを伝えられていたので、ドイツが原爆の製造を進めているのではないかとルーズベルトに語っている[10]。二人とも、新型兵器について重大な懸念をもっているとまでは述べることはなく、それを使用することについて公式に承認はしなかったものの、もしも原爆が完成したらナチスドイツに対して使用するという計画については二人の頭にあったのである。

ルーズベルトとチャーチルは、戦争が終わるまでのあいだ、原爆をどのようにあつかうかということについては、ときには対立しながらも、原爆が完成したら使用するという基本的な合意は最後まで守られていた[11]。ただ一九四三年一月にあったカサブランカでの会談と、同年六月にあったワシントンでの会談でチャーチルは、アメリカ側の協力が足りないことと、イギリスがマンハッタン計画にあまり関与させてもらえないことに強い不満を述べている。その後、一九四三年にあったハイドパークでの会談と、つづいておこなわれたケベックでの会議でルーズベルトは、アメリカだけで計画を進めることを望んでいる側近たちの忠告をしりぞけて、今後もイギリスと強調して行くつもりだとチャーチルに伝えた。二人とも、原爆の使用にかんしては、「お互いの同意」にもとづき、この計画にかんするあらゆる情報についても第三国のカナダとも共有する必要があるということで合意した[12]。この合意によって、それまでの両国の不安定な関係が改善することになり、イギリスの多くの科学者たちがマンハッタン計画に参加するためアメリカに渡って行った。そして第三国のカナダも、この計画にウラン元素を提供することを条件に参加を認められることになったのである。そして翌年の一九四四年九月、ルーズベルトとチャーチルは、ふたたびハイドパークの馴染み深いルーズベルトの私邸で会い、原爆の製造計画については英米二ヶ国が独占するかたちで進めることを、あらためて確認し合ったが、ただ、そのころには、すでにドイツが降伏する直前で、原爆を製造してドイツに投下するには間に合わないことが明らかになっていた。また原爆の製造計画の情報を第三国と共有するという件について、デンマークから亡命してきたニールス・ボーアが、マンハッタン計画にかんする情報をソ連にも提供すべきだと懇願したが、イギリスとアメリカはボーアの意見には反対した。（もっともソ連は、エノルモスと呼ばれるスパイ活動によってマンハッタン計画の情報をすでに入手していた！）[13]チャーチルは、一九四四年九月にハイドパークでおこなわれたルーズベルトとの会談で、原爆の製造計画は「極秘事項」として取り扱うことに合意するよう、あらためて求め、さらに二人は原爆を戦略上使用することについても正式に合意した。両者の備忘録には、「この爆弾が最終的に使用されることになれば、熟慮ののち、おそらく日本に対して使うことになるだろうが、日本に対しては、降伏するまで原爆をくりかえし使用すると警告すること

ロスアラモスの指導的立場にあった三人の科学者。左からE・O・ローレンス、エンリコ・フェルミ、イジドール・ラービ。（ハリー・S・トルーマン大統領図書館）

になるはずだ」と記されている。[14]

　ルーズベルトとチャーチルは、最終的には原爆を使用するということに合意をした一方で、枢軸国に対するほかの重要な決定と政策を立てていた。一九四三年一月にモロッコのカサブランカでおこなわれた会談では、ルーズベルトが主導して、チャーチルとの合意をもとに、枢軸国に対しては無条件降伏をさせるという方針で臨むと発言しているが、このときには、降伏についての詳細な条項について協議することはなかったし、このたびの戦争においては、第一次世界大戦でドイツが降伏したときに生じたように、武器をもった軍隊が臆病な文民の役人たちから請求されて戦勝国が賠償を求めるような可能性もなかった。この会談では、ドイツと日本を完全に占領することによって、残虐な侵略行為の原因になっているナチズムと日本軍国主義を根絶して両国を再建する必要があるということで意見が一致しただけだったが、二国の無条件降伏という方針は、すぐに世論からも受け入れられ、これによってドイツと日本は徹底的に打ち倒さなければならないという信念が生まれ、ハリー・トルーマンもまた、そのことを確信するようになったのである。

　一九四四年以降のドイツとの戦闘において、チャーチルとルーズベルトは、ドイツの軍事施設だけでなく、空軍によって都市部を目標に攻撃することを重視し、これについてはチャーチルの方が主導的な立場を取っている。ドイツ軍がイギリスに進攻するのではないかという緊迫した一九四〇年には早くも、チャーチルはどうすれば勝利できるのかを考え、航空機生産大臣だったビーバーヴルック男爵に宛てた書簡で、「ヒットラーを退散させて打ち倒す方法がひとつある。それはナチの本国に重爆撃機を飛ばして徹底的に破壊することだ」と書いている[15]。チャーチルの有名な伝記作家がのちに書いているように、この言葉は、チャーチルが、「いつの日かナチの強大な力を破壊できる手段を想い浮かべていた」ということを意味していた。こうしてチャーチルは、ロンドンをはじめとするイギリスの各都市がドイツ軍から受けた空襲の光景を目にして、国民の士気を保つため、報復としてベルリンをはじめとするドイツの都市を空襲するよう命じたのである。当初の空襲をおこなう目標は工業地帯や物資輸送の拠点だったが、一九四一年から一九四二年になると、目標はドイツの主要都市にまで広がった。ただ昼間爆撃では非常に大きな犠牲をこうむったので、まもなくドイツ軍の戦闘機や対空砲火の危険が少ない夜間爆撃に変更され、イギリス空軍の「爆撃手ハリス」として知られたアーサー・ハリス司令官の指揮のもと、イギリス軍の爆撃部隊は、都市全体を標的としてドイツの士気をくじいて生産能力を破壊する「絨毯爆撃」をおこなう作戦を立てたのである。その後の数年間にわたってハリスは、一度に千機を超える航空機を使ってドイツの特定の都市に対して民間人の犠牲を考慮しない無差別な夜間爆撃を命令した[16]。一部のイギリス政府関係者からは、このような非人道的な作戦は控えるよう主張する意見があったものの、この無慈悲な作戦の是非が真剣に検討されることは、ほとんどなかった。ある評者がのちに、「軍事的に必要なことが道徳に先立つのだ」と記している[17]。この言葉のとおりチャーチルは、ヒットラーを支持する人間たちにとっては当然の報いだと考えていて、のちにはルーズベルトも一九四五年の初頭までには空軍力を最大限に生かす戦略を打ち立てていたが、アメリカ空軍は一九四四年のあいだは、特定の軍事施設や工業地帯を目標にした昼間爆撃をつづけていたため、大きな犠牲をこうむることになった。そして、犠牲の多いこのような作戦の結果として、原爆が製造されたら使用するという考えが迷いなく受け入れられることになったともいえる。

憎むべき敵であるドイツと日本を可能なかぎり破壊するため原爆を進んで使用するという考えは、「アメリカ人の犠牲者をできるだけ出さないで完全な勝利を成し遂げたい」と強く願っていたアメリカ人の気持ちを反映するものでもあった。ルーズベルトは、第一次世界大戦のときヨーロッパでの塹壕戦で多くの若者たちが犠牲になったことを想い起こしていた。そんな戦闘をつづけてアメリカの将兵に多くの死者を出すことは避けたかったし、アメリカとしては、「犠牲者を減らすために産業力と技術を利用したすぐれた兵器」を戦場で使いたかった。ルーズベルトは一九四四年十一月のラジオ演説で、「この戦争に勝つために、できるだけ犠牲者を出さないと約束できる唯一の方法があります。それは、あらゆる戦場において、我々が物量の点で圧倒的に有利な立場に立てるような手段を講じることなのです」と語っていて[18]、戦争に対するこのような方針は、国民がマンハッタン計画に莫大な資金をつぎ込むことに進んで協力することを意味することにもなった。ルーズベルトは、技術的に優位だということがアメリカ人の命を救うことになるのであれば原爆は使わなければならないし、自分の後任の大統領もそう考えるだろうと信じていたのだ。

ただ、ルーズベルトとチャーチルの二人とも、もし原爆が完成して、それを使用したとしても、日本が無条件降伏を受け入れるかどうかまでは考えていなかった。原爆という新兵器がどれほどの威力をもっているかを理解するには二人とも限界があったようで、歴史家のワーレン・キンボールは、「ルーズベルトは、科学者でない多くの人たちと同じように、核兵器の画期的ともいえる強大な威力を十分には理解していなかったのだ」と語っている。またキンボールは、ルーズベルトの科学顧問だったジェームス・B・コナンが、「大統領は、原爆については、わずかな関心しか示さなかったし、その開発計画の詳しい内容を意識の上にのぼらせることもほとんどなかった」と述べている。チャーチルも、物理学者のニールス・ボーアに向けて、「この新型爆弾は従来の爆弾よりずっと強力なものになるようだが、戦争の本質的な面からいうと、今までのものと異なることはないようだな」と語っている[19]。二人の指導者が原爆の威力について漠然とした知識しかもっていなかったことや、二人の科学顧問も原爆の威力がはたしてどの程度のものか予想できなかったこともあって、ルーズベルトとチャーチルの二人とも、日本に勝つためには従来のとおり通常の戦力をととのえる必要があると考えていたし、さらに原爆の製造という途方もなく困難な計画を進めるためにアメリカが大きな負担を強いられることも承知していたのだ。

ルーズベルトは、かりに原爆を使用することによって日本に勝利することになるにしても、ドイツの降伏後にソ連が太平洋戦線に参戦して連合軍に支援をしてくれる確約をヨシフ・スターリンから得ようと考えていたので、しきりにその方策を考え、一九四五年のヤルタ会談で、「ドイツが降伏してヨーロッパの戦線が終結したあとの二ヶ月か三ヶ月のうちにソ連は対日戦に参戦する」というスターリンの誓約を得ることができた。ただスターリンは、いつものように、太平洋戦線にソ連軍を参戦させるための条件を持ち出してきて、具体的には、千島列島全域と南樺太を領有し、ソ連が支配している外モンゴルをソ連領として確約させ、旅順にあったソ連海軍の基地の権益を取りもどすという魂胆があった。さらにスターリンは、中国が満州の主権を主張することには同意しつつも、東清鉄道と南満州鉄道を中ソ両国で管理することを承認してもらいたいと提案した。スターリンからのこれらの条件をふまえ、ルーズベルトは蒋介石に対して、中国としてソ連側のこれらの条件を呑むよう強引な態度で働きかけたが、結果的には、この地域におよぼすソ連の影響力を事実上認めることになったのである。スターリンは、中国におけるこれらの条件を中国と正式に合意したいと望んでいて、「中ソ友好同盟条約」を締結したいと提案した[20]。ルーズベルトは、この件にかんする交渉を主要な戦略上の問題と見なしてはいたが、研究者によると、「ルーズベルトが太平洋戦争にソ連を参戦させるという犠牲を払う決断をした背景には、軍事的な観点から判断する参謀本部の助言があったことは明らかだ」とされている[21]。ルーズベルトは、日本が無条件降伏を受け入れるためには日本本土へ進攻することが必要不可欠と信じながらも、アメリカ人の犠牲を最小限にすることにいつものように拘って、ソ連軍が満州に駐留する日本の関東軍を攻撃することになればアメリカにとって有益だと判断したのである。駐ソ全権大使だったアヴェレル・ハリマンがのちに指摘したように、おそらくルーズベルトとしては、極東方面においてソ連が何を望んでいるかを明確に思い描きたかったことと、ソ連に対して蔣介石の国民党を支持する確約をさせたかったと思われる。これらの要因が相対的に見てどのように重要だったかは別にして、ヤルタ会談で合意された極東地域にかんする協定は、ルーズベルトがトルーマンに遺した重要な要点となるもので、のちに原爆を使用する上でなんらかの地政学的な背景をあたえることにもなったのである。

ヤルタ会談で締結した極東地域にかんする合意内容は、当然のことながら極秘にされていたが、ルーズベルトは、国民が会談の結果を楽観的に受けとめてくれるものと確信して帰国した。ただ、あとから考えると、この合意は過大に宣伝されて国民の期待感を不当に高めたことがわかる。ルーズベルトは政治経験豊かなジェームズ・F・バーンズに、ヤルタ会談に同行するよう求め、バーンズはヤルタから急ぎ帰国すると、自分が議会上院の多数派指導者だったこともあり、ルーズベルトの先鋒となって、ヤルタ会談を大西洋憲章が実現したかのように喧伝して、民族自決の重要な基本方針は損なわれなかったと報告している。こうしてヤルタ会談での協定内容が発表されると、国内ではルーズベルトの成果に対しては好意的な評価と賞賛の声が高まった。三月一日、ルーズベルトは連邦議会の両院合同会議において、ヤルタ会談の成果について傾聴しようとしている議員たちに向けて演説をおこなった。ルーズベルトは、ポリオの後遺症のためというより、そのころは身体的に疲労が重なっていたため、議会場の中央の低いところに置かれた机の前に座って、感動的な演説を語りはじめた。その当時は副大統領だったトルーマンがルーズベルトのうしろの高い席に座って熱心に耳を傾けているなかで、ルーズベルトは、ヤルタ会談は世界の平和を維持するために取り組んだ合意の基礎をなすものになったと報告し、「このたびの合意は完全だったとはいえませんが、大西洋憲章の十分かつ公正な基本方針にもとづいた平和を作ることができますし、作れるはずであります」と語った[22]。この演説のあとの場内の拍手喝采に励まされたかのように、さらにルーズベルトは国民と議員らに向けて、自分の成し遂げたことをこれからも積極的に支援していただきたいと訴えた。

ルーズベルトは、戦後政策については国内からの強い支持を受けることに努めていたが、国民に対して政策内容を具体的に公開することは、まったくおこなわなかった。それは、ルーズベルトのめざす目標が、はるかに高いところにあったからで、モンロー主義を唱えたヘンリー・カボット・ロッジやロッジの仲間の亡霊たちがうろつくなかで国際連盟を提唱したウッドロウ・ウィルソンを悩ませたと同じような議会上院の議事進行妨害を恐れていたからである。たぶんルーズベルトは、戦後政策については、ある程度の限界があると認めた方がアメリカの孤立主義政策にとっては都合がよいと信じていたようで、歴史家のジョン・ハーパーが述べているように、議論の余地はあるにしても、ルーズベルトの考えていたことは、「都合のよいペテンの一例」であって、より大きな価値のために苦難な現実に目を背けることになり、とくに、かつてアメリカ人の犠牲を最小限にするため太平洋戦線でソ連が参戦してくれる必要があると信じていた当時の方針がその一例だったといえる[23]。それはともかくとして、米中ソのあいだで意見の相違が高まっていることを見抜くことができないまま同盟国のあいだで目的を共有する三大国が引きつづいて一致団結することを強く期待する国民を導く役目を引き継いだのが、トルーマンだった。ルーズベルトは、国際連盟によって世界の平和を願ったウィルソン大統領の当時の理想とは必然的に異なる戦後の国際秩序という、漠然とした現実を国民に伝えることは決してしなかったので、その現実を国民が知ることになったのは、ルーズベルトの死後のことになったのである。

多くの歴史家は、ルーズベルトがヤルタ会談で達成した業績を、良かれ悪しかれ、大国同士が協力して戦後の国際秩序を作ろうという広い展望を次につなぐ段階だったと捉えてはいるが、アーサー・シュレジンジャーやロバート・ダレックらのような一部の歴史家は、ヤルタ会談が終わって数ヶ月後には、ルーズベルトはそれまでの方針を考え直しはじめたと述べている。具体的には、ポーランドに戦後政府を樹立するという、ヤルタ協定の合意を履行する困難な問題について、ルーズベルトは自分が長いあいだ考えていた計画を再検討しはじめたのである。ソ連に対する方針を考え直したというルーズベルトの考えを正当化する根拠としては、スターリンに圧力をかける必要があったとき相手からの見返りに応じる必要があることを予測して、外交という矢筒に入れた何本かの矢を隠していたため方針を変転したという主張は支持されているようだが、そのように考えてみると、ヤルタ会談で協議されてきたこのような重要な外交問題のなかにも、原爆にかんする問題について研究する情報があることがわかるのである。

対ソ方針を転換したルーズベルトは、軍事的な均衡を見直すことになるほど強力な新兵器が登場することによって、とっておきの切り札をもてることをありがたいと思うようになったのだろうか？　ソ連と交渉する上で原爆という切り札を利用するために原爆にかんする情報を隠そうとしたのだろうか？原爆を利用することを交渉の切り札として外交交渉のときに使おうと考えていたのだろうか？　これらは、ありそうにないことだ[24]。ルーズベルトは、当初は、場合によってはソ連に原爆の機密情報を伝えることを考えながらも、実際にそれを実行することはなかったし、一九四五年三月九日、カナダのマッケンジー・キング首相に、「わたしはロシアも原爆を製造する実験をはじめていて、その威力についてはロシアも知っていると思うし、アメリカの原爆開発がどこまで進んでいるかをソ連に話す頃合いだと考えていたのだが、チャーチルが、これに反対したんだ」と語っている[25]。ルーズベルトは、スティムソン陸軍長官が、「我々が率直な姿勢でソ連に対応して相手から代償を受け取ることがはっきりするまでは、原爆の開発を自慢そうに宣伝するよりも、公表することには不承不承な態度を見せて、こちらの秘密を打ち明けないことが肝心です」と主張してソ連を締め出すよう勧めていることに納得していたのだ[26]。

スティムソンは、強力な外交手段とみなされる核兵器の情報は、いずれはソ連と共有することになることは認めていたが、それにしてもルーズベルトが、スティムソンが主張したこの問題を少しも口にしなかったことは驚くべきことである。総じてルーズベルトは、原爆を外交交渉の手段にするかどうかを決断することは先送りにしていて、核兵器の実験が成功するのを心待ちにしているあいだも、ハイドパークの私邸で回顧録を執筆することに熱中していた。三月中旬、スティムソンは、核実験が成功した場合に原爆をどう取り扱うかという問題についてルーズベルトと入念に話し合っている。その問題とは、今のアメリカがもっている原爆の開発計画の内容を極秘のままにしておくか、それとも、科学技術の往来を自由にして情報を自由に得るという観点に立って、この開発計画を国際社会の管理のもとに置いて共有するかということだった[27]。スティムソンは、原爆を初めて使用する前に、大統領としてこの問題について方針を固めておかなければならないと助言し、それについてはルーズベルトも承知したが、確固とした決断を下す前にルーズベルトが死去したため、この問題は中断したままになり、結局、核の時代の誕生を主催することになったのはトルーマンだった。そしてトルーマンが決断を下す際には、原爆は日本に対して使用するというルーズベルトの方針を受け継ぐことになったのだが、ルーズベルトのあとを受けて大統領になった当時のトルーマンは、核兵器の取り扱いを国際社会のなかで管理するにしても、具体的にどのようにするのかについては自分なりの考えをもつことはなかったし、ルーズベルトが原爆を使用するために考えていたような判断基準についても、ほとんど考えていなかったのである。

一九四五年三月十五日になって、スティムソンがやっとルーズベルトに面会できたとき、ルーズベルトは、もう一人の大統領顧問に対してはマンハッタン計画のことは秘密にしておいた方がよいと感じていた。というのも、その顧問であるジェームス・クレメント・ダンは、欧州局を担当する政府高官だったが、「大統領は科学顧問の言葉に惑わされて、欠陥商品をつかまされているのです」とルーズベルトに向けて述べていたからだ。一方の顧問であるスティムソンは、原爆についてはダンとは反対にルーズベルトを納得させていたから、この時点では、ルーズベルトにとって、原爆を製造するという途方もない計画は、うまく行きそうな「賭け」に思われていたのだ。[28] ヨーロッパの戦況が最終局面に近づいて、アメリカの科学者たちは、自分たちが製造しようとしている兵器がヒットラーに対して使用されることはないだろうと、うすうす感じてはいたが、それでも原爆の製造に向けて懸命に取り組んでいた。

一九四四年の秋ころまでは、原爆の製造はさまざまな失敗を重ねたが、一九四五年の冬が終わるころには、その年の夏までには使用できるかもしれないというところまで、こぎつけていた。オッペンハイマーと同僚たちの懸命の努力の結果、原爆の原料となるウラン235とプルトニウムという二つの重要な核物質が発見されていたが、この二つの核物質は、それぞれ異なる構造の爆弾として製造する必要があった。最初に製造できる期待がもたれたのは、「砲身型をした構造で、核物質の一方を、もう一方の核物質に向けて発射して衝突させ、臨界量に達して核爆発を起こす」装置で、この構造は、ダシール・ハメットの小説から「the Thin Man《やせっぽち》」と名づけられたが、その後、ウラン235を使った原爆として「リトル・ボーイ」と名づけられたことは、よく知られている。一方、砲身型の構造はプルトニウムを使った原爆には向いていないことがわかったので、ロスアラモスの科学者たちは、「内側に向けて爆発するように加工するか、プルトニウムの半球を圧縮させるような構造にして臨界量に達する爆弾」を開発し、そのころ上映されていた映画「マルタの鷹」に出演したシドニー・グリーンストリートにちなんで、「the Fat Man《太っちょ》」と名づけられた。科学史家のマイケル・ゴルディンが上手に説明しているように、「当時の原爆は二種類あって、リトル・ボーイ（ウラン型）は、構造上は設計者にとっては造りやすかったが、核物質を二つに分離するのが非常に困難だった。一方のファット・マン（プルトニウム型）は、核物質を起爆させることは簡単だったが、内側に向けて爆発させる爆縮型の構造を設計することが非常に困難だった」[29]ため、爆縮型の原爆が実験されるためには一九四五年六月まで待たなければならなかった。ただ、そのときにはトルーマンは、大統領になってまだ三ヶ月しか経っていなかったのである。

1　オーウェン・ハリーズ「The Day of the Fox」（「National Interest」29（Fall, 1992））pp.109-112を参照。このタイトルは、アイザイア・バーリンのトルストイについての有名な随筆「The Hedgehog and the Fox」から着想。ジェームズ・マクグレガー・バーンズ「Roosevelt: The Lion and the Fox（New York, 1956）」のよく知られた研究も注目すべきである。

2　このことを、パトリック・マネーは「The Roosevelt Presence: A Biography of Franklin Delano Roosevelt（New York, 1992）」p.191で指摘している。

3　コート「Columbia Guide to Hiroshima and the Bomb」p.172に掲載された、一九三九年八月二日付のルーズベルトに宛てたアインシュタインの書簡から。核兵器の科学的側面について役立つ内容のものとしては、ジョセフ・M・シラクサ「Nuclear Weapons: A Very Short Introduction（Oxford and New York, 2008）」pp.2-6を参照。

4　コート「Columbia Guide to Hiroshima and the Bomb」p.17

5　イギリスの核開発については、マーガレット・ガウイング「Britain and Atomic Energy, 1993-1945（New York, 1964）」を参照

6　リチャード・ローズ「The Making of the Atomic Bomb（New York, 1986）」と、リチャード・G・ヒューレットとオスカー・E・アンダーソン・ジュニア共著「The New World, 1939-1946, Vol.I, A History of the United States Atomic Energy Commission（University Park, PA, 1962）」を参照。

7　コート「Columbia Guide to Hiroshima and the Bomb」p.19に引用されたグローヴスのことば。

8　ローズ「The Making of the Atomic Bomb」p.426に引用されたケネス・ニコルス中佐のことば。

9　「ゴジラ」という皮肉な表現については、アンドリュー・ロッター「Hiroshima: The World's Bomb（New York and Oxford, 2008）」p.110を参照。

10　第二次世界大戦中にドイツと日本が原爆の開発に取り組んでいたことについては、アンドリュー・ロッター「Hiroshima: The World's Bomb」pp.62-83を参照。

11　この対立を要約したものとしては、ワレン・F・キンバル「The Bomb and the Special Relationship」（Finest

Hour: The Journal of Winston Churchill, No. 137（Winter, 2007-2008）」pp.37-42を参照。

12 一九四三年八月十九日のケベック協定については、コート「Columbia Guide to Hiroshima and the Bomb」pp.174-175を参照。

13 マンハッタン計画にかかわるソ連のスパイ活動の詳細は、アレン・ワインスタインとアレクサンダー・ワシーリエフ共著「The Haunted Wood: Soviet Espionage in America-the Stalin Era（New York, 1999）」pp.172-222、ナイジェル・ウェスト「Mortal Crimes: The Greatest Theft in History-The Soviet Penetration of the Manhattan Project（New York, 2004）」、ジョン・アール・ヘインズとハーベイ・クレーア共著「Early Cold War Spies: The Espionage Trials That Shaped American Politics（Cambridge and New York, 2006）」pp.138-151を参照。また「The Journal of Cold War Studies, Vol.II（Summer, 2009」の特集号「Soviet Espionage in the United States during the Stalin Era」も参照。

14 ハイドパークでの合意と、その後の原爆開発の進展と管理についてのルーズベルトの協議内容については、ヒューレットとアンダーソン共著「The New World, 1939-1946」pp.325-329を参照。またマーチン・J・シャーウィン「A World Destroyed: The Atomic Bomb and the Grand Alliance（New York, 1975）」pp.108-114も参照。

15 チャーチルの書簡と伝記作家の論評については、マーチン・ギルバート「Churchill and Bombing Policy」（Finest Hour: The Journal of Winston Churchill, No. 137（Winter, 2007-2008）」p.28を参照。

16 タミー・デービス・ビドル「Bombing by the Square Yard: Sir Arthur Harris at War, 1942-1945」（The International History Review, Vol.21（September, 1999）」pp.626-664

17 ジェラルド・J・デグルート「The Bomb: A Life（Cambridge, MA, 2005）」p.68

18 ルーズベルトの引用文と、この前の引用文については、J・サムエル・ウォーカー「Prompt and Utter Destruction」p.9を参照。

19 この引用文は、キンボール「The Bomb and the Special Relationship」p.40を参照。

20 「Agreement Regarding Entry of the Soviet Union into the War against Japan」（FRUS: Malta and Yalta（Washington, D.C., 1955）」p.984

21 ルイス・モートン「Soviet Intervention in the War with Japan」（Foreign Affairs, Vol.40（July, 1962）」p.662

22　サムエル・ローズマン編「Franklin D. Roosevelt: Public Papers and Addresses, Vol.13（New York, 1950）」pp.570-586
23　ジョン・ランバートン・ハーパー「American Visions of Europe: Franklin D. Roosevelt, George F. Kennan and Dean G. Acheson（Cambridge and New York, 1994）」p.126
24　別の意見としては、キャンベル・グレイグとセルゲイ・ラドチェンコ共著「Tha Atomic Bombs and the Origins of the Cold War（New Haven, CT, 2008）」pp.30-31 を参照。この著書では、ルーズベルトがイギリスとソ連に対抗して原爆の開発計画を交渉の手段として使うことを模索していたと主張している。
25　J・W・ピッカースビルとD・F・フォースター共編「The Mackenzie King Record, Vol.II, 1944-1945（Tront, 1968）」pp.326-327
26　スティムソンの日記。（「Papers of Henry L. Stimson, Sterling Memorial Library, Yale University, New Haven, CT, December 31, 1944」）
27　一九四五年三月十五日のスティムソンの日記。ヒューレットとアンダーソン共著「The New World」pp.333-340 も参照。
28　ヘンリー・L・スティムソンとマクジョージ・バンディ共著「On Active Service in Peace and War（New York, 1947）」p.615 と、一九四五年三月十五日のスティムソンの日記。
29　この文書の原文と要旨は、マイケル・ゴルディン「Five Days in August: How World War II Became a Nuclear war（Princeton, NJ, 2007）」pp.42-43

二　ハリー・トルーマン、ヘンリー・スティムソン、原爆とは何か

一九四五年四月十二日の午後おそく、大統領報道官のスティーブ・アーリーがホワイトハウスへ副大統領のハリー・トルーマンを呼び寄せた。トルーマンは、ルーズベルト大統領に面会するものとばかり思っていたが、夫人のエレノア・ルーズベルトの書斎へ案内された。部屋に入ると、エレノアはトルーマンに、「ハリー、大統領が亡くなったんです」と伝えた。トルーマンは一瞬、驚きを隠せなかったが、まもなく心を痛めた面持ちで、「何か、お役に立てることがありますか？」と尋ねたが、エレノアは気丈な様子で、「わたしの方こそ、貴方に何かできることがありますか？　今、貴方はとても困難な立場にあるのですよ」といった。それから二時間のあいだにトルーマンは大統領就任の宣誓をして、第三十三代合衆国大統領になったのである。就任式が終わると直ちに、新しい大統領に就任したトルーマンは、至急に招集した大統領顧問団に対して次のように伝えた。「わたしの立場としては、ルーズベルト前政権の外交問題と国内の政策をどちらも受け継いで取り組むことだ」といって、ルーズベルトの公約を忠実に実行しようと考えた[1]。トルーマンが、ルーズベルトの基本方針を具体的にどのような形で実施したのかを理解し、のちのトルーマン自身の基本的な政治理念と外交政策への広範な取り組みを検討することによって、トルーマン政権のなかで原爆がどのような役割をはたしたかを理解する上で重要な鍵が見つかるのである。

トルーマンがルーズベルトの外交政策を詳細にわたって理解し、当時の世界情勢を十分に把握していたかどうかについては、控えめにいっても、限界があったことは明らかであるが、トルーマンが、これらの問題に対して、まったく白紙の状態で取り組んだわけではなかったことを知っておくことも重要なことで、一九三五年に連邦議会上院の一員になったことで、ときには世間知らずのことがあったにせよ、防衛と外交の問題に関心を注がざるを得ない立場にあったのだ。いずれにせよトルーマンは、ヨーロッパとアジアにおけるファシズムの侵略行為に対してアメリカの軍備増強を積極的に推進し、このたびの戦争のあいだから戦後にわたって、国際的な機関の設立や国際社会の問題全般について積極的に関与するアメリカの大統領として登場することになったのである。

トルーマンは、軍事上の問題に格別な関心を抱いていて、第一次世界大戦のときに従軍したことが、まさしく「人生の転換点になった」といえる[2]。当時のトルーマンは、アメリカ陸軍の大尉として第三十五師団第百二十九野戦砲兵隊を指揮して悲惨な戦闘場面を目にし、一九一八年のムーズ・アルゴンヌの戦闘にも参加していた。そしてアメリカを遠くはなれた大西洋の彼方で、自分が戦火の下でも勇気をもって部下の兵隊を率いることができたことを実感し、このときの体験は、その後の自分の処世術を書き改めることになったのである。それというのも、戦争で勇敢に部下を率いたことは、平和な時代にあっても人々を率いる能力が自分にもあると考えたからで、この戦争中の経験が、トルーマンが政界へ入るきっかけになったのであり、一九二〇年代にカンザス・シティの背徳的な政治活動家ペンダーガストと長いあいだ関係を築くことにもなったのだ。ともかく、ペンダーガストの政治組織による集票のおかげで、トルーマンは一九三四年のミズーリ州上院議員選挙を勝ち抜くことができたのである。

「ペンダーガストが決めた上院議員」になったトルーマンは、ワシントンの連邦議会で初めの数年は目立った政治活動はおこなわず、おもに国内の問題を取りあつかう委員会の仕事にたずさわっていて、ホワイトハウスを含め、ルーズベルト大統領のニューディール政策を支持することを当然と考えていた多くの政府関係者たちからは無視された存在だった。一九三九年に第二次世界大戦が勃発すると、アメリカの軍備増強を推進する一人となり、防衛費の大幅な増額を支持し、一九四〇年のはげしい選挙戦に勝利したことで、自分が政治家として気概があり粘り強いことを自覚し、ふたたび上院議員として、きびしい政治の世界のなかで一層貢献しようと考えたのである。

上院議員に再選したトルーマンは、一九四一年初頭に開かれた連邦議会上院で、よく考え抜かれた内容の演説をおこなって、調査が必要とされる国防計画のなかでも、とりわけ国防契約にかんする概略について述べ、一九三〇年代には貧弱なままだった軍事費が、現在のルーズベルト政権になって、とくに陸軍と陸軍航空隊の防衛力を再構築するために支出される軍事費が適切に運営されているかを確かめたいと考えていた。そのため新たに特別調査委員会を設立して自分が議長となり、政治派閥の政治屋から民主主義の政治家に自分のイメージを作り変え、やがて、「トルーマン委員会」として知られることになった委員会を率いて精力的に活動をはじめたのだ[3]。もっとも、トルーマン委員会が調査できる内容については国防生産計画の一部に制限されていたため、国防政策や戦略上あるいは外交政策を侵害することにはならなかったので、調査委員会としては「防衛問題を左右する」ほどの責任にまでおよぶような活動は意識的に避けようとしていた[4]。

ところで、この調査委員会でのトルーマンの活動は、結果的にはヘンリー・スティムソン陸軍長官とのあいだで深刻な対立を生むことになった。トルーマンとスティムソンは、自分たちの学歴、経験、社会的地位が対照的なことを互いによく知ってはいたが、スティムソンもトルーマンと同じように第一次世界大戦のときにはアメリカ陸軍砲兵隊の大佐としてフランスで従軍したことがあった。スティムソンは、当時のアメリカ東部の白人エリート集団を代表するような人物だったので、トルーマンの出身地だったカンザス・シティでトム・ペンダーガストというボスがくり広げていた下品な組織政治を軽蔑していた。トルーマンの経歴に比べると、スティムソンはイェール大学を卒業し、当然のことながら大学ではスカル・アンド・ボーンというエリートの秘密結社に属し、ハーバード・ロースクールを卒業したあと、のちに国務長官になったエリフ・ルートが代表を務めるニューヨークの有名な法律事務所に所属していた。そして、のちにアメリカの政権のなかで長く務めることになったスティムソンの公職としての経歴は、当時のルーズベルト大統領がニューヨーク南部の連邦検事に任命した一九〇六年からはじまった。一九一〇年にはニューヨーク州知事選挙で共和党候補として立候補したが、高尚な公約を掲げたにもかかわらず落選し選挙政治の苦さを味わうことになった。その後は三十年間にわたる重要な役職として、タフト大統領の政権下で陸軍長官、クーリッジ大統領の政権下でフィリピン総督、フーバー大統領の政権下で国務長官などを歴任し、そのあいだにも日本の満州への侵攻を認めないとする「スティムソン・ドクトリン」を発表したりしていた。そして一九四〇年には、アメリカの軍備増強を民主共和両党で当たるため、ルーズベルトは、七十三歳の頑固一徹な干渉主義者のスティムソンを陸軍長官に指名し、陸軍長官となったスティムソンは直ちに、陸軍を二百万人にのぼる兵力に増強する計画に取り組むことになったのである[5]。

そして、一九四一年四月十五日に開かれたトルーマン委員会に、スティムソンは陸軍長官として出席し、大規模な軍備増強の理由を説明する立場に立たされることになったのだ。ただ当時のスティムソンは、トルーマンをただの小派閥の政治家と見なしていて、そのことはスティムソンの日記のなかで、トルーマンがミズーリ州出身の上院議員だということにも意に介さず、「トルーマンという上院議員が、急速に軍備を増強している陸軍と陸軍省をやり玉に挙げて『政争の宣伝材料』にしようとして調査委員会を設立した」と記していることからも推測することができる。スティムソンは、トルーマン委員会で説明するための準備をぬかりなくととのえたが、委員会に出席してみると、委員たちが「ミルクのように穏やか」だったことを知った。それですっかり安堵し、「わたしに対する、それらしい敵意は少しもなかった」と記している[6]。しかし、委員会が穏やかな雰囲気の会合だったとはいえ、その後の二人の関係が深まるきっかけにはならなかった。まったく異なる二人の経歴は、それぞれがまったく別の社会集団のなかで活動していることを意味していたし、そののちもスティムソンは、トルーマンをただの自己本位の政治家として疑いの目をもって眺めていただけだった。一方、この風変わりな小派閥政治家のように見られていたトルーマンも、出身地のジャクソン郡では自分の専門知識を活かして、さまざまな契約にかんする問題や地元に防衛施設を建設する計画については熱心に取り組んでいたし、来たるべき戦争にアメリカが有効な対抗手段を取れるよう活動をしていたのだ。

周知のように、日本が真珠湾を攻撃したことでアメリカは第二次世界大戦という大規模な戦争に巻き込まれることになった。第一次世界大戦のときにトルーマンたち将兵が大西洋を渡ってドイツと戦ったのは、わずか二十年前のことだったが、それが今、第一次世界大戦のときよりさらに強大で残虐性を帯びたドイツが、アジア全域を支配する日本と同盟を結んでアメリカと対決することになったのである。国家が戦時体制になって大規模な軍備増強のために莫大な労力と資源を費やすことになって、トルーマンも自分の職務に懸命に取り組んだため過労になるほどだったが、そのあいだも防衛関連施設を定期的に巡視し、施設が適切に機能していなかったり、問題を起こしていたり、無駄な支出がわかったりすると、政府に報告書を提出した。また民主共和両党のどちらの委員会のメンバーとも上手に関係を作っていて、両党が協力するという貴重な経験も積むことができた。このような活動によってトルーマンの上げた実績は全国的に注目を集めるようになり、一九四四年に政府の報道記者が大衆雑誌「ルック」の求めに応じておこなった世論調査の結果、トルーマンは政府のなかでもっともすぐれた十人の官僚の一人に選ばれたのだが、当時のスティムソンが相変わらずトルーマンをそれほど高く買っていなかったことも明らかだった。

トルーマン委員会が国防計画にかんする財務状況を調査していくうちに、一九四三年になって委員会とマンハッタン計画とのあいだで初めて問題が生じることになった。トルーマンは、かつての同僚で前上院議員だったルイス・シュエレンバックから、ワシントン州のパスコからホワイト・ブラフスに至る地域のハンフォードのコロンビア川沿いに「デュポン社が建設を計画している施設」を含めた広大な土地を政府が購入していることに不審な点があると伝えられた。そのため、千五百十八平方キロメートルにおよぶ農地を政府が購入したことを連邦議会で取り上げたため、そのことを憂慮したスティムソンはトルーマンに電話で、「あの地域は極秘の計画を進めているところなんだ」と説明して、それ以上の調査をやめるよう伝えた。それに対してトルーマンは直ちに、「政府の立場はわかりましたので、それ以上、何もおっしゃっていただく必要はありません」とスティムソンに明言した[7]。トルーマンはスティムソンからの申し出を守ったのだが、その一方で、ハンフォードは、「驚くべき秘密兵器に使用する、すさまじい爆発を作り出す施設」として建造されるというたしかな情報を入手して、七月十五日にシュエレンバックにそのことを手紙で伝えたので[8]、その年のうちに、トルーマンとはカンザスシティからの古い友人だったフレッド・カンフィルというトルーマン委員会の調査官がハンフォードを訪れて国防省の関連施設を見学しようとしたところ、施設内に立ち入ることをきびしく制限された。カンフィルは、このことをトルーマンに報告したが、この件については、それ以上の追及がなされることはなかった。おそらく当時、トルーマンは、大がかりな極秘計画が進んでいることについて最小限の事実については把握していたと思われるが、その計画がどんな目的で進められているのかについてはほとんど知らなかったようだ。スティムソンは、それからもトルーマンに対しては極秘計画については何も語らなかったので、トルーマンが原爆の開発計画についてはほとんど知っていないと確信していた。

　ところがトルーマンは、その後もマンハッタン計画に関連して膨大な予算が支出されることに強い関心を抱きつづけたため、一九四四年三月にあらためてスティムソンと話し合いの場をもつことになったのだが、このことがスティムソンをさらに不機嫌にさせることになった。スティムソンは、それまでは、トルーマンをひとかどの紳士として認めようとし、これ以上自分を煩わせてほしくないと期待していたのだが、一方のトルーマンは、「パスコでおこなわれる大がかりな計画に無駄な資金を費やしているのではないか」とスティムソンに率直に問いただしたかったのだ。三月十三日、スティムソンはトルーマンの質問に対して当たり障りのない説明をし、この計画についてはこれ以上の調査はしないという当初の約束をあらためて守るよう高圧的な態度で伝えた。「浪費かどうかという問題については、この計画が実行されて必要性と目的がはっきりするまでは、誰も正確に納得が行くような説明はできないんだ」とスティムソンは述べて、トルーマンや調査委員会の誰もが、この極秘計画にかんする実態を知ろうとしてはならないことを確約させようとした。のちにスティムソンがトルーマンに対して抱くことになった反感は、日記の至るところに溢れていて、トルーマンのことを、「はた迷惑で、まったく信用できない男だ。穏やかな物言いはするが、卑劣な振る舞いをする」と決めつけている[9]。スティムソンは、トルーマンが副大統領になってからも原爆のことについては何も話さず、信用を置かなかったが、スティムソンにとっては、トルーマンが原爆のことを知らなかったとしても何も困ることはなかったし、一方のトルーマンも、たとえマンハッタン計画をわずかでも詮索しようにも、その当時は、ほかにもさまざまな問題を抱えていたのである。

そのころトルーマンは、国防問題について精力的に取り組んでいたことに加え、アメリカが新たな国際機関に加盟して自国の孤立主義を打ち破ろうということにも情熱を燃やしていて、アメリカがベルサイユ条約の批准を拒否した「不正」を正して、第一次世界大戦後に設立された国際連盟にアメリカを加盟させたいと考えていたのである。実直なトルーマンが一九四四年六月にオハイオ州トレドの演説で聴衆に呼びかけた次のような大言壮語ともいえる言葉は、この問題についてトルーマンがいかに強い信念を抱いていたかがわかる。トルーマンは、「わたしたちアメリカ国民は、全人類にとってもそうですが、世界中がこのたびのような大惨事に三度も見舞われることになるような責任を、わたしたちの子供に負わせてはなりません。これはアメリカの運命なのです」と述べ[10]、さらにその年の末には、世界におけるアメリカの役割をあたかも神から命じられたかのような表現を使って、「全能なる神は、わが国を世界情勢のなかの指導者にして、平和を保とうとなさっているのです」とも語っている[11]。

このような国際協調主義の強い信念をもっていたトルーマンは、一九四四年の民主党大会で副大統領の候補者に指名された。当初トルーマンは、自分ではなく上院議員時代の同僚だったジェームズ・バーンズを副大統領候補に指名するつもりだったが、ルーズベルト大統領が立候補をためらっていたトルーマンに対して、「万一、戦争のさなかに民主党を解体させるつもりなら、その人の責任だ」と伝えたので、忠実なトルーマンは自分の考えを見直して、バーンズを指名することをやめて、現副大統領ヘンリー・ウォレスに対抗して自分が指名候補になることを承諾し、二回めの投票の結果、トルーマンが圧倒的多数で副大統領に指名されたのである[12]。

副大統領に指名されたトルーマンは、国内各地を遊説しながら、孤立主義の共和党員までが支持してくれるような熱烈な演説をおこなった。トルーマンは、国際協調主義者のトーマス・デューイと孤立主義者のウォレン・ハーディング元大統領を並べて、孤立主義者の「ナイとタフトらが主導する議会」を牽制し、あえて共和党の指名候補を挑発して民主党内の八人の孤立主義者との関係を断つことまでやってのけたのだ[13]。選挙期間中のトルーマンは、ルーズベルト大統領とは、たまにしか顔を合わせることがなかったため、政策上の問題について重大で特別な報告を受けることはなかったが、それでもルーズベルトからマンハッタン計画について漠然ながらも説明を受けていたことは考えられる。ただ、そうだったとしても、トルーマンには原爆の製造計画のことは、ほとんど印象に残らなかったのである[14]。

一九四五年一月二十日、ホワイトハウスの南前廊でルーズベルト大統領の就任式が執りおこなわれた。はじめにヘンリー・ウォレスがトルーマンに副大統領の宣誓をさせたあと、体具合の思わしくないルーズベルトが立ち上がって四期目となる大統領の宣誓をし、それからわずか二日後にルーズベルトは、ヨシフ・スターリンとウィンストン・チャーチルと会談するためクリミアのヤルタに向かった。しかしルーズベルトは、ヤルタから帰国したあとも、すぐには副大統領のトルーマンにヤルタ会談にかんする重要な報告はおこなわなかった。元来、ルーズベルトは、副大統領とも情報を気楽に共有することをしない方針で、その理由は、政策を決定する上で大統領としての自分の影響力が弱まることを恐れていたからだったようだ。一方のトルーマンは、ルーズベルトが多くを語らないからといって、大統領の方針を取り立てて知ろうと努力することはしなかった。また、副大統領だからといって政策を検討する政府関係者を自分のもとに集めることはしなかったし、外交政策に有力な顧問を置くこともしなかった。それに、政府部内や陸軍省から報告を求めることもしなかったし、ヤルタ会談に出席したルーズベルトに同行した高官と協議することもなかった。とはいえ、健康状態が思わしくないルーズベルトが勝利を目前にして万一倒れるようなことがあったらと考えると、政府部内の誰もがそう思っていたように、トルーマンには不安だった。大統領の周囲にいた者たちは誰もが、「人間はいつ死ぬかわからないと思いながら、自分たちの仕事に取り組んでいた」[15]といえるのだ。

トルーマンにとっては、ルーズベルトが副大統領の自分に細かな報告を伝えてくれなかったという不名誉な事実があったため、政府の具体的な外交政策については、大統領が公式声明をおこなったときに知るしかなかった。ヤルタ会談から帰国したルーズベルトは、連邦議会での合同会議の席上で、「クリミアでの会談は、三ヶ国の指導者によって平和を維持するための共通の立場を模索した結果、大きな成果となりました。この成果は、一方的な行動を起こしたり、排他的な同盟を結んだり、そのような行動を取る勢力圏が終わることを意味し、意味しなければならないのであり、また国際社会における力の均衡と、何世紀にもわたって試行錯誤をくりかえしてきた多くの努力が実ったことを意味することにもなるのです」と語った[16]。こうして歴史に新たな一ページが記されようとし、力による政治は歴史のゴミ箱に捨てられようとしていた。トルーマンは、ルーズベルトのこの演説に、ほかの者たちと一緒に立ち上がって賞賛の拍手を送りながら、これから訪れる世界の平和を実現することを誓った。

ルードベルトがヤルタ会談から帰国して一ヶ月経ったワシントンでは、健康状態が悪化していたルーズベルトはワーム・スプリングスへ身を寄せて、温暖なジョージアの日射しの下で体を快復するつもりだったので、トルーーマンは、このあいだにルーズベルトと関係を深める機会をもつことはほとんどできなかった。そのため、「大統領が重要なことについては少しも話し合おうとしなかった」閣議の席で、自分は二度会っただけだったとトルーマンは回顧している[17]。そして四月十二日、ルーズベルトは突然この世を去った。それから数時間のうちに、ハリー・トルーマンはアメリカ合衆国大統領として宣誓し、このたびの戦争に勝利して安定した国際秩序を長く保つためアメリカという国を導いて行く責任を負わされることになったのである。トルーマンは、戦後の国際秩序を築くためには、政治的にも経済的にもアメリカが世界の指導者になれるかどうかにかかっているという信念のもとに大統領となる決意をした。そして、新たな国際機関の設立と、その役割を重要なものと考えて、そのような機関を設立するために各国の代表で会合を開くことを考え、その構想は、その年の四月下旬にサンフランシスコで重要な会議として開催する計画として具体化されることになった。トルーマンも、ルーズベルトと同じように、戦後の安定した国際秩序を作るため、戦時中の同盟国との協力のもとに取り組むことを期待したのだが、とはいえルーズベルトの政策や政治目的にかんする重要な懸案事項を理解しつつも、それらのすべてをトルーマンが引き継いだわけではなかったことも明らかである。

一九四五年四月に大統領としての責務を負うことになった当時のトルーマンは、これまで支援者たちから人気を集めていた多くの資質を備えていた。性格としては、「度胸と決断力があって、粘り強く、気取らず、穏やかな様子を保ち、率直な態度で、自然なユーモアをもった人物」だった[18]。しかし、それ以上に複雑な性格も兼ね備えていて、歴史家のデビッド・マカルーがトルーマンの様子を観察して感じたように、「大統領の外套を着ていながら、しっかりとした覚悟がなく、うろたえて、おどおどしているような人物」[19]でありながら、「大統領の宣誓をするときは、緊張してこわばった表情のなかにも断固とした様子にも見えた」[20]という人物だったようだ。いずれにせよ、大統領になってまもないころは、自分が大統領になって重責をこなせるのだろうかという強い不安と自分の能力に対する疑いに苦しんでいたことは明らかである。おまけに政府部内の関係者からも、大統領の器ではないという不信の目で見られていることにも気づいていたはずで、TVA（テネシー州流域開発公社）のデビッド・リリエンソールが「間抜けで無能なトルーマン」と書いた記事は読まなかったかもしれないし、海軍長官のジェームス・フォレスタルがトルーマンの大統領宣誓就任式のあとで、「どうしようもなく下らん奴だ、どうしようもなく下らん奴だ」とつぶやいているのを耳にしなかったかもしれないが、いずれにせよ、大統領になったトルーマンのことを見下す空気は広まっていたのだ[21]。トルーマン自身も、「優柔不断で何も知らない大統領」という評判が立つことを恐れ、アメリカが難局に対処するには自分が必要だとあらためて覚悟を決め、力強さと決断力を示して行こうと決意した[22]。自分には決断力があるのだという強がりとともに、度胸と内面の強さがあるのだという気持ちが入り交じっていて、このような屈折した性格は、歴史を解釈する上で研究対象にはならない要素かもしれないが、ともかくトルーマンは、このような決意で重圧感のある大統領の仕事を務めることになったのである。

　ただ、トルーマンがこのような決意をもって、自分が大統領だという立場をどんなに示そうとしたとしても、政策上の重要な問題になると、あえて危険を冒したり常軌を逸した政治決断をすることは決してなかった。「トルーマンの大統領としての大きな決断は、内政と外交のどちらの課題についても慎重に検討され、閣僚のあいだで意見の一致を見た上でなされたもので、トルーマンだけが独断で決めたものはなかった」と歴史家のアロンゾ・ハンビーは記している[23]。このような政治決断のやり方は、大統領に就任してから日の浅いあいだから、すでにおこなわれていたことは明らかで、のちに原爆の使用を決断する際にもそうだったことは、たしかである。「すばやい決断をすると思わせたがる人間にかぎって、本当は、大きな問題に対しては、あれこれ慎重に考えるものなのだ」とハンビーは述べている。大統領になって初めの数時間のうちから、ルーズベルトに比べると、はるかに多くの政治課題を大統領の顧問に頼っていて、顧問たちはトルーマンのために問題点の枠組みを作り、それを実行する時期を決定しようとしていた。ただ非常に稀なことではあったが、トルーマンみずからが問題点の枠組みを作ったり議事日程を決めることがあって、政策上の大きな方向性を新たに探るため、どんなことも考慮せずに大統領らしい態度を見せることもあった。

大統領になって初日の、精神的にも苦しい夜に、トルーマンは閣僚全員に対して現在のポストに留まってもらいたいと伝え、国務長官のエドワード・ステティニアスがのちに語っているように、トルーマンは閣僚たちの支援を要請するとともに、「全身全霊で事に当たるつもりだ」と断言した[24]。トルーマン政権のこの初めてとなった閣議が終ろうとするとき、スティムソン陸軍長官が発言を求め、「現在進んでいる大規模な計画があって、想像を絶するような新型爆弾の開発計画にたずさわることになった新たな最高司令官」について報告した[25]。この謎めいた報告は、全容については知らされなかったが、スティムソンのこの報告は、原爆を開発するマンハッタン計画についてトルーマンが初めて知らされる機会になったのである。スティムソンは、原爆の製造計画について大統領に理解してもらわなければならないと思ってはいたが、ただ肝心のトルーマンは、この件についてはあまり関心を示さなかったようだ。また、マンハッタン計画と一九四四年にトルーマン委員会が施設に立ち入ることを拒否された計画とが関係あるとトルーマンが気づいた証拠はないが、おそらくトルーマンにしてみれば、スティムソンから報告を受けたマンハッタン計画について頭をめぐらせながらも、その実態は見当がつかなかったため、スティムソンに何も問いただすことができなかったようで、スティムソンの説明した新兵器の威力についても十分に評価することができず、詳しい内容も理解もできなかったことは明らかである。その夜、トルーマンは敵のプロパガンダに対抗する声明を発表して、「我々は、東西の戦線で戦争を続行して、全力を傾けて最後には勝利をおさめるつもりである」と語っている[26]が、ただそのときは、スティムソンが説明した新兵器が自分のおこなった声明の内容に大きな意味をもたらすことになるなどとは思っていなかったはずだ。

トルーマンは、大統領になった初日から、今や責任を引き受けることになる外交と防衛政策にかんする一連の報告を関係者たちから受けることになり、その報告内容に精通しようとした。具体的には、軍当局の指導的立場にあるスティムソン陸軍長官、フォレスタル海軍長官、ジョージ・G・マーシャル元帥、アーネスト・J・キング司令長官、ウィリアム・D・リーヒ提督たちからの報告で、すべての前線における連合軍の大まかな戦況と、ドイツと日本を敗戦に追い込む見とおしなどについて報告を受けた。これら軍の関係者たちは、ナチスドイツについては六ヶ月以内に降伏すると予想していたが、日本の降伏については、少なくとも十八ヶ月以内は期待できないと、慎重な予想を立てていた[27]。ヨーロッパでは、ドイツ軍が東から進攻してくるソ連軍と西から進攻してくる英米軍とで次第に挟撃されていて、二週間以内にトルガウのエルベ川で東西の両軍が出会う見とおしが立っていた。連合軍は制空権を制圧していて、広い戦線で有利に展開しており、何十万人ものドイツ軍が捕虜になっていたが、関係者らはトルーマンに、まもなくドイツが崩壊することよりもヒットラーがドイツ南部の山に立てこもって最後の抵抗を試みる可能性が高いと説明した。

一方、太平洋の戦況については、まだ非常に困難な状況のままで、アメリカ海軍は目下、日本周辺を海上封鎖して、カーチス・ルメイ大将の率いるB-29爆撃機が日本の都市にはげしい空襲をおこなっていたが、日本側はすさまじい抵抗をつづけていて、日本本土を防衛する前線地域では決死の抵抗をおこなってアメリカ軍にも多くの犠牲者が出ていた。琉球諸島のひとつで九州への飛行が容易になる沖縄では、ルーズベルトが死去する前の三月下旬から戦闘がはじまっていたが、六月中旬までアメリカ軍に多数の犠牲者を出して、いまだに戦闘がつづいていた。日本本土を防衛するために日本軍が死にもの狂いの抵抗を試みることが予想されたので、日本が降伏するまで少なくとも十八ヶ月はかかると予想するのが妥当と判断されていたのである。

トルーマンは、軍関係者からこれらの報告を受けたが、とくに質問はしなかった。トルーマンは自分が戦略家であるふりはしなかったし、戦略や特定の戦線でおこなわれている作戦にかんして軍関係者の意向を探ったりすることはしなかった。トルーマンはただ、ルーズベルトが大統領だったころと同じように、ドイツと日本を倒すためアメリカ軍には尽力してもらいたいだけだったから、このたびの軍関係者との会談を考えても、軍事面においては、ルーズベルトから受け継いだ基本方針が保たれていたことは明らかである。この基本方針が継承されたことは、この会談が終わるころになって、トルーマンが司令長官のリーヒ提督に向けて、今のまま大統領付幕僚長の職にとどまってもらいたいと依頼したことからもわかる。現実的で頑固一徹な軍人のリーヒは、トルーマンからの依頼を承諾し、引きつづいて軍当局と外交政策の意思決定に深くかかわることになった。

トルーマンは、自分の政治手腕が外交政策の分野では限界があることをはっきりと認めていたので、ルーズベルトの政策構想の内容を幅広く知っている者たちから報告と助言を進んで受けられるよう期待していて、そのなかで真っ先に挙がった人物が、一九四四年の副大統領候補に指名されたジェームズ・バーンズだった。バーンズは、トルーマンからの要請に応じて、サウスカロライナ州スパータンバーグの自宅から大急ぎでワシントンにもどり、四月十三日の午後に大統領に面会した。のちにバーンズは、「無理もないことだが、大統領は、いきなり自分にあたえられた仕事に圧倒されていて、目の前にある喫緊の課題に精通しようと懸命だった」と、少し見下したように書いている[28]。トルーマンは、機会あるごとにバーンズに向けてヤルタ会談の議事録について質問をして、このようなやり方によって、ルーズベルトが交渉したヤルタ会談の合意内容をより詳しく知るようになり、ルーズベルトが目標にしていた基本政策を学ぶことになったのである。

一方のバーンズは、一九四二年から一九四四年までのあいだ戦時動員復興局長だったときにマンハッタン計画について知ることができていたので、この計画の内容をトルーマンに詳細に報告する機会をもうけた。バーンズは、この計画には莫大な物資と資金が使われていることや、完成をめざしている新兵器の威力のすごさについて力説し[29]、この一件がトルーマンに強い印象をあたえたことは確かだったが、トルーマンにしてみれば、マンハッタン計画のことよりも、新政権のなかでバーンズには国務長官のような重要なポストに就いて仕事をしてもらいたいと伝えることの方に関心が向いていた。一九六七年に承認された合衆国憲法修正第二十五条の批准前に憲法上に規定されていたように、トルーマンは国務長官が大統領に次ぐ地位にあるという考えをもっていて、公選職にあった者はその職務を全うするべきだと確信していたので、バーンズは結局、一九四五年六月上旬に国務長官の職務を引き受けることになり、国務長官の仕事と、以前からの非公式の顧問の仕事も務めることになって、のちに原爆の問題についてもトルーマンの重要な相談役になったのである。

原爆にかんする諸問題は、トルーマンが大統領に就任した当初は、ホワイトハウス内では最重要の課題ではなかった。トルーマンが取り組もうとしていた主要な外交政策は、国際連合を設立することで、その設立のためにサンフランシスコで連合国による会議を無事に開催することだった。さらに、戦後に予定されているポーランド政権の樹立、ブルガリア、ルーマニア、ハンガリー三国のあいだで不調に終わった連合国統制委員会の設立、ドイツの占領政策と講和条約の手続き、ドイツの占領地域にかんする問題、オーストリアの占領政策、トリエステに対するユーゴスラビアの脅威への対策、サンフランシスコの会議にアルゼンチンを参加させる是非などのような、米ソのあいだに横たわる困難な課題にも直面していて、山積する問題の多さと複雑さに、いささか尻込みしていたはずだ。

トルーマンが懸案事項と考えていたポーランドの政権樹立にかんする問題を片付けるため、一九四五年四月二十二日にソ連の外相ヴャチェスラフ・モロトフと初会談をおこない、翌日の会談では、はげしいやり取りになった。二日めの会談でトルーマンの取った手法は、ルーズベルトが今までソ連に融和的な政策を示していたこととは打って変わって「手のひらを返した」ように、ソ連とは「直ちに断交する」と迫るような態度[30]で、自分の外交手腕を周囲に見せつけようとする意図もあったようだ。とはいえ四月二十三日の会談でトルーマンの取った強硬な姿勢の背景には、ポーランド問題の行き詰まりを打開してサンフランシスコの会議を成功させようとする狙いがあり、ともかくルーズベルトの基本方針を継承したいという強い想いは、それから先の何週間から何ヶ月にもわたって頭のなかにあったことはまちがいなく、その想いは、原爆の問題について検討するときにも特徴づけられていたことも、まちがいなかったのである。

トルーマンは、直面する困難な課題に取り組む上で、大統領の顧問に大きく依存したままだったが、当初は、顧問たちの方から支配的となるような発言はなかった。トルーマンは、異なる分野の多くの政府高官に相談して、まったく別の立場からさまざまな問題を検討して考える傾向があったが、アメリカ軍の戦略、国内の経済問題、原子力の将来性などがどのようにアメリカの外交政策に役立つかを専門に扱う人材や組織はなかったので、そのころのトルーマンをたとえるとすれば、身近な状況を学ぶことを教育方針にしながら異なる推論や考えの対立する教授陣たちがいるむずかしい教育現場のなかで懸命に学ぼうと努力している学生のように、どうにか課題をやり遂げていただけだったといえる。なお、ルーズベルトがソ連に対して取りつづけていた協調路線をトルーマンが転換したという点を考えてみると、のちになってトルーマンが、モロトフとの会談で示したソ連に対する対決姿勢に批判的だった政府関係者の意見を次第に受け入れるようになったことには驚きを禁じ得ない。

ヨーロッパでの戦争が最終局面を迎えて、戦後の幅広い問題について議論が巻き起こっていたころ、連合国と関連諸国の外交官たちは、サンフランシスコの会議で新たな国際平和維持組織を作り上げるため苦労をしていた。四月二十五日、トルーマンはラジオ演説をつうじながら会議を開催し、議場に集まった各国代表者たちを前にして、「これまでのような国際的な混乱状態をつづけるのか、それとも平和を確立するために世界規模の組織を設立するのか」という選択について語り、「未来にわたって、できればではなく、かならずや国際平和を築くための組織を設立しよう」と訴えた[31]。トルーマンは、このような強い確信をもって、ユートピアともいえる目的の実現に拘ったのである。

トルーマンが新たな国際平和維持組織について自分の主張を演説していた同じ日に、スティムソンは、強力な破壊兵器がマンハッタン計画によって開発中だということをトルーマンにどのように説明しようかと考えていたが、まもなくして、スティムソンと計画責任者のレズリー・グローヴス少将の二人は、トルーマンに対して長々と報告する機会を得ることができた[32]。まずグローヴスが、この計画をはじめた発端と現在の進捗状況について報告し、そのあとスティムソンが、新型爆弾が現在の世界情勢のなかでどのような意味合いをもつのかをメモをもとにして説明しながら、新型爆弾が恐るべき威力を発揮する兵器だと話し、「四ヶ月以内に人類史上かつてない強力な兵器を完成させることになるでしょう。この爆弾一発でひとつの都市を破壊することができるのです」と説明した。スティムソンはさらにつづけて、この兵器の仕組みを発見し開発する上での危険性についても暗に伝え、この兵器を管理運営する組織を作ることは現実問題として困難をともなうことも説明してから、「この計画をほかの同盟国と共有する問題については、もし共有するにしても何らかの条件をつけるべきで、このことが、わが国にとって重要な外交課題になるのです」と語った[33]。

四月二十五日にスティムソンが報告したこの内容を聞いたトルーマンは、原爆と対ソ政策との関係、正確にいうと将来に見込みのある両国の関係といった方がよいのだが、相変わらず、この問題についてはそれほど関心を示さなかったらしく、原爆とソ連との関係に取りつかれたスティムソンほどには重要視していなかった[34]。それというのも、トルーマンは、アメリカが原爆を保有することが地政学的にどのような意味をもつかについては、さほど重要とは考えず、それよりも、この恐るべき兵器を使用する権限を自分が負わなければならないという個人的な負担のことを考えていたようで、スティムソンとグローヴスが辞去したあと顔を見せたホワイトハウスの報道官レオナルド・ラインシュに「わたしは、これまで人類史上で誰もやったことのないような決断をすることになるんだ。いずれ、わたしが決断することになるんだろうが、それを考えると怖いんだ」と漏らしたとされる[35]。一発でひとつの都市を破壊する兵器を使用する決断を自分がしなければならないとトルーマンが真剣に思い悩んでいたため、従来の諸外国との関係や、なかでもソ連との対外交渉のために原爆をどのように位置づけて利用しようかと深く考えることはなかったとされるが、その反論として歴史家のガー・アルペロビッツの詳細な研究によれば、トルーマンはアメリカが原爆を近く保有することを前提として対ソ政策を考えはじめたわけではなかったとする注目すべき意見もある[36]。つまりポツダム会談のとき、核実験が成功して原爆を保有することがはっきりするまでは重要な案件についてソビエトとの交渉を意図的に延期して「決着を遅らせる」という戦術をトルーマンが取ったとされる意見は、表には出なかったがトルーマンの一貫した外交姿勢を示していると考えることができる。まだ実験もしていない兵器の潜在能力を外交政策に利用する気がなかったことは、司令長官のリーヒ提督が原爆について懐疑的な見方をしていたということも少なからず影響していたようで、当時七十歳になるリーヒは、「こんな馬鹿げた話はない。たぶん原爆は成功しないだろう。わたしが爆弾の専門家だから断言するんだ」と語っていたのである[37]。

五月二日にスティムソンと再度の会談をしたあとトルーマンは、マンハッタン計画の諮問機関として設立された暫定委員会に対して、原爆の開発が成功したあとに起きると考えられるさまざまな問題について検討するよう指示し、スティムソンを議長に任命し、バーンズを大統領の代理に指名した。そのほかの委員としては、原爆にかんするスティムソンの補佐役として特別顧問のジョージ・L・ハリソン、ラルフ・A・バード海軍次官、ウィリアム・L・クレイトン国務次官補、科学研究開発局長責任者のヴァネヴァー・ブッシュ博士、科学研究開発局フィールドサービス部門責任者のカルー・T・コンプトン博士、国防研究委員会議長のジェームズ・コナント博士で、これらの委員たちは、いずれも重要な地位にある経験豊かな人物だった。ここで興味深いことは、トルーマンがスティムソンの勧めに応じてバーンズを委員に任命し、自分が代表者にならずに暫定委員会が運営できることを認めたと思われることである。七十八歳になる老獪なスティムソンは、バーンズがステティニアスと委員を交代するらしいという噂を耳にすると、バーンズに対して、「大統領の指導的立場になってパイプ役として務めてもらいたい」と委員にとどまるよう伝えているのだ。

暫定委員会でのバーンズの役割について、バーンズとトルーマンの二人が長々と話し合ったことはなかった。五月三日、バーンズは、信頼する友人のベン・コーヘンに、「大統領から、極秘のため電話では言えないような問題について調査するため、スティムソン陸軍長官が任命したある委員会に出席するよう依頼されたんだ」と語っている。この委員会についてバーンズが、「科学研究開発局長のヴァネヴァー・ブッシュと関係のある仕事に取り組むことになるのではないか。そして、五月後半にスティムソンと一緒にその仕事に取りかかることになるだろう」と考えた[38]ことは正しかった。残された記録を見るかぎり、トルーマンは、実質上は暫定委員会の運営を委員たちの思いどおりに任せていた。委員会としても五月のあいだは、原爆を今後のソ連との交渉の切り札として使う問題より、単なる仮定ではあったが、原爆を日本に対してどのように使用するかについて協議を重ねていたから、明らかにトルーマンは、一九四五年五月ころまでは、アメリカだけが原爆を保有するという立場に立ってソ連に対する外交手段に原爆を利用するつもりはなかったようである[39]。老獪なスティムソンが、原爆と対ソ交渉という二つの関連する問題を重要視し、原爆を外交交渉の「切り札」と見なしていたにもかかわらず、この件についてはトルーマンの親密な助言者にはならなかったのである[40]。トルーマンは、スティムソンに畏敬の念を抱いてはいたが、二人のあいだでウマが合うとか相性がよいということはなく、単に公式の場での関係でしかなかった。スティムソンは日記のなかで、大統領の考えていることは信用できないという想いを記していて、トルーマンが原爆を外交交渉の重要な戦略の手段になるということを考えていないと憂慮している。スティムソンの不安を裏づけるように、トルーマンは暫定委員会の審議内容に関心を向けて自分で精査することはなく、ただ委員会で決まった結論が報告されてくるのを待っているだけだった。トルーマンにとっては、暫定委員会のことよりも降伏まぢかのナチスドイツについて考えなければならない課題が山積していたからである。

一九四五年五月にヨーロッパの戦争が終結したことで、トルーマンは、政治目的のために軍事力を利用するということについてチャーチル首相と重要な話し合いをしなければならなかった。チャーチルは、ドワイト・D・アイゼンハワー元帥がエルベ川の地点で連合軍の進軍を停止したことに反対していて、英米両軍でベルリンと、できればプラハも占領したいと考えていたように、チャーチルが軍事力を政治的に利用しようと考えていたことは明らかで、アイゼンハワーに対して連合軍が東へ向けてさらに進軍するよう要請したが、アイゼンハワーから拒絶されていた。アイゼンハワーは、カール・フォン・クラウゼヴィッツの『戦争論』には関心がなかったようで、「政治と軍事の問題を混同する」ことを拒んでいたのである[41]。そのためチャーチルは、この問題についてはアイゼンハワーと交渉することはやめて、三月三十日にトルーマンに直接訴えることにして、プラハを含めたチェコスロバキア西部の解放化について協議したいと伝えた。チャーチルとしては、ルーズベルトがソ連に対して取っていた融和協調路線を変更すると決めたトルーマンを動かせると期待したのかもしれないが、トルーマンはチャーチルが考えているような大統領ではなかった。トルーマンも、政治目的のために軍事力を利用するつもりはなく、ジョージ・マーシャル元帥が、「わたしは、純粋に政治目的のためにアメリカ人の生命を危険にさらすのは嫌いです」と率直に語った助言にしたがって、チャーチルの要請を拒絶したのである。また軍事歴史学者のD・M・ジャングレッコが最近の研究で明らかにしたように、マーシャルとアイゼンハワーは二人とも、万一、ベルリンやプラハでの戦闘が膠着状態になると、その結果として、ヨーロッパのアメリカ軍を太平洋の戦線に移動させて日本本土への困難な進攻作戦を支援するという、慎重に練られた計画[43]が頓挫することを危惧していたらしい。トルーマンとチャーチルとのやり取りは、トルーマンが軍事問題についてごく一般的な方針を立てていたことと、みずからの軍事顧問の助言だけに頼っていたことを示しているだけでなく、軍事顧問たちも、ドイツが降伏したあとに待ち構えている、日本の軍部を倒すという軍事上の目的について、すでに検討していたことを示している。

一九四五年の五月から六月にかけては、ソ連に対する強硬姿勢に歩調を合わせようと考えていたチャーチルからの熱心な要請をトルーマンは拒絶したのだが、一方のチャーチルは、東欧で優位な立場に立とうとしてポーランドと周辺地域ですでに具体的な行動を取りつつあったソ連に対抗しようとしたものの、トルーマンは、ソ連に圧力をかけたり衝突したりして対決したりするつもりはなかった。トルーマンの頭には、ソ連とのあいだで対立するさまざまな問題を早く片付けて戦後の国際秩序のなかでソ連と協調したかったし、もちろん太平洋戦争でスターリンとソ連軍の支援を得たいという意図も含まれていたので、トルーマンと顧問たちは、モスクワ前大使ジョセフ・デイヴィスやリーヒ提督が危惧していたように、チャーチルの強硬な対ソ姿勢が「三大国」の結束と安定的な国際秩序を危うくすると考えていたのである。

五月下旬、トルーマンは、スターリンとのあいだで懸案の問題を処理して米中ソ三ヶ国で首脳会談を開いて最終決着しようと考え、ルーズベルトの親密な補佐官だったハリー・ホプキンスをモスクワに派遣した。外交官のチャールズ・ボーレンがのちに述べたように、ホプキンスは「アメリカはソ連との友好関係を維持するため相当の努力をする用意がある」とソ連側に伝えた[44]のだが、このたびのホプキンスの派遣によってトルーマンがソ連に対して友好な姿勢を示そうとしたのは、これかぎりとなり、このことはトルーマンがソ連との協調関係を心から望んでいなかったことを示している。それでもスターリンとの関係を修復しようという熱意はあったため、四月には、ポーランド問題に対するアメリカの立場を変更して、この重要な問題についてソ連の主張に同意し、ルーズベルトと同じように、ポーランドの政治的な独立と主権にかんする問題については、米ソとの良好な関係を犠牲にしてまでアメリカの主張を強行することは選択しなかったのである。

ホプキンスをモスクワに派遣してソ連と良好な関係を維持できる見とおしが立ったので、トルーマンが六月にポツダム会談に出席するためドイツに出発した数週間のあいだに、アメリカ政府は、ソ連を含む一連の外交課題については概ね融和的な対応をすることで事務的に取り組んでいた。当然、実質的に合意に至らない問題は残ったが、これらの問題については、引きつづきソ連とアメリカとの友好関係を保ったなかで検討することになった。トルーマン自身は、六月七日の日記に、これらの問題に対する所感を記していて、そのなかにはバートン・ウィラー上院議員が述べた反ソ発言に反発した内容のものがあり、「ソ連と途中までうまくやって行くたびに、それを邪魔しなければ気の済まない知ったかぶりの奴がいる。そいつがウィリー・ハースト、バーティー・マコーミック、バート・ウィラーたちのように世論に大きな影響をあたえる人間でなければ、ドイツをなだめようとする奴なんだろうが、ロシアのことをよく言う奴はまったくいないんだ」と記している。トルーマンは、「自分はロシアなど恐れてはいない」と口にはしながらも、その一方で、「こちらがロシア人のことを、いつも我々の友人であると思っているのに、奴らがそう思っていない理由が自分にはわからない」とも述べている。[45]

アメリカ人は、イギリス人と一緒になってスラブ民族の同盟国に「団結して対抗する」ことに疑いを差し挟むことをこれまで意識的に避けてきた。この考えは、トルーマンがポツダム会談の前にチャーチルと会談することを避けたことにもあらわれているし、アメリカ統合参謀本部がドイツで開かれる三大国の首脳会談を前にして、イギリスが先にロンドンで会談したいという申し出を拒絶したことも、この考えが理由だった。チャーチルが世界情勢におけるソ連に対して次第にきびしい見方をしているのとは対照的に、トルーマンは、ソ連との意見の相違はいずれは解決されるはずであり、今はその途上なのだという立場を守っていたのである。そして、ソ連に対するこのような立場はヨーロッパだけでなく、アジアにおけるソ連の情勢についても特徴づけられていた。極東方面では、日本と交戦する軍事力を維持するためにはアメリカの軍事行動が左右されざるを得ないことから、太平洋戦線にソ連を参戦させたいという考えは根強くあって、スターリンが八月には対日戦に参戦するとホプキンスに確約した以上、トルーマンがヤルタ会談の極東問題にかんする密約協定を履行することも保証されることになったのである。

ヤルタ協定の条項のいくつかは六月には中国にも伝えられていて、蔣介石政権の外相宋子文《そうしぶん》は、急ぎサンフランシスコの会議場をあとにしてワシントンにもどった。宋子文と面会したトルーマンは、ヤルタ協定の詳しい条項を宋子文に説明し、ルーズベルト大統領が合意した協定はかならず実行に移すと伝えたが[46]、宋外相は当然のことながら、ソ連が参戦することによって中国に莫大な代償を求めてくることを危惧していた。これに対してトルーマンは、そのころ有力な顧問だったジョセフ・デイヴィスに対して中国は代償を支払う必要があることを宋に伝えるよう命じて、デイヴィスは宋子文にトルーマンの言葉を冷ややかに伝え、トルーマンが六月十四日にもう一度宋外相と会談したとき、ソ連が満州の利権を要求していることを危惧していると宋子文が訴えても、ほとんど同情を示さず、中国の利益を損ねることはしないと約束しながらも、「わたしの目下のおもな関心は、極東方面の戦争を早く終わらせてアメリカ人と中国人の生命を救うことであって、そのためには十分に時間をかけてでもソ連が参戦してくれることなのです」と説明した。そして当時のトルーマンの外交方針を端的にあらわしている言葉として、「アメリカは、ヨーロッパにおいても極東においても、将来、紛争や戦争の原因となるどんな火種でも消す方法を戦後の課題として何よりも考えているのです」と宋外相に言い添えたのである[47]。宋外相はトルーマンにそう伝えられて、ヤルタ協定の条項を確認してソ連と合意するため、まもなくモスクワに向かった。アメリカの代表団がポツダムで開催される三大国の会談のためドイツに向かったころ、宋とスターリンとの会談はまだ進行中だったが、トルーマンの方は、ルーズベルトが合意したヤルタ協定を実行に移して、硫黄島と沖縄で多くの犠牲者を出すことになった頑強な日本軍との消耗戦にソ連の参戦を期待して、ソ連と合意した協定を着々と実行していたのである。

トルーマンは、ポツダムに旅立つ前に国際連合（以下、「国連」）の設立にも尽力して達成する役割を果たした。六月二十五日、サンフランシスコに到着したトルーマンは、滞在先のフェアモントホテルに向う市中で紙吹雪の舞う歓迎を受けた。翌日には、ステティニアス国務長官がアメリカ代表として国連憲章に署名するのを誇らしそうに眺めたあと、閉会式が予定されていたオペラハウスに集まった五十ヶ国の代表団を前にして、「只今みなさん方が署名された国連憲章は、よりよい世界を築くための組織を作る確固とした土台となるものであります」と演説した。それは誠実な国際協調主義者にふさわしい所感として感動的ともいえるもので、自分の言葉が歴史的な日として刻まれることをトルーマン自身も期待していて、「連合国の団結心は、ファシズムを打倒するために生まれたものですが、その精神を途絶えさせてはなりませんし、強力な国家が国際秩序を保つために指導的立場を担う責任を負わなければならないのです。理性にもとづく世界の規範を制定するこの絶好の機会を掴むために、そして神のお導きによって永久《とわ》の平和を創るために」と、ウッドロウ・ウィルソンやフランクリン・ルーズベルトのことを思い起こしながら各国代表団に呼びかけた[48]。トルーマンの高尚な美辞麗句は、壮大な行事にふさわしく、高い理想を反映したものだったから、多くのアメリカ国民が国際連合に寄せた期待が大げさで非現実的なものだったといわれても当時は仕方のないことだったのである。

ワシントンにもどったトルーマンはさっそく、連邦議会の上院にみずからで国連憲章を配ってまわったので、一番のお気に入りだった立法府の中央通路をあがっているころには、議場や廊下は人でいっぱいになった。トルーマンのうしろには、軍事顧問のハリー・H・ヴォーン准将が青い表紙の国連憲章をもって付き従っていて、かつての議員仲間で議長代行に指名されたケネス・マッケラー上院議員に憲章を手渡すと、満場の喝采を浴びた。トルーマンは、その場で力強く手短かに話をしてから国連条約を批准するため連邦議会を招集し、そのあとの外交委員会の公聴会で、条約は賛成多数で承認され、その月の内に国連条約は議会上院で八十九対二の賛成多数で可決された。フランクリン・ルーズベルトのような天才的な政治家でさえ、これほど圧倒的な投票結果を出すことはなかったのだ。

サンフランシスコからワシントンへもどる途中に故郷のミズーリ州インディペンデンスに立ち寄ったトルーマンは、そこで記者会見を開き、エドワード・ステティニアスを国務長官の座から国際連合のアメリカ代表に任命し、国務長官の後任には、政府部内ではすでに知られていたことだったが、ジェームズ・F・バーンズを任命すると発表した。トルーマンは、バーンズの交渉手腕を高く買っていたし、気さくな人柄だと感じていたので、ポツダム会談では自分と同席してもらいたかったのである。バーンズの国務長官任命は、トルーマンが国連憲章を配布した同じ日に実施された議会上院での無記名投票で簡単に承認され、その後のトルーマンの外交政策は、新たに任命されたバーンズ国務長官が原爆を使用して日本を降伏させるという問題に深くかかわる重要な人物となって、新たな段階に移ったのである。

トルーマンが大統領になって日の浅いあいだに、どのような考えを抱いていたかを理解しようとするためには、ソ連との良好な関係を望み、それが維持されることを期待していたトルーマンの率直な姿勢を見て取らなければならない。大統領を退任してから数年後、トルーマンは、ポツダム会談のときにジェームズ・バーンズやジョセフ・デイヴィスたちよりもディーン・アチソンが自分と同席しなかったことを悔いていると語っている。そのときトルーマンは、当時の出来事にしばらく想いを馳せたあと、「デイヴィスはロシアびいきだったんだ。我々の多くがそうだったようにね」と語っている[49]。このようにトルーマンが自分をロシアびいきの部類に属すると思っていたことは疑いないことで、それには十分な理由があって、ルーズベルトが安定して平和な戦後の国際秩序の基礎を固めるためには大国が協調することが不可欠だとする基本方針をトルーマンは踏襲していて、ソ連と協調して行けばそのような国際秩序は可能であると信じていたのだが、ただ一方のスターリンが戦後の世界情勢の見とおしについては、まったく異なるシナリオを考えていたことには、無邪気にも気づいていなかったのである。トルーマンの幅広い外交政策をたどってみると、アメリカが原爆を保有したことは、結局のところ、外交上で大きな役割を果たしていなかったことになるし、トルーマンが原爆について関心を抱いていたおもな理由は、それを外交交渉の手段に使おうとしたからではなく、あくまでも日本に勝って太平洋戦争を一刻も早く終わらせることが目的だったのだ。

1　おもにトルーマンの回顧録より引用。ハリー・S・トルーマン「Memoirs, Vol.1, Year of Decisions（New York, 1955）」pp.15, 19を参照。
2　デビッド・マカルー「Truman（New York, 1992）」p.102
3　アロンゾ・ハンビー「Man of the People: A Life of Harry S. Truman（New York, 1995）」p.260
4　トルーマン「Year of Decisions」pp.190-191
5　ゴッドフリー・ホジソン「The Colonel: The Life and Wars of Henry L. Stimson, 1867-1950（New York, 1990）」
6　一九四一年四月十五日のスティムソンの日記。
7　一九四三年六月十七日のスティムソンの日記。
8　一九四三年七月十五日にシュエルレンバッハへ宛てたトルーマンの書簡。（「Harry S. Truman Papers」Harry S. Truman Library, Senatorial and Vice-Presidential Correspondence File, Box 231）
9　一九四四年三月十三日のスティムソンの日記。
10　一九四四年七月十四日オハイオ州トレドでのトルーマンの演説。（「Truman Papers」Senatiorial and Vice-Presidential Speeches File」）
11　ニューヨークタイムズ（一九四四年十月二十五日版）
12　この詳細については、ロバート・フェレル「Harry S. Truman: A Life（Columbia, MO, 1994）」pp.165-171がすぐれている。

13 ニューヨークタイムズ（一九四四年十月二十二日、二十四日版）
14 これについては、フェレル「Harry S. Truman」p.172を参照。
15 ヘンリー・モーゲンソウ・三世「The Last Night at Warm Springs」（New York Times, December 4, 1995）
16 「Congressional Record, 91, Part 2」pp.1621-1622
17 トルーマンがジョナサン・ダニエルズに語ったことば。（ジョナサン・ダニエルズ「The Man of Independence（Philadelphia, 1950）」p.259）トルーマン「Year of Decisions」pp.34-35も参照。
18 ロバート・J・ドノバン「Tumultuous Years: The Presidency of Harry S. Truman, 1949-1953（New York, 1982）」p.395から引用。
19 マカルー「Truman」p.355
20 このときのトルーマンの様子については、ジョセフ・デイビスの一九四五年四月十二日の日記に「ルーズベルトの死」について記された箇所から。（「Davies Papers」Library of Congress, Box 16）
21 デビッド・リリエンソールのことばは、「The Journals of David E. Lilienthal」Vol.I, The TVA Years, 1939-1945（New York, 1964）」p.690と、フォレスタルのことばは、タウンゼント・フープスとダグラス・ブリンクリー共著「Driven Patriot: The Life and Times of James Forrestal（New York, 1992）」pp.204-205から引用。
22 この私見は、ロナルド・スティール「Harry of Sunnybrook Farm」（The New Republic（August 19, 1992））」p.37から示唆を受けている。
23 アロンゾ・L・ハンビー「An American Democrat: A Reevaluation of the Personality of Harry S. Truman」（「Political Science Quarterly Vol.106（Spring, 1991）」p.52）
24 一九四五年四月十二日のエドワード・R・ステティニアスによる記録。（Papers, Alderman Library, University of Virginia, Box 224）
25 トルーマン「Year of Decisions」p.20
26 一九四五年四月十二日のトルーマンの所信演説。（「Public Papers of the Presidents of the United States: Harry S. Truman, 1945（Washington, D.C., 1961）」p.1）
27 この会談については、トルーマン「Year of Decisions」p.29を参照。

28 ジェームズ・F・バーンズ「All in One Lifetime（New York, 1958）」p.280

29 原爆についてトルーマンと話し合ったバーンズの発言については、デビッド・ロバートソン「Sly and Able: A Political Biography of James F. Byrnes（New York, 1994）」pp.390-391

30 「手のひらを返した」ことについては、デナ・フランク・フレミング「The Cold War and Its Origins, 1917-1960（Garden City, NY, 1961）」pp.265-270を参照。「突然の断交」については、ガー・アルペロビッツ「Atomic Diplomacy, rev. ed.,（New York, 1985）」p.19-40を参照。

31 一九四五年四月二十五日の国際連盟でのトルーマンの挨拶。（「Public Papers of the Presidents: Harry S. Truman, 1945（Washington, D.C., 1961）」p.21）

32 トルーマン「Year of Decisions」p.104

33 一九四五年四月二十五日のスティムソンの日記。

34 スティムソンの見解については、スティムソンとバンディ共著「On Active Service in Peace and War」pp.612-633、マクジョージ・バンディ「Danger and Survival: Choices About the Bomb in the First Fifty Years（New York, 1988）」pp.54-129、シーン・マロイ「Atomic Tragedy: Henry L. Stimson and the Decision to Use the Bomb Against Japan（Ithaca, NY, 2008）」を参照。

35 J・レオナルド・ラインシュのインタビュー。ジョン・ルイス・ガディス、フィリップ・H・ゴードン、アーネスト・R・メイ、ジョナサン・ローゼンバーグ共編「Cold War Statesmen Confront the Bomb: Nuclear Diplomacy since 1945（Oxford and New York, 1999）」p.16のS・デビッド・ブラシアス「Longins for International Control, Banking on American Superiority: Harry S. Truman's Approach to Nuclear Weapons」から引用。

36 ガー・アルペロビッツは、「Atomic Diplomacy」のなかに「The Decision to Postpone a Confrontation with Stalin」という一章をもうけて、「遅延戦術」の詳細について述べている。「Atomic Diplomacy」pp.110-174を参照。

37 トルーマン「Year of Decisions」p.21

38 一九四五年五月三日のコーエンに宛てたバーンズの書簡。（「James F. Byrnes Papers, Cooper Library, Clemson University」Folder 18）

39 暫定委員会の初期に協議されていた詳細については、ヒューレットとアンダーソン「The New World」

pp.353-354 を参照。スティムソンがのちに、「初めてのもっとも重要な問題は、原爆の使用を決定することだった」ことを認めたことも、スティムソンとバンディ共著「On Active Service in Peace and War」p.617 で示されている。同時に、バーンズが「暫定委員会の基本的で直接の役割は、ニューメキシコでの核実験の準備と、実験が成功すれば、日本に原爆を投下することを勧告することだった」と回顧している。ジェームズ・F・バーンズ「All in One Lifetime」p.283

40 一九四五年五月十五日のスティムソンの日記。スティムソンの日記には、スティムソンがトルーマンの政策に信頼を置かず、自分が忠実でないことに悩みながらも原爆を外交交渉の切り札とする戦術にこだわっていたことを示している。

41 アイゼンハワーの立場については、一九四五年四月二十三日にマーシャルに宛てた通信を参照。（アルフレッド・D・チャンドラー編「The Papers of Dwight David Eisenhower: The War Years（Baltimore, 1970）」p.2583）

42 一九四五年五月一日にチャーチルに宛てたトルーマンの書簡。（「FRUS 1945, IV」p.446）マーシャルの発言については、ジョン・ルイス・ガディス「The United States and the Origins of the Cold War 1941-1947（New York, 1972）」p.209 から引用。

43 D・M・ジャングレッコ「Hell to Pay: Operation Downfall and the Invasion of Japan, 1945-1947（Annapolis, MD, 2009）」pp.49-52

44 チャールズ・ボーエン「Witness to History, 1929-1969（New York, 1973）」p.223

45 一九四五年六月七日のトルーマンの日記。（ロバート・H・フェレル編「Off the Record: The Private Papers of Harry S. Truman（New York, 1980）」pp.44-45）

46 一九四五年六月九日付のトルーマンと宋の会談を記したグルーの覚書。（「FRUS 1945, VII」p.896）

47 一九四五年六月十四日付のグルーの覚書。（「FRUS 1945, VII」pp.901-903）

48 一九四五年六月二十六日の国際連盟の閉会式の挨拶。（「Public Papers of Harry S. Truman, 1945」pp.138-139）

49 一九五七年三月十五日にアチソンに宛てたトルーマンの書簡。（「Truman Papers, Post-Presidential Files」Box 44）

三　ジェームズ・F・バーンズ、原爆、太平洋戦争

アメリカが日本に勝利して第二次世界大戦を終わらせるために取った政策を正しく説明しようとするには、ジェームズ・バーンズが果たした重要な役割について検討しなければならない。バーンズという人物のことはあまり知られていないが、政治については並はずれた才能をもった熟練の政治家で、鋭い洞察力をもった伝記作家がバーンズの伝記に「狡猾と才能」というタイトルを付けたのも故あることだったのである。政治学者のデビッド・ロバートソンは、ルーズベルトとバーンズを比較して、「ルーズベルトは、友人を作るという点ではバーンズよりもまさっていたが、実際にはジェームズ・バーンズの方がすぐれた政治家だったし、ルーズベルトも、そのことをよく知っていた」と述べている[1]。バーンズが国務長官になって国務省を取り仕切るまでには、それまで多くの地位に就いていて、いずれの職場でも立派な実績をあげ、上院多数党院内総務、最高裁判事、戦時動員復興局長などを歴任し、銃後におけるめざましい働きから「補佐役の大統領」というあだ名までつけられていた。一九四四年のルーズベルトの副大統領候補の指名に漏れたときは、表面的には平静さと専門家らしい態度を保っていて、自分の才能に対する自信と高い自己評価が傷つくことは微塵もなく、そののちも戦時動員復興局長という重要な役職をつづけて、ルーズベルト・トルーマンの正副大統領体制を支えてきた。バーンズは、友人で国務長官のコーデル・ハルの後継としてルーズベルトが自分を国務長官に指名してくれることを期待していたらしいが、ルーズベルトは、バーンズが仕事に対する独立心が強すぎると判断して、従順な人柄のエドワード・ステティニアスを国務長官に任命したのだ。またしても自分の期待を裏切られたこと

になったが、それでも野心を捨てきれなかったバーンズは、ルーズベルトがヤルタ会談に赴くとき、自分を同行させてほしいと頼んで承諾を得て、会談では持ち前の手腕を発揮して、ヤルタ協定の合意内容を議会と国民に向けて納得させ、その後、戦時動員復興局長を辞任したあとも、公私にわたってルーズベルトの外交政策での取り組みに関与していたのである。

ただ、ルーズベルトに同行してヤルタ会談に赴いたことをきっかけとしてバーンズが外交の専門家に変わったわけではなかった。ヤルタ会談に出席したとはいえ、外交交渉にとくに精通していたわけではなく、重要な外交上の経験を積んだというわけでもなかった。バーンズにとって、外交問題は、かならずしも一番の関心事ではなく、それよりも国内の政治問題と政策の方に関心が高かったし、自分としては取り組みたいことでもあったのだ。国務長官になれば、アメリカが国際社会でどのような立場を取るかによって国内の問題にも大きな影響をおよぼすことになるが、その問題の内容が肝心だったのである。もちろん、トルーマンとバーンズは二人とも、このことはよくわかっていて、当時のあるイギリス人が、「トルーマン氏はバーンズ氏と同じように、アメリカ国内の問題については、ある程度一貫した展望をもっている」と批評している[2]。トルーマンとバーンズとの二人三脚によって練り上げられ推し進められた政策を理解するには、二人が国際的な戦略家というより、むしろ根は腕利きの政治屋だったということを理解しておかなければならない。トルーマンがバーンズを国務長官に任命したのは、おもに国内の問題に期待したからで、前の上院多数党院内総務の指導者としての実績を信頼していたからだったのである。このことは明らかに、新たな方向性をもって外交政策に取り組みたいという姿勢を示すことにはつながらず、トルーマンもバーンズも、一九四五年の四月から五月にかけては、外交政策について十分に検討されたと思われる明確な見解をもってはいなかった。バーンズは、ヤルタ会談に出席して外交交渉の手腕に磨きをかける機会を得たものの、国務長官に就任する前は外交政策の問題にかかわろうとする気などなく、長年の経験から政治のことを知り尽くしていただけに、国務長官のステティニアスの取り組んでいる政策を自分が妨げているとか切り捨てようとしていると思われたくなかったので、サウスカロライナ州スパルタンバーグの自宅に引きこもって、国務長官に指名される時機が到来するのを辛抱強く待ちつづけていたのだった。

トルーマンが大統領に就任してからポツダム会談の前夜までのあいだにバーンズが国務長官として政策上かかわり、強い印象をあたえる役割を演じた問題がひとつだけあった。バーンズは、原爆の使用にかんする政策に関与する暫定委員会の委員の一人になっていたが、それまでにも戦時動員復興局長の仕事をとおしてマンハッタン計画に個人的にも政策上からも資金を投じていて、この計画のために一九四五年までに二十億ドル以上の国家予算が消費されたことを正当化しようと考えていて、一九四四年末と一九四五年初頭に、マンハッタン計画について自分の考えをルーズベルトに強く伝えていたのだ[3]。さらにルーズベルトに対して、一九四五年三月三日の覚書のなかで、「この計画が失敗したとわかれば、徹底的な調査と批判にさらされることになるでしょう」と警告し、マンハッタン計画を推進するために公正な審査をする必要があることを主張していた[4]が、それが今や暫定委員会の「大統領の私的な代理人」として行動するまでの立場に置かれるほどになったのだ。

スティムソン陸軍長官が暫定委員会の議長になって、バーンズは五月九日から六月一日にかけて開かれた暫定委員会の一連の会合で出席者に強い印象をあたえることになった。バーンズは、原爆の開発計画にかんしては、ソ連とはもちろんイギリスと共同しておこなうという意見に強く反対し、「そんなことをすれば機密情報が漏洩して、連邦議会は政治的に機能しなくなります」と訴えたので、連邦議会の立場を守らなければならないというバーンズの主張に対して、ほかの委員たちが反論することはむずかしかった[5]。さらに重要なことは、五月末に提案された、「日本に対しては原爆を投下せず、万一、投下するにしても事前に日本に警告を発してはどうか」という意見[6]に対しても、はげしい非難を浴びせた。レオ・シラードは、アインシュタインを促してルーズベルトに原爆の開発計画を初めて提案した物理学者だったが、同僚のハロルド・ユーリーとウォルター・バートキイと一緒に五月二十八日にスパルタンバーグのバーンズの自宅を訪問して、原爆を使用しないか事前に警告をしてはどうかという提案を示したが、両者の話し合いは少しも進展しなかった。日本に原爆を投下して政治的に利用するかどうかというこのときの議論についても、バーンズの伝記作家が正しく指摘しているように、科学者たちとバーンズとの会話は、「同じ言語で話し合っているとは思えない」ほど食いちがう内容だったのである。シラードは、原爆を使用するとソ連との関係に重大な影響をもたらすのではないかと危惧していたが、政治学者のロバートソンが説得力のある主張をしているように、バーンズにとっては、「原爆の投下が国内の政治的な情勢にあたえる影響の方がもっとも重要だった」のだ。それというのも、連邦議会はマンハッタン計画に巨額の投資をした理由を知りたがるだろうが、それ以上に重要なことは、「万一、トルーマン政権が原爆の使用を見合わせて、日本との戦争をできるかぎり早く勝利することをためらったことが明るみに出たとしたら、国民と政治家の双方から怒りの声があがるはずだ」とバーンズは確信していた[7]からである。おそらくバーンズも、原爆がソ連との外交交渉に有利に働くことは期待していたのかもしれないが、原爆が対ソ交渉になることを当てにしていたとは思われない。なお、ここで留意しておかなければならないことは、ジェームズ・フランクの率いるシカゴ大学冶金研究所のグループをはじめとする科学者たちが、人道上の観点から原爆を実際に使用することにためらいを表明していたにもかかわらず、その主張がほとんど省みられなかったことである[8]。

広島に原爆を投下したことは、人間の心を焼き焦がすような出来事だった。今「ヒロシマ」という言葉を耳にしただけで、かつてないほどの、おびただしい死と破壊を想い浮かべるのだが、ここで大切なことは、当時の暫定委員会の委員たちは、原爆がもたらすおぞましい光景を想い浮かべながら話し合っていたのでは決してなかったことだ。そうではなく委員たちの頭には、アメリカ人の目をとおして見える太平洋戦争の惨状があったのだ。真珠湾のだまし討ち攻撃、日本軍による残虐行為、硫黄島や沖縄での日本軍の死にもの狂いの抵抗などが大日本帝国に対する根強い反感を生んでいたし[9]、日本軍や、お決まりの人種差別主義[10]をますます強めている人間たちに対しては敬意も同情もほとんど残されていなかったので、だからこそ委員たちは、自分のなすべき仕事は、この残忍な敵を一刻も早く倒すことだと考えて取り組んでいたのである。

暫定委員会は、五月三十一日と六月一日の会合で、科学諮問委員会の委員や原爆の製造にかかわっている大企業（ウェスティングハウス、デュポン、ユニオンカーバイド）の代表者たちと長時間にわたって重要な協議をおこなった結果、出席した関係者たちは、原爆の大きな破壊力を用いて日本の指導者と国民に衝撃をあたえるべきだという国防省の標的委員会の勧告[11]を採用することにした。歴史家のシーン・マロイは、ロスアラモスの仕事は、「結果的には、都市の破壊と民間人の殺傷を最大限に発揮する兵器を製造することになった」と指摘しているが[12]、政策立案者にとっては、原爆によって生じる影響などを考慮する余地はないのであり、原爆を使用する以上、このことに躊躇することはできなかったのである。六月一日、暫定委員会は、これまでバーンズが主張してきた勧告にしたがって、重要な決定の枠組みを作り上げた。具体的には、「原爆は可能なかぎりすみやかに日本に対して使用すべきであり、多くの労働者が働いていて周辺に労働者の居住する軍事施設がある場所に投下し、事前に警告はおこなわない」という意見で全員が一致したのである[13]。

暫定委員会では、原爆を実際に使用するための具体的な計画の立案は、ほとんど軍当局に一任し、その結果、日本の重要な軍事施設の工場がある中規模の四ヶ所の都市が標的として選ばれることになった。グローヴス少将は、いつもの怒鳴り散らすようなはげしい口調で、日本人に最大の心理的打撃をあたえる意味から、昔の首都だった京都を標的にしたいと主張したが、スティムソンは、トルーマンの意見も参考にしてグローヴスの主張を退け、代わりに広島、小倉、新潟、長崎の四都市を標的に設定した。この四都市は、歴史家のマイケル・ゴルディンによると、「グローヴスと科学者たちは、原爆による効果を確認するため、標的に選んだ都市に対しては空襲をおこなわないよう命令した。その理由は、一発の原爆によって無傷の都市がどのように破壊されるのかを知るのに都合がよかったからだ」ということだったのである[14]。

六月一日の暫定委員会が閉会すると、バーンズはすぐに国防省をあとにしてホワイトハウスへ向かい、トルーマンに暫定委員会で決定された内容を報告した。このときの会談で二人は、アメリカ軍が日本本土へ進攻したさいに予想される死傷者数と、歴史家のデビッド・ロバートソンが述べているように、「無警告のまま原爆を投下して日本に衝撃をあたえれば、九州と本州へ同時に上陸する作戦を敢行しなくても日本を無条件降伏に追い込むことができるかもしれない」という見とおしについて話し合ったとされる[15]。もちろん二人は、日本に原爆を投下することで、のちに起きるかもしれない問題についてはよくわかっていたが、とはいえ、日本の早期の降伏とアメリカ人の犠牲を少なくするという素朴な方針を道徳上の込み入った問題や今後の外交上の意味づけなどを考えて複雑化させることはできなかったのだ。とにかく原爆の実験が成功して日本の目標都市に投下すれば、アメリカ人の生命を救うことになるかもしれないのだ。二人のこの考えは、その後もずっと変わらず、一九四五年八月に広島と長崎に恐るべき兵器を使用する重大な決断のときの根本的な動機づけになったのである。

トルーマンは、暫定委員会から別の案件についても報告を受けていたが、その報告についてもバーンズがトルーマンにとって重要な助言者だったことがわかっている。六月六日にスティムソンが暫定委員会の協議内容についてトルーマンのところに報告に行ったとき、トルーマンは、「その件については、すでにバーンズが報告してくれていて、内容についてはバーンズもひどく満足しているようだ」とスティムソンに伝えている。スティムソンは、原爆をソ連との交渉に使う価値があることをトルーマンに説明しようとして、「原爆の製造計画については、管理体制が万全になるまでは誰にも打ち明けるべきではありません」と述べてから、「ソ連と協力関係を結ぶことを検討する際の、しかるべき代償」について話し合ったが、スティムソンの考えていた基本的な対ソ方針は原爆を脅しの材料に使うという方策などではなく、痛ましいほど無邪気なものだったのだが、ソ連との外交交渉で交換条件を出してソ連から協力を得る手段として、アメリカが原爆を保有していることをちらつかせることだったのである。このようにスティムソンは、原爆を外交手段として利用しようとする考えにますます囚われるようになり、トルーマンに面会するときにはいつも、この問題を取り上げるようになったが、肝心のトルーマンの方はスティムソンの考えに同調する気はなかったようだ。六月六日の面会のとき、トルーマンはスティムソンに調子を合わせて、自分にもソ連と交渉するときの代償については考えがあるとは述べたものの、スターリンが極東方面で参戦すると約束してくれたのは、「モスクワでハリー・ホプキンスが成し遂げた手柄だった」という話をくりかえしただけだった[16]。事実、トルーマンは原爆を使用することについて込み入った議論をすることを好まず、バーンズにだけ信頼を置いて、その忠告にしたがうだけだったのである。

暫定委員会では、原爆を使用すべきかどうかについて議論を進めるための資料を印刷するためにおびただしいインクが使われたが、最終的に原爆を使用するという結論そのものは案外と簡単に決まった。わたしたちのように核の時代に生きる人間から当時の状況をたどってみると、原爆を使用する決定をあっさり下したという点について、当時はまだわかっていない重要な点があったことを歴史家たちは述べているし、鋭い観察力をもった歴史家のロバート・ジェームズ・マドックスが指摘したように、原爆を使用する決定の責任を負った者たちのあいだでは、「原爆を使用するかどうかが議論の的になったのではなく、どのような形で使用するか」ということが、むしろ問題になっていたのだ[17]。ここで重要な点は、原爆を使用するかどうかを決める話し合いが、なぜ事実上なされなかったかということで、スタンフォード大学の歴史家バートン・バーンスタインによると、「日本に対して原爆を使用すべきかどうかが真剣な議題として取り上げられることは当然必要だったはずなのだが、その背景には、政府関係者の中枢かそれに近い立場の者は、すでに日本に原爆を投下することに何の疑いも抱いていなかったし、広島と長崎に原爆を投下する前に反対した者がいなかったという事情があったのだ」と指摘している[18]。ようするに、戦争に勝つための責任を負っていた政治指導者の目から見れば、原爆の投下に反対する科学者たちなどには、そもそも原爆の使用の是非を議論する資格がなかっただけなのだ。

あとでどんな論争が起きようとも、トルーマンが原爆を使用する決断を下す際には、深く考えたり悩んだりしてはならなかったのだ。シラードをはじめとする科学者たちは原爆が使用されることに最後まで苦悩していたが、トルーマンが原爆の使用を決断するときに苦悩していたという証拠はほとんど見当たらない。顧問たちの一致した意見を自分が迷わず承認できるようにと考えて、大統領の執務室のデスクに置いていた「責任は自分が負う」という標語も、そのあらわれであり、あくまでも原爆は使用するために製造される兵器だというルーズベルト政権下に支配的だった方針にも疑問を差し挟もうとはしなかったのである。歴史家のガーハード・ワインバーグが主張しているように、トルーマンが原爆の投下をみずから進んで認めたことについて、ルーズベルトが生きていたとしても別の決断を下すことはなかっただろう[19]と考えれば、原爆にかんするルーズベルトの方針を引き継いでいたとみなすことができるのである。マンハッタン計画のレズリー・グローヴス少将がのちに述べたように、トルーマンの「決断」は結局のところ、地図に行先を記されている道を邪魔されずに背中を押されて進むだけの消極的な方法だったということになる。ただ、おそらくグローヴスがやりすぎて、背中を押す力が強すぎたため、猛スピードで下って行く「橇《そり》に乗った少年のように」[20]原爆を使用することを決断したのかもしれない。いずれにせよ、トルーマンが原爆を使用することについては、論理的に考える能力も、考えようとする気もなかったことだけは認めておかなければならない。

原爆を投下したことによって何を期待するかはともかくとして、アメリカの軍当局は、原爆の実験が成功して使用できることになったとしても、日本に勝利するための決定的な戦略上の手段とまでは考えていなかった。原爆のほかに日本に勝つためにいくつかの戦略を熱心に検討していて、日本本土周辺の海上封鎖を強め、カーチス・ルメイ大将が指揮するB‐29による通常爆弾を使った空襲をつづけて日本の各都市に焼夷弾を投下し、日本本土へ上陸作戦を敢行して地上戦をおこなう戦略を立てていたのである。太平洋戦争は、開戦当初から陰惨な戦闘がくり広げられていたが、一九四四年後半から一九四五年初頭にかけては残忍な様相を帯びるようになり、あるジャーナリストが名づけたように、戦場は、「異様な残忍さにみちた殺戮の場所」になっていた[21]。軍事面から見ると、一九四四年十月から十一月にかけてアメリカ海軍はレイテ湾の海戦で日本海軍の艦隊に大打撃をあたえ、その後、日本本土へ肉薄しながら制海権と制空権を固めていった。このような戦況は、日本に勝利できる前触れになったとともに、日本側の戦意を弱めることにもなるはずだったが、戦場ではまったく正反対の事態が起きていたのである。レイテ湾の戦闘で、アメリカ軍の艦船に対する日本軍の神風特攻隊による体当たり攻撃が初めて目にされることになり、このような空からの捨て身の攻撃はアメリカ軍にとって戦線が拡大するにつれて大きな脅威となってきたのだ。特攻機による体当たり攻撃は、明らかにアメリカ軍の死傷者を増やすことになり、日本がアメリカに対して徹底的に戦おうとすることがはっきりしてきたのである。

　日本軍の勇猛で決死の抵抗は、神風特攻隊の若いパイロットたちばかりではなかった。ぞっとするような血みどろの地上戦でも、アメリカ軍は容赦ない日本軍の抵抗に遭った。日本兵は、降伏することを恥辱と考えて戦っていた。イギリス人のジャーナリストだったマックス・ヘイスティングスが著書『Retribution《報復》』のなかの「The Battle for Japan, 1944-45《日本軍との戦闘》」には、「この時期までに日本軍の将兵に対する大本営からの絶対命令は、戦況を省みずにあくまで戦って勝利をおさめることだった」のだ[22]。一九四五年にマッカーサーの率いる部隊がマニラとルソン島全域で日本軍と戦ったときの状況を語るには大量殺人という言葉では足りないほどのものだったし、チェスター・ニミッツ最高司令官の艦隊が、日本本土への空襲と、前線基地として手に入れたかった小笠原諸島と琉球諸島を占領するために進攻したときにくり広げられた戦闘を理解するのに、大規模な殺戮という表現も十分ではないほどの激戦になったのだ。

硫黄島は、広大な太平洋に浮かぶ東西わずか八キロメートル南北四キロメートルの豆粒ほどの小島だったが、戦略上は東京まで約千二百キロメートルに位置していたから、日本軍は島を死守するため二万一千人の将兵が島中に張り巡らした横穴に潜み、爆撃と艦砲射撃から防護するため地下壕を補強していた。こうして日本軍は執拗に上陸してくるアメリカ海兵隊を迎え撃って、一九四五年二月後半から三月下旬まで文字どおり最後の一兵になるまで死闘をくり広げた。この結果、アメリカ軍は六千人が戦死し、二万人が負傷した。上陸した海兵隊は戦闘のごく初期に島の擂鉢山に星条旗を掲げたが、予想以上に戦闘は長期化し、大きな代償を払うことになった。そして、硫黄島の戦闘よりもさらに悲惨な事態が訪れようとしていた。

沖縄は、硫黄島よりもはるかに大きな島で、日本本土から五百六十キロメートルに位置していた。アメリカ軍の作戦本部では、沖縄を九州へ上陸するための重要な中継地と考えていて、日本軍は全軍の四分の一になる沖縄の義勇軍を含めた十万人を超える将兵で島を防衛していた。さらに日本本土の飛行基地から出撃した数百機の神風特攻隊が沖縄の守備隊を援護した。日本は沖縄戦を「鋼鉄の雨」と呼んで、その言葉は文字どおり、アメリカ軍が上陸に先だって投下した爆弾や砲弾のことを表現していた。アメリカ軍は、サイモン・B・バックナー・ジュニア中将の指揮のもと一九四五年四月一日に上陸を開始し、アメリカ軍が勝利をおさめるまで、それから八十二日間にわたって猛烈な戦闘がくり広げられた。その結果、戦闘が終結した六月下旬までに、日本側は、おびただしい犠牲者を出し、十万人の将兵のうち、わずか七千人だけが投降したり生き延びたりしたが、そのなかのかなりの者は沖縄の義勇軍だった。それに加えて、三万五千人から十五万人の沖縄の非戦闘員が戦闘のなかで死亡したが、そのなかにはアメリカ軍は残虐行為をすると信じ込んでいた民間人たちが捕虜になることを潔しとせず集団自決をした者たちも含まれていた。アメリカ軍の犠牲者は、日本側ほどではなかったが、それでもかなりの数におよび、七万人の死傷者のうち一万二千人が戦死か行方不明になり、戦死者のなかには、バックナー中将や著名な従軍記者だったアーニー・パイルも含まれていた。神風特攻隊による戦果もあって、十二隻の駆逐艦を含む三十六隻の艦船が特攻機による体当たり攻撃で沈没したため、アメリカ軍の犠牲者のうち五千人の戦死と同数の負傷者は艦船の乗組員だった。このたびの戦争におけるアメリカ軍の犠牲者の数を一覧表にしてみると、太平洋戦争の沖縄戦が突出していて、二番目が第二次世界大戦のヨーロッパでおこなわれたバルジの戦いだったのである[23]。

硫黄島と沖縄の戦闘で、日本軍は、あらゆる犠牲を払って、降伏したり敗北するよりは死を賭して戦う決意を示し、いかなる犠牲を払おうとも日本本土を守るためには徹底して戦うつもりのようだった。さらに、カーチス・ルメイ少将の率いる第二十一爆撃軍団による日本本土に対するはげしい空襲を受けながらも決戦の覚悟を失っていなかった。一九四五年二月から三月にマリアナ諸島から出撃した空襲で、ルメイ少将は日本の都市を目標にして徹底的な空襲をおこなう作戦を取り、この作戦では、まず二月に神戸と東京に試験的に空襲をおこなったあと、三月九日には東京に対して大規模な焼夷弾爆撃を開始し、このときの東京空襲では焼夷弾による火災のため十万人が死亡し、東京の二十六平方キロメートルが焼失した。五月と六月には、ルメイの爆撃機部隊は東京、名古屋、大阪など日本の主要都市だけでなく人口十万人以上の中規模の都市の多くも空襲し、民間人の多くが犠牲になり都市が広範囲に破壊されたにもかかわらず、日本を降伏に追いやることはできなかった。そのためアメリカ軍の作戦本部は、日本が降伏するには日本本土へ進攻する必要があると結論づけ、本土進攻による戦闘の結果、アメリカ軍の人的損失は一層多くなると考えられるようになったのである。

一九四五年六月中旬、沖縄戦が終結まぢかになって、トルーマンは統合参謀本部から日本本土への進攻作戦にかんする全員一致にもとづく勧告書を受け取った。それによると、「オリンピック作戦」が十一月一日を期して十四個師団で九州南部に上陸を敢行し、それにつづいて「コロネット作戦」が一九四六年三月一日を一応の目安として二十四個師団で本州の東京に進攻するという計画で、これらの作戦でこうむる犠牲者は非常に多くなることが予想されると勧告書には記されていた。この進攻作戦によってアメリカ軍に百万人の死傷者が出ると軍から説明を受けたとトルーマンがのちに述べたということについては、歴史家のあいだで論争の的になっているが、「いずれにせよトルーマンが、この作戦によって多くの死傷者が出ると思ったことは疑いない」とロバート・ジェームズ・マドックスは述べている[24]。さらに、歴史家のD・M・ジャングレッコの根気の要る調査研究によると、前大統領だったハーバート・フーヴァーが五月下旬にトルーマンに対して、この進攻作戦では五十万から百万人の犠牲者が出ると非常に深刻な様子で伝えたとされている[25]。まさにトルーマンは、「日本本土の端から端に至るまで沖縄戦のときのような犠牲が出ることを恐れていた」[26]のだった。

フーヴァーが、この作戦でアメリカ軍に大規模な犠牲者が出るだろうと伝えたことはトルーマンの心に重くのしかかって、太平洋戦争における軍事作戦の最終案を協議するため六月十八日に予定された軍当局と文民の顧問との会談の席でも、トルーマンの憂慮が色濃く反映された。この会談の数日前、リーヒ提督は統合幕僚本部に向けて、「大統領が、日本本土へ進攻するのに要する時間と、進攻した結果、損失する死傷者がどのくらいになるのか見積もってもらいたいと指示している」ことを伝えてから、「大統領は、アメリカ軍の犠牲者をできるかぎり最小限にとどめる目的で、ある別の作戦を実施しようと考えている」と説明した[27]。このため、アメリカ軍に莫大な犠牲者が出るというトルーマンの不安は今度は作戦本部のあいだにも広まり、関係者たちは、これまで立案していた日本本土進攻作戦について大統領が懸念を抱いていることに頭を痛めはじめたのだった[28]。

トルーマンが日本本土進攻作戦について危惧していることには十分な理由があって、軍司令官たちも、そのことを認めはじめた。具体的には、ウルトラと呼ばれた暗号解読装置で日本軍の作戦計画を解読した結果、日本軍は五月から六月にかけて九州方面に部隊を増強していることがわかったのだ。日本の大本営はアメリカ軍の作戦計画を詳しく探知する能力はなかったが、アメリカ軍がまもなく日本本土へ進攻して来ることを正しく予測していて、九州の沿岸部に上陸することまで見抜いていたのである。そして歴史家のエドワード・ドレアが述べているように、日本軍はアメリカ軍の上陸地点をアメリカ兵の墓場にする決意を固めていたのだった。さらに六月の時点で、ウルトラによる暗号解読によって、日本軍は二つの互いに関連した作戦計画を立てていることがわかった。ドレアは、「その一つは、九州全土を強大な要塞にするため大本営が大急ぎで防御陣地を作り上げているという当たり前の作戦計画」で、「二つめは、もっと恐ろしいことで、ウルトラの解読によると、日本軍の作戦には悲観主義や敗北主義がないことだった。その代わり軍部の指導者たちは、戦って破れるとも、アメリカ兵を自分たちと一緒にできるかぎり多く道づれにする作戦だったのだ」と指摘をしている[29]。

そのころ日本軍は、アメリカ軍の日本本土進攻作戦に対抗して「決号作戦」を立案し、この作戦では、神聖な日本本土へ予想されるアメリカ軍の攻撃に対抗して、陸海軍の兵力を合体した部隊を編成し、航空兵力を増強していた。日本側は、「アメリカ軍の容赦ない進攻」に面喰らっている様子だったが、ジャングレッコが詳しく説明しているように、これは日本側の戦意を阻むことにはならなかったのである。それどころか日本軍は、アメリカ軍に大きな打撃をあたえて戦意を喪失させ、有利な和平交渉に持ち込むことができると目論んでいた。一九四五年のあいだに、日本軍は召集によって部隊を増強して新たな師団を編成するとともに、満州、中国、朝鮮から実戦経験のある部隊も内地へ召集し、開戦当初から勇敢さをもってはじめたこの戦争をあくまでつづけようとしていたのである。そしてアメリカ軍の本土進攻がまぢかになってくると、敵がどのような兵力で進攻してこようとも、消耗戦や「大量殺戮作戦」が根本的な戦術として採用されたのだ[30]。そのため日本本土を最終的に占領することは、まさに非常に困難な作戦に思われ、歴史家のスタンリー・ワイントラウブが、「沖縄戦は、最悪のシナリオだったのではなく、日本の本土がもっと広範囲な殺戮の場所になる前の序曲にすぎなかったのだ」と述べた[31]ことは誇張ではないのだ。

六月十八日に開かれる予定の軍と文民の顧問を集めた会合の前に、マーシャル元帥は、トルーマンからの質問に応じて、オリンピック作戦におけるアメリカ軍の犠牲者数をあらためて調査して提出するようダグラス・マッカーサー元帥に求めた。調査の結果、マッカーサーは、犠牲者の数は作戦当初の九十日で戦闘中に十万五千五百人と、非戦闘中に一万二千六百人と見積もられると回答してきたため、マーシャルは、その数字[32]に衝撃を受け、この数字を知ったトルーマンの決断に影響をあたえるのではないかと危惧した。そのため、オリンピック作戦の承認を得るための六月十八日の会合のときマーシャルは、見積もられる犠牲者の数を具体的に示さず、「九州へ上陸作戦を敢行した場合、当初の三十日ではルソン島でこうむったほどの犠牲者は出ないと信じる理由があります」と、曖昧な説明をした。そしてオリンピック作戦について自分の意見を述べる際にも、マッカーサーが提出した具体的な犠牲者数は引用せず、「オリンピック作戦は、別のところで指摘されているような大規模な犠牲者を出す怖れは少ないし、この作戦を決行すれば、消耗戦を選ぶことに比べて、結果的には犠牲者を少なくすることになります」というマッカーサーの総合的な分析内容を述べたにとどまった。そして、「九州への進攻作戦は、労力と人命にかんして可能なかぎりもっとも経済的な作戦だ」と主張するマッカーサーの意見を合わせて述べた。さらにマーシャルは、日本を降伏させるための困難な作戦のなかで、このたびの進攻作戦が最善のものだということを万一トルーマンが承認してくれないことを想定して、「戦争においては血を流さず楽に済ませる方法はないという冷酷な現実があり、戦争を指導する者としては、部下たちの戦意を鈍らせないよう表面上は断固とした態度を取るという、割に合わない仕事をしなければならないのです」と自分の考えを述べている[33]。

一方、冷徹で老練のリーヒ提督は、オリンピック作戦による犠牲者数の割合は全軍の約三十五パーセントに達した沖縄戦に匹敵すると考えられると述べて現実的な数字を示し、アメリカ軍としては百万人の将兵の四分の三が九州方面に投入される予定だということを明らかにして、自分の述べた数字をトルーマンがどう判断するかに任せた。ただリーヒは、オリンピック作戦に反対していたわけではなく、何度かの質疑のあとトルーマンは、「あらゆる可能性を勘案し、別のあらゆる作戦計画を可能なかぎり検討した結果、現在の状況ではオリンピック作戦が最善だ」とする統合参謀本部の一致した意見を承認したのである[34]。この結果、オリンピック作戦は直ちに行動に移されることになったが、リーヒは、コロネット作戦を最終的に決定することは保留している。

こうしてオリンピック作戦は承認されたが、作戦本部では、海上封鎖と空爆を継続するだけでは消耗を最小限に抑えながら予定の時期までに日本を占領することは困難と考えていた。アメリカ軍の部隊は、ルソン島、硫黄島、沖縄のときのように海上から日本の本土へ上陸しなければならないため、この点を考慮してマーシャルは、ソ連の赤軍が満州（必要なら朝鮮も）の日本軍と交戦できるようソ連が軍事介入してくれれば軍事上有利になると主張し、トルーマンも、近く予定されているポツダム会談の目的のひとつとして、「ロシアから可能なかぎり軍事面での支援を取りつけるつもりだ」と述べた[35]。ただ興味深いことは、このたびの会合でトルーマンと統合参謀本部との中心となる協議に原爆を保有するという議題は少しも取り上げられなかったことで、つまりこの時点では、アメリカ軍の作戦計画にも戦略上にも、原爆の使用については問題視されてはいなかったのである。

六月十八日の会合では、ほかの問題についても協議された。リーヒ提督は、日本に対して無条件降伏を提示する問題について協議をしたかったが、トルーマンは、この問題は連邦議会で取り組む案件だとして、しりぞけた。それでもリーヒは、アメリカの国内世論は日本の降伏に無条件以外のどのような条件をつけることも許さないだろうと述べている[36]。一方、陸軍省の次官補ジョン・J・マクロイが、日本に対して近いうちに「強力な破壊兵器」を使用すると警告して、立憲君主制のもとに天皇を護持してもよいという降伏条件をつけるべきだと述べた提案をトルーマンが承認したとする意見もあって、のちにマクロイが語ったところによると、トルーマンは、マクロイの降伏条件を認めてもよいとバーンズと一緒に自分に伝えてきたということだった。ただバーンズの方は、原爆を使用する前に日本に警告を与えるという件についてはマクロイに同意したが、天皇制の護持という件については認めようとしなかった。なぜかというと、もし降伏の条件に天皇制の護持を認めると、日本側はアメリカが弱腰だと見なして抵抗をつづけるにちがいないと考えていて、「わたしは、日本に対して降伏を要求するときには、どのような『交換条件』を加えることにも反対だ」とマクロイに語り[37]、この話は結局、それきりになった。というのも、六月が過ぎると、バーンズはポツダム会談を前にしてトルーマン政権下で外交政策の舵取りをすることに多忙となったからである。バーンズは、原爆を使用することについてトルーマンにさまざまな方針を示して助言したが、国務長官の仕事を引き受けながらも、自分の役割は急に広がっていったのだ。

トルーマンは、バーンズに外交問題を一任できることを、ありがたいと感じていた。外交政策の分野では新任のバーンズに大きな希望と期待を抱いていたので、バーンズとの打ち合わせには長い時間をかけなかった。むしろ頭の痛い問題についてバーンズから予備知識を得て、それで外交政策の方針を立てようとまで考えていたのである。バーンズは、数多くの問題に取り組みながら、一週間先にはポツダム会談という国際会議に出席しなければならない時期に国務長官に就任したので、有能でない人間だったら、くじけるかもしれなかったが、バーンズはポツダム会談に向けて着々と準備をととのえ、決意を新たにしていた。そしてバーンズの独立心、実利的な考え、巧みな駆け引きの腕前はポツダム会談で大いに役立つことになった。大きな将来の見とおしも定まらないまま国務長官に就任したが、戦略を立てることよりも巧みな駆け引きをする手腕を買われて三十年以上もさまざまな交渉の仕事にたずさわってきたので、その腕前を武器にしてポツダム会談に臨んだのである。

1　デビッド・ロバートソン「Sly and Able」p.6

2　イギリス陸軍作戦本部長だった準男爵ゴードン・マクレディー中将がワシントンで述べたことば。オーム・サージェントへの付属文書Ⅲを参照。(「Prime Minister's Confidential File（Premier4）, Public Record Office（British Archives）, File 31」Folder 5)

3　詳細については、ロバートソン「Sly and Able」pp.392-393を参照。

4　一九四五年三月三日の大統領の覚書。(「Byrnes Papers」Folder 596-2)

5　ロバートソン「Sly and Able」p.398

6　ロバートソン「Sly and Able」p.399

7　ロバートソン「Sly and Able」p.405

8　ロッター「Hiroshima: The World's Bomb」pp.149-151

9　太平洋戦争の凄惨な状況について示唆に富んだ著書としては、ジョン・グレゴリー・ダン「The Hardest War」（New York Review of Books, Vol.48（December 29, 2001）pp.50-56を参照。このなかでダンが、「広島に原爆が投下された直後から、太平洋戦争における絶えまない恐怖心がアメリカ軍のあいだでは薄れはじめていた」と語っていることは注目すべきである。しかし暫定委員会は、一九四五年五月から六月の直前までは、日本軍に対してこのような恐怖心を抱いていたのである。

10　固定観念としての人種差別については、ジョン・W・ダワー「War Without Mercy: Race and Power in the pacific War（New York, 1986）」を参照。

11　標的委員会の役割については、マロイ「Atomic Tragedy」pp.116-118を参照。

12　マロイ「Atomic Tragedy」pp.51, 60-62

13　これにかんするヒューレットとアンダーソン・ジュニアとの討論については「The New World, 1939-1946」pp.358-359を参照。

14　ゴルディン「Five Days in August」pp.44-45

15　ロバートソン「Sly and Able」p.411

16　一九四五年六月六日の大統領と会談した際のスティムソンの覚書。（「Papers of Henry S. Stimson, Yale University」）一九四五年六月六日のスティムソンの日記も参照。

17　ロバート・ジェームズ・マドック「The United States and World War II（Boulder, CO, 1992）」p.305

18　長谷川毅「Racing the Enemy」について、打ち解けた会談でのバートン・J・バーンスタインの「Commentary」p.15

19　ガーハード・ワインバーグ「A World At Arms: A Global History of World War II（New York, 1994）」p.573

20　レズリー・R・グローヴス「Now It Can Be Told: The Story of the Manhattan Project（New York, 1962）」pp.264-266から。グローヴスの「橇《そり》に乗った」ということばは、ジョン・ニューハウス「War and Peace in the Nuclear Age（New York, 1989）」p.43から引用。

21　エリック・ベルゲルード「No Quarter: The Pacific Battlefield」（Hsitorically Speaking（June, 2002）p.9

22　マックス・ヘイスティングス「Retribution: The Battle for Japan, 1944-45（New York, 2008）」p.58

23　犠牲者の数については、マイケル・コート「Causalty Projections for the Invasion of Japan, Phantom Estimates, and the Math of Barton Bernstein」（「Passport: The Newsletter of the Society for Historians of American Foreign Relations, Vol.34（December, 2003）」）pp.7, 9を参照。

24　マドックス「The United States and World War II」p.306。前の文章の詳細については、マドックスにもとづく。

25　ジャングレッコ「Hell to Pay」pp.79-81

26　一九四五年六月十八日の議事録。（「FRUS: Potsdam, 1945,（Washington, D.C., 1960）, I」p.909

27　一九四五年六月十四日の統合参謀本部に宛てたリーヒの覚書。ダグラス・J・マクイーチン「The Final Months of the War with Japan: Signals Intellingence, U. S. Invasion Planning and the A-Bomb Decision（Langley, VA, 1998）」p.11から引用。

28　マクイーチン「The Final Months of the War with Japan」pp.12-13

29　エドワード・ドレア「In the Service of the Emperor: Essays on the Imperial Japanese Army（Lincoln, NE, 1998）」pp.156-157の「Intelligence Forecasting for the Invasion of Japan: Preview of Hell」を参照。

政策に、そのことがどの程度の影響をおよぼしたかを明らかにすることにもなるのである。

連邦議会上院で指名を受け満場一致で国務長官に就任したバーンズは、七月三日、ホワイトハウスのローズガーデンで開かれた宣誓就任式をよろこばしい気分で迎えた。友人たちに囲まれ、妻の聖書を使って宣誓をすませると、直ちに仕事に取りかかった。ソ連とは、なんとしてでも良好な関係を維持したかったので、国務省の一部の関係者たちが望んでいたような強硬な姿勢でソ連との交渉に当たるつもりはなかったから、トルーマンと同じように前駐ソ大使だったジョセフ・デイヴィスの助言も受け入れることにした。一方、五月下旬になってマスコミで反ソ的な内容の報道が多くなってくると、その報道に苛立っているデイヴィスに対してバーンズは、「アメリカの責任ある立場にいる者たちは、米ソのあいだに存在する友好関係を邪魔させることはさせないと『我々の友人であるロシア』に伝えてもらいたい」と伝えた[3]。デイヴィスは、六月下旬から七月上旬までのあいだバーンズと何度か面談しており、二人のあいだに強い関係ができていたことは明らかで、バーンズからは、ポツダム会談ではアメリカ代表団の一人になって、馴染みのソ連の支持者としてトルーマン大統領、バーンズ国務長官、リーヒ提督と一緒に会談に同席してもらいたいとまで要請されていたのだ。

デイヴィスがポツダムでの三巨頭の会談に同席することを許された一方で、別の何人かの政府関係者たちもポツダム会談に同席できるよう大統領に認めてもらいたいと願っていた。なかでもスティムソンは、会談で自分が影響力を発揮できる機会を求めていたが、トルーマンは、スティムソンが会談に出席することには熱心でなかった。スティムソンは、閣僚のなかでも老練ですぐれた政治家だったが、七月二日にトルーマンと面会したとき、「このたびのポツダム会談に、わたしが出席するには身体的に耐えられないのではないかと危惧しておられるのですか」と冷ややかな調子で問いただした[4]。これまでスティムソンは、トルーマンに対して何度も面談して、スターリンとチャーチルの二人とポツタムで会談する際には、原爆が重要な交渉手段になるとくりかえし説明し[5]、その交渉のためには自分が是非とも必要だと暗に伝えてきたのだが、トルーマンはスティムソンの話を上手にそらせて、その件は考えておこうと返事をしただけだった。それでもスティムソンは、この件についてトルーマンに何度も訴えつづけ、バーンズが宣誓就任式を終えて暫定委員会の承認も得て仕事に取りかかった七月三日に、大統領執務室でさらにトルーマンと話し合い、原爆のことをスターリンにどのように伝えるべきかを助言した。このときの面談では、トルーマンも態度を和らげて、結果的にはスティムソンをポツダム会談に加えることにしたのだが、結局はスティムソンが重要な交渉の場面で十分な役割を果たすことはなく、協議の場で、ただ意見を求められるだけだった。

スティムソンはポツダム会談に向けて前向きな気持ちになっていたが、肝心のトルーマンは、会談に自分が行かなければならないことを後ろ向きに考えて悩んでいた。トルーマンが内政問題には関心があった反面、外交問題については消極的だったことは、会談が近づいた出発当日の様子を眺めても明らかだった。国際会議に臨むのに泣き言をいうようなアメリカ代表団の人間は一人もいなかったが、七月三日には、母と妹のメアリーに宛てた手紙で、「スターリンとチャーチルに会うことになっている。タキシード、燕尾服、聖職者の黒服、シルクハット、ふだんの帽子、ヘルメットなんかも、雑多な荷物と一緒に持って行かなくちゃならないんだ。書類鞄には、今度の会談で話をしなければならないことについて、今までの会議や提案された資料を詰め込んでいる。行かなくて済むものならとは思うんだが、大統領なんだから、今更やめることはできないんだ」と書いている[6]。ヨーロッパへ旅立つ当日の日記には、「昨夜と一昨夜、妻のベスに話す。ベスは、わたしがロシアとイギリスの人間に会うことを嬉しそうにしていない。自分だって嬉しくない」と記したあと、「今度の旅行なんて、まっぴらだ！」と吐き捨てるように記している[7]。

どれほど気が進まなくてもトルーマンは、第一次世界大戦のときに軍服を着て以来初めて、重要な国際会議の役割を担って大西洋を横断する旅行に旅立つ決意を固めるしかなかったのだ。アメリカ国民の多くは、「今度の会談では、アメリカがヨーロッパで軍事上、経済上果たしてきた役割を終えて、戦時に残された諸問題を処理して合意に達すること」に関心を注いでいた[8]。強調しておかなければならないことだが、アメリカ人は反ソ的な空気を高めようとしていたわけではなかった。少し大げさな表現になるかもしれないが、これまでのことを考えてみると、トルーマンは、「ロシアとは世界中でもっとも親しい気持ちをもってポツダムの会談に臨みたい」と考えていた[9]はずだ。国務次官のジョセフ・グルーは、チャーチルがポツダム会談のために用意した提案事項の一覧を見て、「ソビエト政府に対してほとんどが不満を述べた内容ばかりが書きつらねてあって、これからはじまる協議にはとても役立ちそうになかった」と、いたずらっぽく語っている[10]。一方のアメリカは、ソ連と前向きな合意を取りつけたいと真剣に考えてはいたが、トルーマンとバーンズたち一行は、これまでルーズベルトがソ連に対して取り組んできたのとは別の形の交渉手段を用意してポツダムに赴いた。すなわち、トルーマンとバーンズの二人は、スターリンから信任を得たり譲歩を引き出そうとすることよりも、三ヶ国の代表が政治家としてあるいは実務家として話し合い、それぞれの国のために最善の結果が得られることに交渉の主眼を置いていたのである。トルーマンは、アメリカ海軍の重巡洋艦オーガスタがアメリカの代表団を乗せてヨーロッパに向けて出航した日の日記に、「わたしは、アメリカという国家以外の利益のために働くつもりはない」と記してはいるが[11]、トルーマンとバーンズの二人は、結局のところは、自分たちの想いと同じ想いを抱いているほかの国の代表団と会うことになるのであり、どの国の代表団も、相手と合意を結ぶことによって自分たちの国の利益のために動く実務家たちだということに変わりはなかったのである。

トルーマンとバーンズは、ポツダム会談で結ばれる合意がアメリカにとって許容できる内容になることをとくに重要だと考えていた。トルーマンがワシントンからヨーロッパに出立する前日の七月六日、大統領の顧問で補佐官だったジョン・スナイダー、サム・ローズマン、ジョージ・アレンの三人が署名したメモを受け取った。それには七月四日に三人がトルーマンとの面談で確認し合った「総意」にかんする概略が書かれていて、その日の面談で三人の補佐官は、ポツダム会談のための重要な議題についてトルーマンと話し合い、その議題にかんする協議の結果を知りたいと考えていたのだった。三人は、第一に、「ポツダム会談で、大統領が日本との戦争にロシアが参戦すること」を重要な議題として取り上げ、第二に、「ヨーロッパ経済の安定化を提案すること」を望んでいた。そしてトルーマンに対して、「ミズーリ州の有名な駆け引き上手の大統領が、大事なものを持ち帰ることをアメリカ国民は期待しているのです」といって、三人の気持ちを伝えた[12]。なおトルーマンは、アメリカを出立するとき、バーンズのことを賛意を込めて、「腕の利く策略家の国務長官で、頭が切れるし、正直な男だ」と語っている。

トルーマンたちアメリカ代表団は、ヨーロッパに到着するまでに、四つの重要な議題を話し合っていて、その主要な目的は、ソ連に対日戦の軍事支援を求めるというアメリカにとってこの上ない利益を得る合意を模索することで、そのためには、第一に、「和平交渉と領土問題を解決するのための手順と手続きについて検討する」ことだった。トルーマンとバーンズは、ポツダム会談が敗戦国との講和条約の内容を具体的に決める場だということはさほど期待せず、それよりも講和条約に至る過程でどの部分が合意に達することができるかが重要だと考えていて、ポツダム会談でアメリカが外相会談を同時に設けたいとする理由がここにあった。第二には、驚くには当たらないが、ドイツの戦後処理がアメリカの議題のなかで重要な位置を占めていた。第三に、アメリカとしてドイツの占領政策を進めるための基本方針を模索していて、この問題を決着させるためモスクワの賠償委員会で不調に終わった賠償問題をあらためて協議することだった。そして第四に、バーンズが回顧しているように、「ヤルタ会談以来、東欧諸国に覇権を強めているソ連との摩擦を解消することを期待して、解放後ヨーロッパ宣言を履行する案件についてソ連に合意を求める」ことだった[13]。さらには、以前からトルーマンが希望していた提案だったとされる、ヨーロッパ内陸の水路を自由に航行できるとする議題も話し合われたが、いずれにせよ、これらの重要な議題がポツダム会談でアメリカが合意を期待していた内容だったのであり、万一、これらの合意が達成困難な場合には、最終的にバーンズが妥協合意案を提案して、これらの議題について関連した協議をつづけるつもりだった。ただ、これらの協議のなかで、アメリカが原爆を保有するという問題については、取り上げられることはなかった。

七月十四日、重巡洋艦オーガスタと、随行する巡洋艦フィラデルフィアは、イギリスのポーツマス沖に投錨し、翌日、オーガスタはベルギーのアントワープにドック入りし、そこでトルーマンたち一行はドワイト・アイゼンハワー最高司令官に面会した。そのあと一行は、ベルギーからは空路で、今は廃墟と化したナチスドイツの中心地ベルリンに向かい、そこからトルーマンたちは、ポツダム郊外のバーベルスベルクまで車で移動し、ソ連が用意した、小さな湖のほとりに建てられた黄色に塗られた化粧しっくいの別荘に「小ホワイトハウス」を置くことになった。その屋敷に落ち着いたトルーマンは、ポツダムでの会談に先立って、周囲に気づかれないようにチャーチルが「ターミナル」という暗号名を付けた二人だけの会談の仕度をととのえた。なお、この暗号名の象徴的な意味は、二人の会談がポツダムではじまる和平協議の第一回目になるとトルーマンが実際考えていたことを隠そうとするつもりのものではなかった。

ポツダム会談の模様は、一般的にいうと、トルーマン、スターリン、チャーチルの三首脳の相互関係に焦点が当てられるはずだが、会期の途中で、イギリス代表団の首脳は、総選挙の結果、首相がチャーチルからクレメント・アトリーに変わった。会談の場所は、ヴィルヘルム皇太子の住まいだったツェツィーレンホーフ宮殿が使われ、会談場での話し合いや公式の協議は重要な内容になったが、協議された結果がかならずしも最終案になるわけではなく、重要な協議については保留とされたため、結局、バーンズが最終的な決着を図るために、のちに重要な役割を果たすことになったのである。このように、協議の主役はトルーマンではなくバーンズが取り仕切るかたちとなり、トルーマンの承認を得ながらアメリカ代表のおもな交渉役になったことがわかっている。当然ながらチャーチルとスターリンの二人は、ルーズベルトの後任となったトルーマンと協議をしたがっていて、正式な会談のはじまる前に予備委員会が設けられることになった。一方のトルーマンは、戦災後のベルリンを巡ってまわる時間があったので、廃墟を眺めながら、「まさにヒットラーの愚行だ」と感じていた[14]。

スターリンは、七月十六日にポツダムに到着して、翌十七日の昼前に「小ホワイトハウス」を訪れた。アメリカとソ連の首脳は、少し冗談を交わしたあと、トルーマンの説明によると、「本題に入った」とされる。トルーマンは、「わたしは外交上手ではありませんが、議論をするときはイエスかノーかで答えを知りたいのです。そして、あなたを友人だと思っています」と率直に述べ、一方のスターリンは、いつもの交渉をするときの態度で、権力と支配を貪欲に求める男にとっても合意に達する必要のある多くの議題について話をはじめた。トルーマンは、それらの議題を「ダイナマイト」と呼んだが、その言葉はのちにチャーチルにも大きな影響をあたえることになった。この日の会談でスターリンは、スペインのフランコ政権をファシストとみなして排除すること、北アフリカのイタリアの植民地の統治にソ連も参画すること、ドイツ軍の艦船の一部をソ連に引き渡すことなどを提案し、さらに、これらの問題についてアメリカが承認してくれることと、アメリカが対日戦にソ連が参戦することを強く望んでいることを見込んでいて、太平洋戦争でイギリス軍とチャーチルの果たした役割が小さかったことを非難し、イギリスが参戦しなくてもソ連とアメリカとが協力すれば日本に勝利することができるはずだと述べた[15]。これに対してトルーマンは、ソ連が参戦すると提案したことを歓迎し、その夜の日記に、ソ連が八月中旬に日本に宣戦布告をするとスターリンが述べたことについて、「そうなればジャップもおしまいだ」と記している[16]のだが、この日記に記された正確な意味は、議論のあるところというか、かなり問題のある内容なのである。たしかにこの言葉は、ソ連が参戦することによって日本の降伏が早まると考えたトルーマンが興奮して書いただけだという指摘もありそうだが、ソ連が参戦しただけで日本が降伏するとトルーマンが本当に考えたとは、とうてい信じがたいのである。なぜかというと、歴史家のJ・サムエル・ウォーカーが述べているように、トルーマンが軍から受け取った報告書には、「進攻もしくは『差し迫った』進攻に際しては、ソ連軍と協力することが日本を降伏させるために必要と思われる」とだけしか記されていないからだ[17]。そのためトルーマンの日記は、軍からのこの報告書にもとづいて解釈しなければならない。

トルーマンは、スターリンとの初めての会談に満足していたが、「スターリンとは、うまくやれる」と自分を納得させながらも、「正直な男だが、ひどく抜け目のないところがある」と少し欠点も交えて評価した[18]。スターリンの「正直なところ」は、トム・ペンダーガストのような政界の頑固一徹なボスに似ていると信じていたようで、この年の一月に亡くなったペンダーガストは、浅ましいボスだったとはいえ、驚くほど天真爛漫で、十分な見識もあり、多くの欠点があったにせよ、生きていたら名誉毀損で訴えられるような傍若無人な性格までがスターリンと似ていると考えていたからだ[19]。ともかくトルーマンがスターリンに対して抱いた関心や好意的な感情は心からのもので、その後に起きた出来事にも、そのことがあらわれていて、それは一九四八年の大統領選挙運動のときによく知られた話だが、選挙運動中のトルーマンが、「わたしはスターリンが好きだ」と述べ、スターリンに「ソ連共産党政治局の囚人」の烙印を押したことがあげられる[20]。スターリンのことを冷徹な独裁者と考えていて油断して付き合うことはなかったが、世界中でもっとも恐るべき巨人の一人と考えていたことはいうまでもない。ルーズベルトと同じように、戦後も長く米ソとの友好関係を維持したかったし、日本との戦争にソ連が参戦してくれることを確実にしたかったのだ。七月十八日、妻に宛てた手紙で、「今のところは、うまくやっている。スターリンは、なんの交換条件も出さずに八月十五日に戦争に加わるつもりだ。一年以内には戦争も終わると思うし、死ななくてすむ若者たちのことを考えている。これは大事なことなんだ」と書いている[21]。手紙に書かれたこの内容は、トルーマンにとって、もっとも重要な問題だったのである。

日本に対する勝利を確実にするために長いあいだ強い関心を抱きつづけていたトルーマンとバーンズの二人の想いは、いつしかポツダムから数千キロメートル離れたニューメキシコ州の砂漠地帯で起きる出来事に向けられていた。七月十六日早朝、アラモゴードにあるマンハッタン計画の核実験場となった「トリニティ」と名づけられた暗号名の場所で、グローヴス少将とオッペンハイマーの率いる軍関係者と科学者たちの一行は、科学者たちが精魂傾けて完成した兵器を初めて試すための準備をととのえていた。歴史家のマーク・フィーゲは、「実験場の名前は、広大無辺な世紀末の光景を目にするはずの科学者たちの姿を象徴していて、おそらくキリスト教の、父と子と聖霊を想い浮かべることだろう。ただ、オッペンハイマーにかぎっていうと、サンスクリットのバガバッド・ギータの愛読者として、ブラフマー、ヴィシュヌ、シバというヒンズー教の三神一体を想い浮かべたかもしれない。ヒンズー教にとっては、科学者たちが考えているように、物質とエネルギーは完全に消え失せるのではなく、ただ形を変えるだけなのだ」と述べている[22]。

世界で初めてとなる完全な核実験は、爆縮型の原爆として製造され、飛行機から投下するのではなく、高さ三十メートルの鉄塔上で爆発させることになった。オッペンハイマーみずからが鉄塔に登って、爆弾を最終的に点検したあと、八キロメートルあまり離れたところに造られた観測用の掩体壕《えんたいごう》に移動した。グローヴス少将は、ロスアラモスの責任者であるオッペンハイマーがひどく緊張しているのをなだめるため傍にいた。グローヴスの副官トーマス・F・ファレル准将は掩体壕のなかの緊迫した空気を思い出しながら、「科学者たちは、自分たちの計算は正しいにちがいないし、爆弾は爆発しなければならないと信じながらも、誰の頭にも疑いの念が渦巻いていて、現在の無神論者でも爆発が成功することを祈っているはずだ」と考えていた。オッペンハイマーは、秒読みがはじまると、ますます緊張が高まって、気持ちを鎮めようと壕のなかの柱にしがみついた。そしてちょうど午前五時三十分、世界で初めての原爆が炸裂した。観察者たちは、今まで見たことのないような閃光と巨大な火球を目にしたあと、閃光からほぼ一分後に爆発による衝撃波を感じ取った。巨大な火球は、キノコ雲となって、のちにグローヴス少将が報告したように、噴煙は、すさまじい勢いで上昇しながら上空に膨張して行き、成層圏にまで達した。

オッペンハイマーは、バガバッド・ギータのなかにある、「今、我は死となり、世界は消滅するであろう」という一節が頭をよぎったと、のちに述べている。たぶんオッペンハイマーの述べたとおりだっただろうし、その想いは、「トリニティ実験で原爆が炸裂したその瞬間から、深い罪の意識に苛まれつづける」ことになってあらわれたのだ。[23]

しかし、オッペンハイマーがそう感じたとしても、アラモゴードで自分と一緒にいた弟のフランクには、そんな自分の想いは話さなかったし、フランクも、実験がうまくいったことを二人で話し合っただけだったと回顧している。ファレル准将は、爆弾が炸裂したとき、「それまで緊張していたオッペンハイマーの表情が緩んで、深い安堵の表情になった」様子を目にしている。掩体壕のなかの緊迫していた空気も緩んで、科学者たちは互いに成功を喜び合った。化学者のジョー

初めての原爆が鉄塔の上に引き上げられているところ。1945年7月16日、ニューメキシコ州アラモゴードのトリニティ実験場にて。（ハリー・S・トルーマン大統領図書館）

ジ・キスチャコフスキーは、「オッペンハイマーに抱きついて、喜びの叫び声をあげて抱きしめる」ことまでした。オッペンハイマーは、この計画の指導者であり、ロスアラモスの閉ざされた研究施設で働く科学者たちのために尽力していたので、自分たちが完成させた原爆が成功したことに誇りを感じたにちがいない。だから心の内面がどうあろうと、日本に対してこの兵器を使用することになんの疑問も抱かなかったし、戦争に使用するために製造を手がけた兵器の威力を評価しようと懸命だったのだ[24]。

核実験を観察した関係者たちは、爆弾が予想以上の成功をおさめたと判断した。炸裂した爆弾は、TNT火薬二万トン分に相当する破壊力を示し、実験場の鉄塔は跡形もなくなっていた。爆発による閃光と音響は、百六十キロメートル先まで記録され、実験場に近寄ってみると、爆発によって生じた中心部のクレーターから周囲八百メートルにわたって深く掘られたような窪みができていた。グローヴスは直ちにスティムソンの補佐官ジョージ・ハリソンに実験の結果を報告し、その報告を受けたハリソンは、謎めいた表現を使って核実験の結果をスティムソンに伝えた。その電文には、「今朝、手術が終了。明らかな診断はまだ不明なるも、結果は満足の行くもので、予想を超えている」と記されていた[25]。電文を読んだスティムソンは、興奮のあまり、トルーマンがベルリン市内の視察からもどってきた夜に速報として報告した。原爆の使用がいよいよ現実のものとなって、トルーマンが使用を決断することがまちがいないことになった。実験の成功を知ったトルーマンは、「おかげで心の重荷が取れた」とだけ漏らしたと伝えられている[26]。

スティムソンは翌朝、バーンズにもトリニティ実験の結果を詳しく報告し、アメリカとしては今までの方針を転換して、ソ連との交渉に新型兵器のことを利用するべきだとあらためて説得しようとした。スティムソンは、日本がソ連を仲介役にして和平交渉に向けた動きをしていることを知っていたので、日本に対しては、降伏しなければ原爆を投下すると警告することと、降伏すれば天皇を護持するという条件を抱き合わせれば、日本が降伏に応じる可能性は十分にあるとバーンズに主張した[27]。アメリカは、暗号解読装置のウルトラを使って日本軍の作戦計画を知ったように、マジックという暗号解読装置を使って日本の外交文書も解読していたが、それによると、日本の東郷茂徳《しげのり》外相と佐藤尚武《なおたけ》駐ソ大使とのあいだでソ連を仲介として日本が講和の条件を模索していることがわかり、二人がやり取りする電文の内容を追跡していた。七月十五日、佐藤駐ソ大使は東郷外相に宛てて、「結局、帝国において真実戦争終結を欲する以上、無条件又はこれに近き講和を為すの他なきこと、真にやむを得ざる所なりとす」と打電した。ところが嘆かわしいことに、日本政府は佐藤大使の調停案をはねつけたのだ。七月二十一日、東郷外相はモスクワの佐藤大使に対して、「無条件降伏にかんしては、いかなる状況になろうとも受け入れることはできない。戦争が長引き、さらに多くの犠牲が払われようとも、敵が無条件降伏を要求する以上、勅旨にもとづいて総力をあげて敵に立ち向かう覚悟である」とする旨の返電をした[28]。日本は、国民にどれほどの犠牲を強いようとも天皇制を守るため、降伏ではなく、あくまでも交渉による講和を求めていたのである。

（とはいえ佐藤も、天皇自身というより天皇制そのものの象徴である「国体護持」を強く望んでいた）

バーンズは、前国務長官のコーデル・ハルの意見を尊重して、スティムソンの提案した条件付き降伏案を拒絶した[29]。経験豊かな政治家の直感から、もしスティムソンの提案したような条件を日本側に提示して降伏を求めたなら、アメリカ国内の世論のことを考えると自分と大統領にとって脅威になると判断したのである。なぜかというと、無条件降伏を取り下げれば、日本はアメリカが戦争を継続することに嫌気がさしていると判断するかもしれないし、日本や天皇のことに敵意を抱いているアメリカの国民のあいだで不満が爆発する可能性があったからである。その上、戦争を速く終わらせてアメリカ人の犠牲者を少なくするという、これまでの一貫した方針を貫かないことになってしまい、結果的にバーンズやトルーマンが、のちにきびしい非難を受けることになる可能性もあったからである。バーンズの見とおしでは、このような二つの脅威を考えれば、日本に対して原爆を使用せざるを得ないことになるのだった。つまり原爆を使用すれば、アメリカの求めている無条件降伏案をそのまま維持することができるし、しかも戦争をより早く終結させる可能性があったのだ。こうしてバーンズは、スティムソンやそのほかの条件付きの降伏案をあっさりと無視して、いつものようにトルーマンから承認を得て、今までのような外交政策をつづけることになったのである。

バーンズとトルーマンは、アラモゴードの核実験が成功したというニュースを知って有頂天になり、早いうちに日本へ原爆を投下すればソ連が太平洋戦線に参戦する前に日本は降伏するかもしれないと思いはじめるようになった。トルーマンは、この問題についてバーンズらと協議したあと、できるだけ早く原爆を投下すれば、「ジャップはロシアが加わる前に降参するだろう。マンハッタンが奴らの上空にあらわれたら、きっとそうするはずだ」と日記に記している[30]ように、核実験の成功を肯定的な知らせと受けとめたのだが、それによってソ連が参戦することに意味がなくなったと考えたり、ソ連の参戦を取り下げようとするつもりはなく、あくまでもトルーマンの考えは、日本を降伏に追い込むために連合軍としては最大限の力を投じることだったのだ。七月二十日に妻に宛てた手紙には、「ジャップとの戦争に勝ちたいし、イギリスとロシアと一緒にそうしたいんだ」と書いている[31]。一方、トルーマンとはいくぶん対照的だったのがバーンズで、保有することになった原爆が外交上の意味合いをもつのではないかと考えはじめるようになったのだ。核実験が成功した知らせを受けてから数日のあいだに追って届いた報告によって、原爆の威力がさらにはっきりわかってくると、バーンズは、ソ連に参戦させるという、それまでの方針を転換することにしたのである[32]。同僚のウォルター・ブラウンは七月十九日の日記に、「バーンズは、中国における覇権を狙っているスターリンを追い出すことに決めた。宋外相は断固とした態度でロシアが戦争に加わらないことを望んでいるし、ロシアが参戦する前に日本は降伏するだろうから、そうなれば中国をロシアから守れると思っている」と記している。バーンズの伝記作家は、極東問題に取り組んでいたときのバーンズを「原爆外交官」として描いているが[33]、この伝記の内容は、歴史家のガー・アルベロビッツらが主張する詳細で奇抜な意見とは似ていないもので、バーンズが原爆を利用してどのような外交戦略を取ったかということと、ソ連が参戦する条件としてスターリンが突きつけた過大な要求を中国が呑まなくてもよくなるとバーンズが考えていたと書かれているにすぎないのだ。ようするにバーンズとしては、ソ連に対して原爆を交渉に利用しようとしたというより、ただ原爆が完成したという新たな進展に速やかに対応して、終戦に向けた新たな取り組みをしようとしただけだったのだが、いずれにしても、バーンズがいわゆる「原爆外交」によってソ連と交渉しようという試みは、期待されるほどの結果を得ることはできなかったのである。

アメリカが原爆を保有することになった意義についてトルーマンとバーンズとのあいだで相談がまとまろうとしていた七月十七日の夜に、十三回にわたる全体会議の初めとして正式にポツダム会談が開催された。ただ実質的な交渉の多くは、公式の首脳会談とは別に、イーデン、モロトフ、バーンズの三人の外相のあいだで長時間にわたる協議によっておこなわれることになり、三人の外相は、会議室で午後のおそい時間帯に徹底的に議論を戦わし、自分たちの首脳が望んでいる提案を取りまとめようとした。外相たちには絶えまなく議題が与えられるので、「我々は何もすることがありませんね」とスターリンが相手に向けてジョークをいうほどだった[34]。しかし外相同士で協議をしたとしても、三ヶ国で意見が異なるような大きな議題を協議する席では問題が表面化することになったが、これらの議題のほとんどはドイツとポーランドにかんする問題で、戦後ヨーロッパの情勢に大きくかかわる内容だった。七月十八日、チャーチルは米ソの首脳らに対してドイツの詳細な再建方法を問いただし、このことからドイツの国境問題について論争の火ぶたが切られることになった。ソ連は、ポーランド東部の広大な地域をソ連領として認めることを求め、ドイツが占領していたポーランド西部を新たなポーランド領とすることを望んでいた。ヤルタ会談に先立ち、ソ連はこれまでオーデル川をポーランドとドイツとの国境線にすることを提案していたが、ヤルタ会談のときにはソ連の要求は、オーデル川からナイセ川に沿った西側の一万二千八百平方メートルにおよぶドイツ領を戦後のポーランドにするよう提案内容を変更し、のちに明らかになったことだが、その地域はドイツから賠償を求めずに引き渡されることになったのである。ヤルタ会談では、ルーズベルトとチャーチルがソ連側の提案に難色を示していたので、トルーマンもポツダム会談では同じ様な立場を変えなかった[35]が、今度はスターリンの方が、アメリカがドイツから現金による賠償を求めないとする提案に難色を示し、ソ連の割り当てとしてドイツから受け取る予定の現金百億ドルの賠償額を要求した。さらにドイツの占領政策、なかでも工業都市のルール地方をどの国が管轄するかという問題は、ソ連と西側諸国とのあいだで意見の対立が深まっていた。また、ブルガリア、ルーマニア、ハンガリーの三ヶ国をソ連の支配下と認める問題についても同様で、ポーランドの国民に「解放後のヨーロッパ宣言」を適用することについても、避けてとおれない問題になっていた。

遅れていたイギリス総選挙の結果を聞くためチャーチル、アトレー、イーデンがポツダムからロンドンにいったん帰国する前まで、ポツダム会談での重要な議題にかんする協議は行き詰まったままになった。帰国前のチャーチルは頑固一徹なイギリス魂でスターリンに立ち向かい、スターリンがフランコ政権を排除する提案を否認し、ユーゴスラビアのチトー首相の言動を批判し、西側に属しているオーストリアへの入国を認めるようスターリンに要求し、イタリアの植民地の利権をソ連が求めていることを取り上げず、ダーダネルス海峡にソ連軍の基地を置きたいという提案に対してスターリンと対立し、ドイツ・ポーランド国境にかんするソ連側の提案にも強硬に反対した。イギリスの立場からすると、チャーチルは、「トルーマンがイギリスをそれほど支援してくれなかった」にもかかわらず、みずからが最後まで頑張りとおしたのだ[36]。イギリスの政府関係者は、ポツダム会談のはじまる前夜、トルーマンがイギリスとソ連とのあいだを仲介したり周旋したりしてくれるものと期待していたが[37]、トルーマンはそれには応じようとせず、とにかく自分が「この恐ろしい場所」[38]と表現したところから一刻も早く帰国できるよう、実現可能な合意を期待し取り組むことだけをつづけていたのである。スターリンとは会談の席では意見の相違があったが、顧問のデイヴィスと同じように、心から平和を願っていることをスターリンに訴えつづけ、チャーチルを失望させることにはなったが、ソ連の統治のもとで衛星国の政権を再建するようスターリンに求め、チャーチルがポーランドの早急な自由選挙の実施をソ連に要求していたことには応じなかったのである。それよりもトルーマンの最大の関心事は、とにかく太平洋戦争を早く終結させることと、アメリカが和平調停にこれ以上資金を費やさずにすませることを確かめたかっただけだった。

　ポツダム会談と、その背後で画策するソ連の行動に対してバーンズは、トルーマンよりも頭を痛めていた。チャーチルがイギリスに帰国する前の七月二十四日、バーンズはウォルター・ブラインに、「何者かが重大な過失を犯していて、ロシアが戦争を利用して得をする状況を作り出したようだ」と打ち明けている。皮肉なことだったが、バーンズは、その過失をアメリカのせいにはしなかったし、ヤルタ会談や、それ以前にアメリカが取った対ソ政策がまちがっていたと考えていたわけでもなかった。そうではなく、バーンズの分析では、その何者かは強硬な対ソ方針を主張するイギリスだということがわかっていて、「イギリスは独裁者のヒットラーが台頭することを決して容認しなかったはずで、それは民主主義国家のドイツの方がヒットラーのような独裁国家のロシアよりも、ずっと同盟関係にあるからだ」とバーンズは考えていたのだ。バーンズの考えを分析してみると、ドイツの国力が衰退すると、ロシアがヨーロッパで勢力を強めることになると考えていたことは明らかで、今やバーンズは、ソ連の勢力拡大をどうしたら阻止できるかで、ますます頭を悩ませていた。そして、アメリカやイギリスのような民主主義国家とはイデオロギーの点で相違がある以上、ソ連とのあいだで「長期にわたる協調路線」を維持することが困難になることに不安を抱きはじめていて[39]、このことにバーンズは、やっと合点が行くようになったのである。

　このように道理にかなない根拠のはっきりとした懸念があったにせよ、実利的な考えのバーンズは音をあげることはなく、取り組んでいる問題をこなしながら、自分にできる最善の目標と、それを達成するために前向きに取り組んだ。また、自分とトルーマンが重大な関心をもっている日本に対する降伏条件のような、ほかの問題も抱えていて、七月十七日のあとから相次いで届いた報告によって原爆の強力な威力がまちがいないとわかったので、アメリカは日本に対して最終的な降伏勧告をおこなう用意がととのったことになる。一方のスティムソンは、日本に対する降伏条件を修正して天皇制を護持するという条項を加えることにまだ固執していたが、トルーマンとバーンズの方は、チャーチルの最終合意案とともに、日本の無条件降伏にあくまでも拘った。こうして、チャーチルが首相を辞任することになった七月二十六日に、アメリカとイギリスの首脳（中国の承認も得て）はポツダム宣言を公布したのである。この宣言は、日本に対して、直ちに降伏するか、「即座に徹底的な破壊を加えられるか」の選択を迫るものだった。またこの宣言文には、「日本人を民族として奴隷化したり滅亡させる、いかなる意図もない」と記されてあったが、「すべての戦争犯罪人は、きびしく罰せられるべきである」ことも明記されていた。そして、「日本国民の自由な意志にもとづいて平和的で責任のある政府が樹立されたときは、直ちに占領軍は撤退する」ことを明記していた。宣言文には、天皇の処遇については言及していなかったものの、「日本のすべての武装勢力の無条件降伏」を求めていた[40]。

ポツダム宣言が公布される二日前、トルーマンは七月二十四日におこなわれたポツダムの全体会議が終わるにあたって、スターリンに向けて、「アメリカは、とてつもない威力の新型兵器を開発したのですよ」と伝えた。トルーマンは、原爆の詳しい内容についてはあえて話さなかったのだが、スターリンにしてみれば、トリニティ実験が実施されたときアラモゴードにいたクラウス・フックスというソ連のスパイから原爆の情報は知らされていたから、当然のことながら、原爆の話をあらためて知る必要はなかった。トルーマンが語ったところによると、「原爆の話を聞かされたスターリンは、その話を聞いて喜び、日本に対して有効に使われるよう期待していますと返事をした」ということだったが[41]、その場に居合わせていたイギリス外相のアンソニー・イーデンは、「スターリンは、ただ頷いて、ありがとうといっただけだった」と思っていた[42]。いずれにしても、トルーマンはスターリンに原爆の威力についてスターリンに詳しく説明しようとはしなかった[43]のだが、もしトルーマンが原爆のことを外交手段に使って有利な立場に立つつもりだったら、その新型兵器のことを相手に十分説明して、アメリカが原爆を保有しているので太平洋戦争にソ連が参戦する必要がなくなったとソ連にわからせようとするはずではなかったかと思われるかもしれないが、トルーマンには、そのような考えはなく、原爆を、このようなあからさまな外交手段に使うつもりはなかったし、そうしたいとも思っていなかったのである。

そのことよりもトルーマンの頭には、「日本に対して世界の歴史上もっとも恐るべき爆弾を使用するのだ」という恐怖心の方が強かったのである。ただ、「原爆は、ノアの方舟の時代が過ぎて、ユーフラテス文明の時代に予言されたような業火なのかもしれない」と密かに考えながらも、みずからの関心は日本の降伏にあったのだ。ポツダム宣言が発表される前夜、日記に、「陸軍長官のスティムソンには、原爆を使用するときは軍事施設と将兵を目標にして、女子供は避けるよう伝えた」と記していて、日本人のことをどのように考えていたかを示している内容として、「たとえジャップが野蛮で残忍で無慈悲で狂信的だとしても、人々の平和と幸福を求める世界の指導者として、我々は古都の京都や新都の東京に原爆を投下するわけにはいかないんだ。我々はジャップに、降伏して命乞いをするよう警告するつもりだ。たぶん奴らはそうしないだろうが、その機会はあたえてやるつもりだ」とも記している[44]。歴史家のバートン・バーンスタインが指摘しているように、女子供は避けるよう伝えたというトルーマンの言葉は、「原爆によって死亡するはずの非戦闘員についてトルーマンがただ自己弁護をしているとみなされるだけだ」ということは明らかだとしても[45]、少なくともトルーマンの関心が、原爆によって予想される日本人の犠牲者のことよりもアメリカ人の命を救うことの方にあったことだけは、まちがいない。

バーンズは、アメリカが原爆を保有することによって影響をおよぼすさまざまな外交上の問題について、自分なりに取り組んだが、この問題についてトルーマンから表だった承認は得られないままだった。七月二十三日、バーンズはチャーチルに対してアメリカが取り組んでいる問題について説明している。具体的には、中国の宋子文外相に宛てた電報で、ソ連に対してはヤルタ会談で決まっている中ソ合意については、これ以上の譲歩をしないよう伝え、ソ連とは引きつづき交渉をつづけて合意が達成するまでアメリカがソ連の参戦を遅らせるつもりだと伝えたと説明し、また、ウォルター・ブラウンに対しても自分の考えを説明し、七月二十四日にブラウンは、「バーンズは、まだ時間が必要だと考えていて、原爆を投下して日本が降伏したら、ロシアはひどい殺戮はそれほどしないだろうと思っている」と記している。バーンズは、七月二十六日に海軍長官のジェームズ・フォレスタルにも自分の考えを伝え、「ソ連が参戦する前に、大連と旅順にかんする対日政策の問題は是非とも片付けておきたいと思っている」と話している。バーンズが理解していたように、大連と旅順をソ連が管轄するという問題は、いったんそれに取りかかると、容易に片付かないと自分でも感じていたからである[46]。さかのぼれば、ソ連が北東アジアへ進出することを阻止しようとするバーンズの方針は評価されるべきで、バーンズが国際情勢を理解しはじめていることを物語ってはいるが、結果的には、その取り組みは挫折してしまった。ソ連が北東アジアへ進出を意図している問題への対策については、当初から、アメリカが外交的に主導権を握るというよりも、希望的観測に近いものだったのである。バーンズがのちに納得したように、今までのアメリカの方針では、ソ連が参戦することを押しとどめることはできなかったのだ。ソ連は、とにかく満州と北支を思うがままにしたいために軍事力を行使しようとしているだけなのであって、バーンズは、この現実を受け入れざるを得ず、歴史家のデビッド・ロバートソンが指摘しているように、「バーンズが原爆外交で戯れてきたときは終わったのだ」[47]ということになる。ただ、この問題も当座のこととして受け入れて、バーンズは、あらためてポツダム会談の協議に集中しようと考えていた。

七月二十七日にイギリスが新たに就任した首相と外相をポツダム会談に送り込んできたことは、アメリカの代表団を驚かせた。チャーチルは、自分がイギリスの指導者として戦時中に懸命な働きをしたと思っていたので、自分が再選されることを期待していたが、イギリスの有権者は国内の問題の方に関心が高く、過去をふりかえることより今後のイギリスがどうなるのかに期待をかけていたので、保守党に反対して労働党のクレメント・アトリーを支持して当選させたのである。チャーチルは、自分の代わりに首相に就任したアトリーたちイギリス代表団がポツダム会談という目の前の職務を全うできるのか不安に感じていたが、それには正当な根拠はなかった。アトリーと外相のアーネスト・ベヴィンの二人とも、チャーチルと同じようにソ連に対抗する西側諸国の代表者として登場してきたので、労働党と保守党とのあいだにイギリスの内政にかんする政策のちがいはあったにせよ、アトリー政権もイギリスの外交政策については大きな方針転換はおこなわず、ポツダムにもどってきたイギリス代表団は、これまでと同じ方針で会談に臨むことになったのだ。

イギリスの代表団が七月二十八日にポツダム会談の席にもどってみると、重要な議題にかんする交渉は進んでいて、妥協案が作られていることを知った。これらの妥協案はバーンズが主導していて、チャーチルが帰国する前に、すでにある程度の妥協案は考えられていて、七月二十四日にはイーデンとモロトフに対して、「賠償額に相当する現物の五十パーセントはソ連が受け取ることにするが、その現物についてはソ連の占領地域から直接受け取ることとする」という妥協案を提案し、「ソ連が占領している以外の英米の占領地域についても、アメリカとイギリスが納得の行くような賠償を、それぞれの占領地域から現物で引き渡されることにする」と主張した。モロトフは、「ルール地方から三十億ドル相当という、バーンズが容認しないような価値の現物をソ連が追加として受け取れる可能性があるかぎり」バーンズの提案に対しては慎重な姿勢を崩さなかったが[48]、結局、ドイツの賠償問題は、ポーランド・ドイツの国境問題と同じように、会談で合意が不可能と思われるような問題として最終的には棚上げされることになってしまったのである。

この行き詰まりを打開したのが、それまで気を揉んでいた駐ソ大使のジョセフ・デイヴィスだった。七月二十八日、デイヴィスはバーンズに面会して、核実験が成功したという報道によってソ連との外交交渉になんらかの影響をおよぼす可能性があると考えているバーンズの意見に耳を傾けた。デイヴィスは、「この新型兵器のことを利用してソ連を排除しようと脅すことになれば、ソ連はアメリカに対して不信感を抱き、怒らせるだけです」と説明して、べつの戦術を提案した。そして、「今は抜け目のない駆け引きをするときです。話し合いでは、もう片が付かない段階なのですから、賠償問題、衛星国、ポーランドの国境問題、イタリアの問題を一括して提案して協議を終わらせ、一度に合意をめざした方がよいのではないでしょうか」と述べた。デイヴィスのこの意見に対してバーンズは、「君の言うとおりだと思うよ」と答え[49]、デイヴィスの意見を尊重して、この方針で取り組むことにした。

こうして七月二十九日から三十一日にかけての一連の協議によって、妥協案の大筋がまとまった[50]。具体的には、戦前のドイツ領をポーランド領に割譲する案についてはソ連に譲歩し、ルーマニア、ハンガリー、ブルガリアをソ連の統治下に置く案にも限定付きながら承認したが、その代償として賠償問題にかんしては、ヤルタ協定で決まっていたドイツが現金で賠償する合意をソ連が取り下げるようモロトフに迫り、さらにルール地方の利権については、ソ連が参入しないことを承認するよう求めた。モロトフは当初、ヤルタ協定に違反するとしてバーンズの提案に反対したが、バーンズはモロトフの反対意見に対して、「状況が変わったのだ」と述べ、その理由として、ドイツの荒廃は想像以上で、ドイツには賠償額を現金で支払う能力がなく、ソ連はヤルタ協定のときよりもドイツ領のかなりの地域を一方的にポーランド領に割譲した経緯があるとはずだと説明した。七月三十一日の朝、バーンズの妥協案について両者は会談を開き、バーンズは今までの三つの議題を一括に関連させて、この妥協案をスターリンに伝えるようモロトフに求め、さらに、「わたしはモロトフに、三つの議題をすべて合意するのか、それともすべて合意しないのかと迫り、大統領とわたしは翌日には帰国することになっているのだと伝え

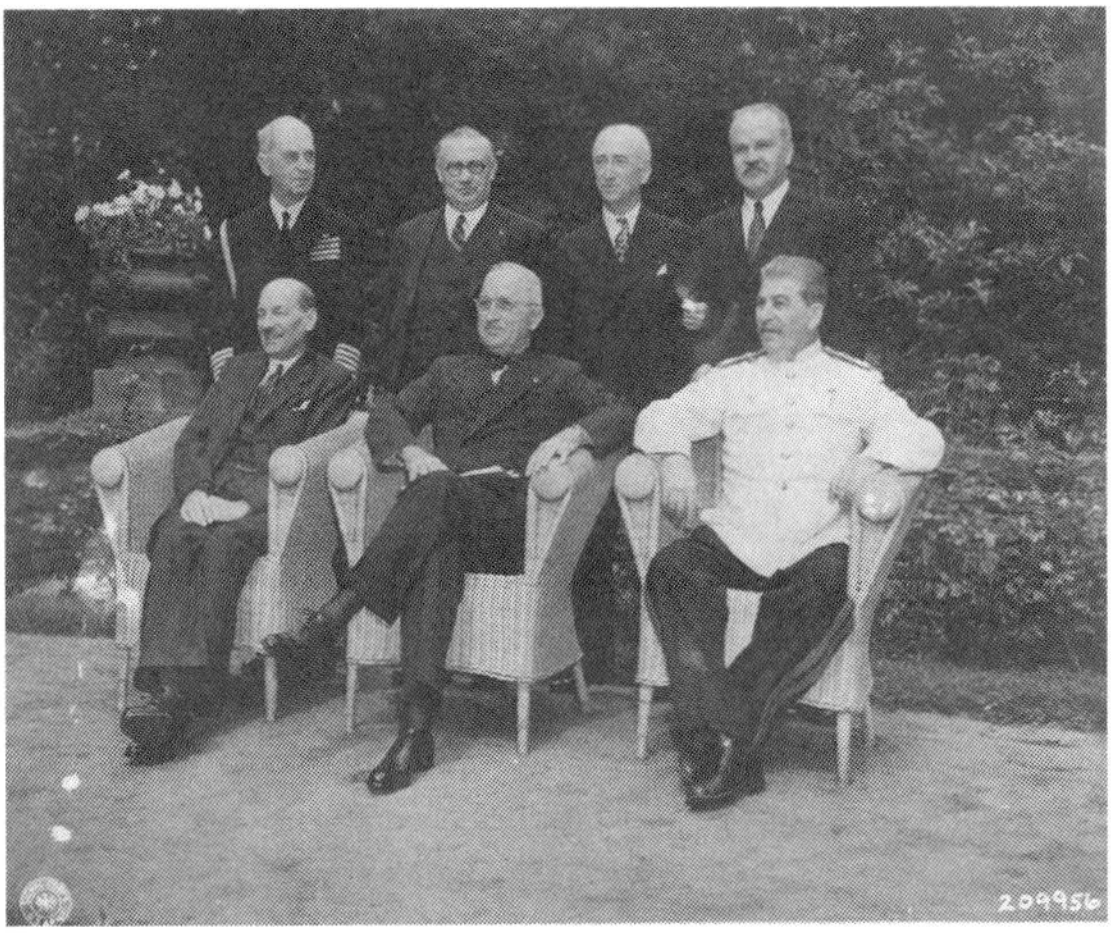

三巨頭（向かって左からクレメント・R・アトリー首相、ハリー・S・トルーマン大統領、ヨシフ・スターリン総統）とリーヒ提督、三ヶ国外相が1945年8月1日ポツダム会談の最終日にツェツィーレンホーフ宮殿の庭に集まったところ。（米国国立公文書館）

た」と単刀直入に述べたと回顧している。[51] 歴史家のチャールズ・ミーが指摘しているように、バーンズの戦術は、「すべてを受け入れるか拒否するかという包括交渉」だった。[52]

七月三十一日の午後おそく開かれた全体会議で、スターリンはアトリーとトルーマンと一緒に会議の席に着き、トルーマンの求めに応じてバーンズがその場で妥協案を説明し、スターリンは妥協案を少しずつ修正しようと試みたが、アメリカ側は、わずかの修正案も拒否したので、スターリンは真剣に代償を求める現実に直面し、やむなくバーンズの提案を受け入れることに決めて、ソ連側の合意と妥協によって、賠償問題、ドイツ・ポーランド国境問題、東欧諸国の政権を承認する三つの案件は、こうしてすみやかに合意に達した。[53] そして戦争犯罪人の処置などのほかの議題についても、すみやかに合意に達して、これがポツダム協定の原案になったのである。

八月一日の夜半、ふだんならトルーマンがポーカーとバーボンウイスキーを楽しむ時刻の一時間だったが、三巨頭は最後の全体会議に臨んだ。三人は、目の前に置かれた共同声明文とポツダム協定の最終草案を条項ごとに点検し、確認作業をおこなった。そしてトルーマン、スターリン、アトリーの順に協定書に署名をした。そのあと、外交にかけては新米だったトルーマンは、いきなり閉会を宣言し、翌朝には帰国すると伝えた。スターリンは、過去に神学生だったことがあり、全能の神に祈祷したことはなかったが、「神の思し召しのままに」とトルーマンに返答した。そんな冗談をいい合ったあと、代表団らは握手を交わし、互いが無事の帰国を願ってから解散した。そして翌日の午前八時〇分、トルーマンを乗せた飛行機はベルリンを離陸して帰国の途に就いた。こうしてトルーマンの最初で最後の国際的な首脳外交は終わった。そして二度とスターリンに会うことはなかった。

トルーマンとバーンズの二人は、ポツダム会談を満足の行く成功とは考えていなかった。バーンズは、「会談は上機嫌のうちに閉会した」と回顧してはいるが、ベルリンから帰国する代表団たちはおそらく、ヤルタから帰国するときほどには楽観的な気分ではなかったと思われる。ヤルタ会談での不健全ともいえるような楽観主義は、そのあとに訪れた何ヶ月かの困難な状況と、連合国のあいだでの意見の不一致などによって消し去られることになったのだが、ポツダム会談で協議された困難な交渉も、意見に不一致のある問題の解決が容易でないことを物語っているようだった。にもかかわらずバーンズは、「戦争の結果として生まれた結束を維持する基礎になるものがポツダム会談で作られた」と思っていたし、ポツダム会談で合意した内容は、「ヨーロッパの秩序を早く取りもどすことになるはずだ」と信じていた。バーンズが一九四七年に書いた『Speaking Frankly《率直な話》』という回顧録のなかで、「あのときの会談で合意には成功したのに、ソ連が違背したことで、成功が失敗に終わった」と述べ、ポツダム会談は「失敗した成功」だったことを認めている[54]。トルーマンもバーンズと同じ想いを抱いていて、ポツダム会談は合意した内容をソ連に守らせることができなかったと思っていた。そして一九五七年には、ポツダム会談で合意に達した内容は、「不道徳なロシアの独裁者がモスクワにもどった途端に破られたというだけのことだった」と語っている[55]。

トルーマンは帰国すると、国民に向けてポツダム会談の結果は成功だったと発表し、「公平で永続する平和のために、すべての財源と技術を使う」よう国民に命じて、「米英ソの三大国は、今までにもまして国際秩序を達成するために結束しているのです」と断言した。そして、ふたたびルーズベルトの表現をまねて、「テヘランから、クリミアから、サンフランシスコから、ベルリンから、わたしたちの目的に向かって一緒に歩んで行きましょう」と宣言した[56]。とはいえ、トルーマンがポツダム会談でアメリカが達成した成果を発表しても、その内容には、ある不純なものが含まれていたといえる。それというのも、トルーマンが国民に向けて語った大部分については、合意文書の詳しい内容をたしかに反映してはいたものの、バーンズの助言にしたがって、アメリカが自国の「勢力圏」のなかだけで国際秩序に向けた外交方針をめざしている点については明言を避けていたことである。トルーマンは声明文のなかで、ふつうに良識のあるアメリカ人らしく、「東欧諸国は、いかなる勢力の影響下にも置かれるべきではありません」と、あらためて断言はしているが、ポツダム会談でおこなわれた協議の内容は、実際にはトルーマンの語ったこととは異なるものだったのだ[57]。トルーマンが語ったこの声明については、国務長官だったヘンリー・キッシンジャーのような何人かのすぐれた評者からの評価は低く、キッシンジャーなどは、ポツダム会談を、「相手の話にまったく耳を貸さず、ほとんど何も達成できない話し合いでしかなかった」と決めつけている[58]。ただ、このような批評は、会談の背景にあった根本的な理由と、バーンズが決めた妥協案がその後の世界情勢にどのような結果をもたらしたかについて考慮していないし、バーンズとトルーマンの二人が、ポツダム会談の協議の基本方針として、ソ連とのあいだで実現可能な戦後処理の合意をめざそうとしていた点を無視していると考えられる[59]。

バーンズは、外相会議でモロトフと妥協案について協議をつづけながら、トルーマンに協議内容の一部始終を報告していて、トルーマンは、合意が達成できず二週間以上もドイツに足止めになっている行き詰まった状況を早く打開したいために、バーンズが提案した妥協案を即座に承認した。トルーマンは、その妥協案が前任者のルーズベルトの基本政策を大きく損なうとは考えていなかった。ヤルタ協定で合意されていたドイツの賠償問題と、それにともなうドイツ経済についての運営方針などについてはソ連に譲歩することにはなったものの、合意内容の大筋を考えると、アメリカとソ連とのあいだの協力関係は引きつづき維持できるはずだと考えていて、結局は、ルーズベルトと同じようにトルーマンも、ソ連が占領しているヨーロッパの地域をソ連が支配することを認めることになったのである。七月二十八日にジェームズ・フォレスタル海軍長官と交わした会話のなかでは、「これから長いあいだにわたってスラブ人のヨーロッパになる」事態を招いてしまったヒットラーを非難しながらも、「それも悪くないと思っているんだ」と語って[60]、東欧の民主化を心から願っている人たちを失望させるような言葉を平気で口にしているように、トルーマンがソ連（スラブ人）の支配に立ち向かおうとする人たちのことを少しも考えていなかったことを物語っている。

アメリカの政治指導者たちがポツダム会談でソ連と合意を結ぼうとして事実上は譲歩したことをどう評価するかは、重要な問題である。この事実は、広い視野に立った戦略として前もって計画され実行された結果ではなく、その場の状況に応じて決められた戦術だったといえるのだが、トルーマンとバーンズは、自国の「勢力圏」のなかだけで安定した秩序を求めるために交渉をしようと考えてポツダムを訪れたわけではなく、戦後ヨーロッパの経済的社会的な安定の基礎を築くため、ドイツから直接にも間接にも賠償を受け取らない方針を固めて、めいめいの占領軍が占領地域だけから現物賠償を得るという合意を取り付けようと奔走したのである。しかし、この合意は結果的には、広範囲にわたる戦後処理の問題にかんして予期しない結果を招くことになった。アメリカとしては、ソ連と合意を結んで、将来起きるかもしれない紛争の原因を極力減らしたいという素朴な欲求から生じたものだったが、結果的にはドイツの分断を招くという重大な方向に進んでしまったのである。

アメリカの外交政策が皮肉な結果に終わったことは、強調しておく必要がある。バーンズとトルーマンは、ソ連と実質的な合意を取り付け、戦時中からの良好な協力関係を維持したかったのだが、そのためには、ソ連が求めている賠償問題に応じることになって、どうしてもソ連との関係が限定的なものにならざるを得なかった。歴史家のマーク・トラクテンバーグはバーンズの内面をよく見抜いていて、バーンズとしては「西側諸国とソ連の双方に対して上手に渡り合う方法は、両者を別々に取りあつかって、双方にアメリカの友好的な立場を理解してもらうことだったのだ」と述べている[61]。トルーマンとバーンズは、ルーズベルトの基本政策を踏襲して、ソ連と友好関係をつづけるためにポツダム会談に臨んだのだが、結局は達成可能な合意を作り上げるため妥協案を示すことになった。バーンズはかつて、ソ連をアメリカの連邦議会上院にたとえて、「ソ連の国に郵便局を作ってやってみろ。そうしたらソ連もアメリカに郵便局を作ってくれるはずだ」と語っている[62]ように、相手の欲しいものをあたえてやれば相手もこちらが欲しいものをあたえてくれるはずだという期待をもって会談に臨んだのである。

もちろんポツダム会談で決まった合意は、ソ連とアメリカとの交渉だけで終わったわけではなかった。ポツダム協定をとおして、連合国は、ドイツの占領政策を幅広く監視するため、外相理事会と連合国管理理事会によって占領政策にかんする問題を互いに規制し合うことになり、こうしてトルーマンとバーンズは、先に決めた妥協案によってソ連と良好な関係がつづくことを期待してドイツをあとにしたのである。そしてトルーマンは、アトリーとスターリンも出席することを期待して最終的な講和会議のための詳細な内容と手続きについて協議をつづけるため、よろこんでバーンズを代理に任命し、この件についても、スターリンと協調するために取り組んだルーズベルトの基本方針を転換させることはなかったのである。

とはいえ、ポツダム会談では、ルーズベルトが調停しようと考えていた目標とはかけ離れた動きをあたえる余地が生じることになった。その動きとはソ連の覇権主義によるもので、これに対してはバーンズが主導し、トルーマンがしたがうことになったのだが、バーンズは、ソ連がヨーロッパと北東アジアの両地域に勢力を拡大していることに深刻な危機感を抱きはじめて、対抗策を取ろうとしたのである。北東アジアにおいては、進出しつつあるソ連の勢力を阻止しようと試みたものの、結果的にはその試みは挫折して、ソ連が満州と朝鮮に進攻することを既成事実として認めることになったが、たとえソ連が参戦しなかったとしても、北東アジアの地域で戦利品の分け前に預かろうとソ連軍が満州と朝鮮に雪崩のように入り込んでくるのを防ぐ手だてはなかったのだ。一方のヨーロッパにおいては、ソ連のさらなる進出に暗に歯止めをかけようとしていて、おそらくバーンズ自身も対ソ方針のすべての意味合いを十分に理解していたわけではなかったのだろうが、スターリンに対して賠償問題の合意を迫ることによってソ連がドイツの西半分に干渉してくる機会を防ぐことができたことは重要なことだった。かりにスターリンが戦後のドイツに「ソ連流の反ファシズム民主主義」を押しつけることを意図して、野蛮なソ連軍に占領されたドイツ国内にスターリンの思想が広まることを考えれば、バーンズが率先して取り組んだこの対ソ方針は、戦後の西ヨーロッパを守るための功績として認められるにちがいない[63]。ポツダム会談のあいだにバーンズは、「今後のドイツにとって安全保障の脅威となるものは、共産主義勢力が躍進して西ヨーロッパで優勢になることをソ連が意図している可能性があることか、あるいはソ連がドイツ全土を支配下に置こうとする可能性があることだ」ということを少なくとも理解しはじめていて[64]、ポツダム会談でのアメリカの対ソ方針は事実上、領土の拡大をめざすソ連の野望を阻止することにはなったのである。

トルーマンとバーンズは、ポツダム会談が終わると、直ちに帰国の途に就いた。大統領として、戦争中にアメリカともっとも緊密な関係にあったイギリスのロンドンに立ち寄って、戦争中にドイツに対して勇敢に戦ったロンドン市民たちを誉め称えるのを政治的に利用した方がよかったのではないかと思われるかもしれないが、トルーマンにとっては時間が大切だったので、イギリスのジョージ六世とはアメリカ海軍の重巡洋艦オーガスタの艦上で慌ただしく会見をおこなっただけだった。トルーマンは早く帰国したがっていたので、バーンズと二人でポツダム会談の結果報告を話し合ったり、会談で交渉したスターリンに対して今後の対策を考えるほどの時間さえなかったようで、それというのも、当時の二人がもっとも関心を注いでいたことは、いかにして日本との戦争を成功裡に終わらせるかということだったのである。二人は、日本が和平工作をつづけているという情報については、その後も報告を受けていて、日本がスウェーデンのような中立国ではなくソ連を仲介にして講和を模索していることを憂慮していた。そして何よりも、まもなく日本に投下されるはずの原爆の詳しい結果を心待ちにしていた。八月三日、トルーマンとバーンズの二人はリーヒ提督に向けて、「原爆の知らせについては、まだ報告を受けていないんだが」と軽くたしなめている[65]。一時代前に軍人としての教育を受けた老練なリーヒは、原爆が戦略上はたして重要なのだろうかと、いまだに疑いの目を向けていて、原爆について否定的な意見をもっていたことは、よく知られている。しかし、トルーマンたちが乗艦していたオーガスタがアメリカの港に着く前に、リーヒ提督は自分の考えがまちがっていたことを思い知らされることになった。原爆はすでに広島に投下されていたのだ。

1　このことは、ガー・アルペロビッツ「Atomic Diplomacy: Hiroshima and Potsdam」改訂版で強調された見解である。この著書の初版は、資料の誤用があるとしてロバート・ジェームズ・マドックスから強く批判されていた。マドックス「The New Left and the Origins of the Cold War（Princeton, NJ, 1973）」pp. 63-78を参照。

2　マーク・トラクテンバーグ「A Constructed Peace: The Making of the European Settlement, 1945-1963（Princeton, NJ, 1999）」p.14の「A Spheres of Ingluence Peace?」を参照。

3　バーンズは、エリザベス・キンボール・マクリーン「Joseph E. Davies: Envoy to the Soviets（Westport, CT,

1992）」p.152を引用している。

4 一九四五年七月二日のスティムソンの日記。

5 一九四五年七月三日のスティムソンの日記。

6 トルーマン「Year of Decisions」p.367

7 一九四五年七月七日のトルーマンの日記。（フェレル編「Off the Record」p.49）

8 これは、ランドール・B・ウッズとハワード・ジョーンズ共著「Dawning of the Cold War: The United States's Quest for Order（Athens, GA, 1991）」p.58の主張。

9 一九五四年一月二十二日のトルーマンへのインタビュー。「Truman Papers, Post-Presidential Files」Box 643

10 一九四五年六月十四日にトルーマンへ宛てたグルーの書簡。（「FRUS:Potsdam, 1945, I」p.164

11 フェレル「Off the Record」p.49

12 一九四五年七月六日にトルーマンに宛てたスナイダー、ローズマン、アレンのメモ。（「FRUS: Potsdam, 1945, I」p.228）

13 バーンズ「Speaking Frankly」pp.67-68

14 一九四五年七月十六日のトルーマンの日記。（フェレル編「Off the Record」p.51）

15 トルーマンとスターリンの初めての会談の概要については、チャールズ・L・ミー「Meeting at Potsdam（New York, 1975）」pp.90-94のなかのボーレンの暗号メモと、一九四五年七月十七日のトルーマンの日記（フェレル編「Off the Record」p.53）にもとづく。

16 一九四五年七月十七日のトルーマンの日記。（フェレル編「Off the Record」p.53）

17 J・サムエル・ウォーカー「Recent Literature on Truman's Atomic Bomb Decision: A Search for Middle Ground」（「Diplomatic History, 29（April, 2005）」）p.320

18 一九四五年七月十七日のトルーマンの日記。（フェレル編「Off the Record」p.53）

19 トルーマンがスターリンを逞しい政治指導者だと見なしたことについては、デボラ・ウェルチ・ラーソン「Origin of Containment: A Psychological Explanation（Princeton, NJ, 1985）」pp.177-178を参照。

20 一九四八年の選挙運動については、クラーク・クリフォードとリチャード・ホルブルック共著「Counsel to the

President: A Memoir（New York, 1991）」pp.200-201を参照。

21　一九四五年七月十八日のトルーマンの書簡。（ロバート・H・フェレル編「Dear Bees: The Letters from Harry to Bess Truman, 1910-1959（New York, 1959）」p.519）

22　マーク・フィーゲ「The Atomic Scientists, the Sense of Wonder, and the Bomb」（「Environmental History, Vol.12, No.3（July, 2007）」）p.600

23　これは、チャールズ・ソープ「Oppenheimer: The Tragic Intellect（2006）」（American Historical Review, Vol.113, No.2（April, 2008）, p.531）についてリン・イーデンの見解を借用した。

24　この段のグローヴスとファレルの意見については、デニス・メリル「Documentary History of the Truman Presidency, Vol.I」のなかのランシング・ラモント「The Decision to Drop the Atomic Bomb on Japan（Bethesda, MD, 1995）」p.122-136に載せられた一九四五年七月十八日にスティムソンに宛てたグローヴスの書簡を参照。

25　一九四五年七月十六日にスティムソンに宛てたハリソンからの電文。（War Dept. 32887）。（ミー「Meeting at Potsdam」p.86）

26　一九四五年七月十六日のスティムソンの日記。（「Davies Papers」Box 18）

27　一九四五年七月二日、五日、十一日、十二日、十五日付の日本側の電文を参照。（「Byrnes paper」Folder 571）

28　マジックによって傍受された、七月十五日付の佐藤の電文と七月二十一日の東郷の電文は、それぞれ一二一〇号と一二二二号として翻訳され、コート編「The Columbia Guide to Hiroshima and the Bomb」pp.283-285で参照することができる。

29　一九四五年七月十六〜十七日のハルとバーンズとの会談（「FRUS: Potsdam, 1945, II」pp.1267-1268）を参照。無条件降伏にかんするトルーマン政権内での幅広い議論については、リチャード・B・フランク「Downfall: The End of the Imperial Japanese Empire（New York, 1999）」pp.214-220を参照。

30　一九四五年七月十八日のバーンズの日記。（フェレル編「Off the Record」p.54）

31　一九四五年七月二十日のベス・トルーマンに宛てたトルーマンの書簡。（フェレル編「Dear Bess」p.520）

32　一九四五年七月二十日のブラウンの日記。（「Byrnes Papers」Folder 54（I））

33 ロバートソン「Sly and Able」pp.420-421
34 一九四五年七月十七日のウォルター・ブラウンの日記に記されたスターリンのことば。（「Byrnes Papers」Folder 54（I））
35 七月二十五日、トルーマンはベスに宛てて、「ロシアとポーランドは、ドイツから、たんまりかっぱらおうとイギリスとわたしたちに合意を求めてきたんだが、きっぱり断ってやったよ」と書き送っている。（フェレル編「Dear Bess」p.521）
36 ギルバートは、「Winston S. Churchill, Vol. VIII（Boston, 1988）」p.78-91のなかで上手にまとめている。
37 アンドリュー・カニンガム元帥のことば。（ギルバート「Winston S. Churchill, VIII」p.89）
38 ポツダムでのトルーマンの様子については、フェレル編「Off the Record」p.54を参照。
39 一九四五年七月二十四日のブラウンの日記。（「Byrnes Papers」Folder 602）
40 一九四五年七月二十六日に公布された「日本の降伏条件を定めた宣言書」（ポツダム宣言）。（「Department of State Bulletin, Vol.13（July 29, 1945）」pp.137-138）
41 トルーマン「Year of Decisions」p.458
42 アンソニー・イーデン「The Reckoning: The Eden Memoirs（Boston, 1965）p.635」
43 デビッド・ホロウェイ「The Atomic Bomb and the End of the Wartime Alliance」（アン・レーンとハワード・テンパーリー共編「The Rise and Fall of the Grand Alliance, 1941-45（New York, 1995）」pp.211-212）より。この詳細については、ホロウェイ「Stalin and the Bomb: The Soviet Union and Atomic Energy, 1939-1956（New Haven, CT, 1994）」pp.115-133を参照。
44 一九四五年七月二十五日のトルーマンの日記。（フェレル編「Off the Record」p.55）
45 バートン・J・バーンスタイン「Understanding the Atomic Bomb and the Japanese Surrender: Missed Opportunities, Little-Known Near Disasters, and Modern Memory」（Diplomatic History, Vol.19（Spring, 1995）, pp.257-258）を参照。
46 ミルズ編「The Forrestal Diaries」p.78を参照。
47 ロバートソン「Sly and Able」p.422を参照。

48 一九四五年七月二十四日のイーデンの議事録（「Avon Papers, Main Library Special Collections, University of Birmingham」Folder 20/13/236」を参照。
49 「Davies Journal, July 28, 1945」（「Davies Papers」Box 19）（デイヴィスは実際は、「抜け目のない駆け引き」ではなく「単なる取引」をするつもりで言ったようだ！）
50 この時期のさまざまな協議については、ミー「Meeting at Potsdam」pp.255-268 で一覧を知ることができる。
51 バーンズ「Speaking Frankly」pp.84-85
52 ミー「Meeting at Potsdam」p.262
53 「Protocol of proceeding, August 1, 1945」（FRUS:Potsdam, 1945, II, pp.1477-1498）
54 バーンズ「Speaking Frankly」pp.86-87
55 一九五七年三月十五日付のアチソンに宛てたトルーマンの未投函の書簡。（モンティ・プーン編「Strictly Personal and Confidential:The Letters Harry S. Truman Never Mailed（Boston, 1982）」p.33）
56 一九四五年八月九日のポツダム会談にかんするトルーマンの報告。（「Department of State Bulletin, Vol.13（August 12, 1945）」pp.208-213）
57 一九四五年八月九日のポツダム会談にかんするトルーマンの報告書。（「Department of State Bulletin, Vol.13（August 12, 1945）」p.211）
58 ヘンリー・キッシンジャー「Diplomacy（New York, 1994）」p.330-331 を参照。
59 マーク・トラクテンバーグの洞察力に富んだ著作は、この問題を考える上で重要な手引きとなった。トラクテンバーグ「A Constructed Peace」pp.22-33 を参照。
60 一九四五年七月二十八日のフォレスタルの日記から抜粋。（「Forrestal Diaries, Vol.2, Forrestal Papers, Mudd Library, Princeton University, Princeton, NJ」）
61 トラクテンバーグ「A Constructed Peace」pp.27, 28
62 ラーソン「Origins of Containment」p.194
63 ドイツにおけるソ連の野望については、R・C・ラーク「Stalin's Drive to the West, 1938-1945: The Origins of the Cold War（Stanford, 1995）」pp.112-213 を参照。

64　メルヴィン・レフラー「The Struggle for Germany and the Origins of the Cold War（Washington D.C., 1996)」p.24

65　一九四五年八月三日のブラウンの日記。(「Byrnes Papers」Folder 602)

五　広島、日本人、ソビエト

原爆を使用する最終的な命令は、トルーマンがポツダムから帰国する前に、すでに下されていたのである。七月二十五日、マーシャル元帥の副参謀長だったトーマン・ハンディ大将は、スティムソン陸軍長官とマーシャル参謀総長の指示によって、陸軍戦略航空団司令長官のカール・スパーツ少将に宛てて、「第二十空軍所属第五〇九混成部隊が、一九四五年八月三日以降に、目視爆撃が可能な天候になり次第、広島、小倉、長崎の目標のひとつに対して、初めてとなる特殊爆弾を投下する予定」と通達した。ハンディはさらに、「追加で投下される特殊爆弾は、このたびの計画にかかわる関係機関の方で準備ができ次第、前記の目標都市に対して実施される予定」と伝え、「それ以降の指示については、前記以外の目標に対して実施される模様」と記したのだが[1]、ここで注目すべきことは、使用する原爆が二発だけだとは示されていないことで、アメリカ軍としては、三発目の原爆が完成次第、使用する予定だったのだ。

七月三十日、スティムソンはトルーマンに対して、「グローヴス少将の計画」で八月初旬に原爆を使用する予定であることを伝え、原爆が投下されたらアメリカ政府として、あらかじめ用意された声明文を発表する予定だと述べて、トルーマンから了承された。以上のように、原爆を使用する時期を調整していたのはアメリカ軍だったということと、トルーマンがその責任を甘んじて受け入れていたことは知っておかなければならない。つまりトルーマンは、原爆を使用することに少しもためらいを感じることはなかったし、原爆による作戦計画がうまく行くことを望んでいただけだったのである。原爆を使用した結果として、使用の是非が論争になろうとも、このときの決断では、のちに朝鮮戦争のさなかの一九五一年に原爆の使用を進言したダグラス・マッカーサーを解任したときのような困難な決断を迫られる不安を感じることはなかったのだ。このときのトルーマンにとっては、原爆の使用は重要なことだったのだが、「物議をかもす」決断とは考えていなかったのである。

ポツダム宣言が発表されたあとになっても日本の政府と軍部が何ら目立った行動を起こさなかったことで、トルーマンやバーンズにとってはアメリカの対日戦略をどのようにでも決定することができるはずだった計画が頓挫し、実は正反対になったのだ！　日本側の暗号を解読していたアメリカは、日本の政府筋がソ連の仲介で手探りながらも密かに和平調停案について検討を進めていることを知っていたが、その調停案は、一方的な降伏や日本の占領あるいは天皇制（国体）の基本的な変更はしないという条件を取り入れた調停案だった[2]。しかし、このような調停案は、アメリカとしてはとうてい受け入れがたいものだった。アメリカが主導する連合国は、「日本が領有する地域の無制限の占領、日本の全面的な統治、日本軍と軍事施設の解体（非武装化）、連合国による戦争犯罪人の処罰」を求めていて[3]、ドイツと同じように日本に対しても、これらの条件を求めなければならなかったが、このような条件で日本が降伏する気配は少しもなく、もちろん日本の指導者たちが受け入れるはずもなかったので[4]、すみやかに無条件降伏することを求めたポツダム宣言を日本側が前向きに検討することを期待していたアメリカの指導者たちにとっては失望する結果に終わってしまったのだ。しかも日本政府の鈴木貫太郎首相は、七月二十八日と七月三十日にポツダム宣言を公式に拒絶し、宣言の内容についても政府高官に向けて、「敵があのように伝えてくるということは、相手は戦争を終わらせようとしているつもりのようだ。だから無条件降伏に拘っているのだ。このような時にこそ、我々が断固戦えば、相手が先に音をあげるはずだ」と語って、「戦争をやめる必要は少しもない」と考えていたのだった[5]。

ポツダム宣言が発表されてから、日本政府は、スイス政府をつうじて連合国と公式に接触することは差し控えていた。三月から八月にかけてカーチス・ルメイ少将指揮下のB‐29の編隊が日本の都市をほとんど残らず大規模に空爆してきたにもかかわらず、日本は戦争を継続するつもりで[6]、日本の指導者たちの多くは、まるで日本本土へ進攻するアメリカ軍を痛めつける機会を待ち望んでいるかのようだった[7]。「決号作戦」の基本方針をあくまで守りとおそうとしていて、その作戦計画は、アメリカの国民が戦争に嫌気がさして自分たちの条件を呑むようにさせるほどアメリカ軍に打撃を与えることが目的だったのだ。このことは軍事歴史家のエドワード・ドレアやD・M・ジャングレッコらの最近のすぐれた研究によって議論の余地がないほど明らかになっていて、当時のアメリカ軍関係者も日本の作戦計画を十分に把握していたことはまちがいない[8]。

七月下旬、アメリカの情報局は暗号解読装置ウルトラによって、アメリカ軍を撃退するために配備されて九州に展開する日本軍の部隊は六月から七月にかけて六個師団に増強され、さらに各地から部隊が九州に集結していることを知った。マッカーサー元帥の情報参謀だったチャールズ・ウィロビー少将は、「日本軍は、我々が攻めようとしている場所に一対一になって戦うほど将兵の数を増強させる可能性がある」と危惧していて、「この報告書を読んだら、どんなに鈍感な者でも、こんなことは勝つための秘策ではないと思うはずだ」と付け加えている[9]。今やオリンピック作戦によって日本に勝利する見とおしは完全に疑わしくなっていて、アメリカ軍の予想される犠牲者の数も増加すると考えられた。ドレアが説明しているように、「アメリカに勝ち目はなかった。日本軍は上陸地点にアメリカ軍と同じか、それ以上の兵力をまもなく集めるはずだからだ」と考えられていて、広島に原爆が投下された八月六日、日本軍は、そのとき九州に六十万人の兵力を集めていて、さらに増強すると予想されていた[10]。日本軍の指揮官たちは、通常の戦闘機と雷撃機のほかに四千機以上の神風特攻隊による援護も期待していて、これらの航空機によって、まだ海上にとどまって日本本土へ上陸する前のアメリカ軍の三個師団の十五〜二十パーセントが犠牲になる可能性があった[11]。このような状況にあったため、太平洋戦線の司令官とアメリカ政府の指導者たちは、トルーマンに対して原爆の使用を思い直すよう進言することはしなかったのである。日米が対峙する戦況は、当初の作戦計画とは正反対となり、アメリカ軍を待ち受けている血なまぐさい殺戮が予想されることを知って、マーシャル元帥は七月下旬、レズリー・グローヴス少将に対して、九州にいる日本軍の兵力を弱める戦略として原爆を使用してはどうかとまで問い合わせている[12]。

日本軍が、アメリカ軍の進攻に対して勝利するため一大決戦の覚悟で臨んでいた現状は、なぜ原爆が使用されたのかということを真剣に理解しようとする人は考えておかなければならない[13]。ようするに日本軍は、敗北の瀬戸際に立っていたのではなかったのである。戦後に実施され一九四六年に公式に発表されて広く知られている米国戦略爆撃調査団の報告書によると、このとき日本はすでに降伏する用意をしていたと書かれているが、今やこのような誤った神話をくつがえすときなのであって、米国戦略爆撃調査団のこのような報告書が、原爆を使用したことの是非を正しく理解する上で大きな誤解を生むことになってきたのだ[14]。

日本が本土防衛のため総力戦の態勢をととのえていたころ、マリアナ諸島のテニアンという小島では懸命の作業がつづけられていた。そこではポール・ティベッツ大佐とウィリアム・S・「ディーク」・パーソンズ海軍大佐のそれぞれの指揮のもとで、搭乗員と兵装担当員たちが、これから投下する予定の原爆の最終的な調整をしていた。テニアン島は、日本から南に二千四百キロメートルのところにあり、一九四四年に稀に見る激戦の末、アメリカ軍が占領した島だった。作家のステファン・ウォーカーがうまく表現しているように、島を占領したアメリカ軍は直ちに設営隊を使って、「世界最大の航空基地」を建造する作業に取りかかって、大急ぎで六本の巨大な滑走路を造り、まもなく、この滑走路からルメイ少将の指揮するB−29が日本を空襲するため出撃していった。テニアン島の飛行基地を拠点にした、さまざまな爆撃機の部隊はすべて、一九四五年初頭から「大量破壊兵器」を使って日本を空爆するために集結していたが、ポール・ティベッツの指揮する第五〇九混成部隊だけは例外だった[15]。特殊訓練を

広島に投下されたリトル・ボーイ。（ハリー・S・トルーマン大統領図書館）

受けたこの部隊は、奇妙な大型爆弾を搭載するために改造されたB-29で飛行訓練をつづけながら、日本に空襲をおこなう通常の部隊とは別行動を取っていたのだが、八月はじめになって、第五〇九混成部隊にも日本本土へ出撃するときがやって来たのである。

ポール・ティベッツの父親は息子に医学を学ばせたかったが、ポールは母親のエノラ・ゲイ・ティベッツの後押しで飛行士になる決心をした。まもなくティベッツは優秀なパイロットになり、一九四二年にナチスドイツが占領するヨーロッパ上空でB-17爆撃機を操縦したことでもよく知られていたので、そのすぐれた操縦技術のため原爆を投下する任務となった第五〇九混成部隊を指揮することになったのだ。歴史家のマイケル・ゴルディンが書いているように、ティベッツは、実戦経験豊かな飛行士たちを集めて、たちどころに部隊を編成し、特殊な状況のなかで訓練を重ねていた[16]。ティベッツは、原爆を投下するために改造された十五機のB-29を自分の部隊の指揮下に置いて、十五人の搭乗員に飛行訓練を命じていた。ティベッツや直属の上官たちが、一発か二発の原爆を使って日本を降伏させることができると思っていたかどうかは不明だが、戦後まもなく、「わたしは日本を降伏させるには五発の原爆が必要だと思っていた」とティベッツは回顧している[17]。ただ、八月はじめの時点では、原爆が何発あろうとも、それを効果的に投下しようとティベッツが考えていたことだけは明らかである。

ディーク・パーソンズは、広島に投下された原爆にかんする話のなかではティベッツほど名前を知られていないが、ティベッツと同じように重要な任務に就いていた。ティベッツよりはずっと長く原爆との付き合いがあったし、弾道学のすぐれた専門家で、グローヴスとオッペンハイマーの誘いでマンハッタン計画の一員に加わり、「爆弾が、うまい具合に投下できて、確実に爆発するよう設計するための仕事」に取り組んでいて[18]、アラモゴードで初めて原爆が炸裂した様子を、実験場のはるか上空を飛行するB-29から観察していた。その後、テニアン島に向かい、現地で原爆を組み立てる責任者に就き、八月一日までには組み立てを完了していたが、その後、飛行中に爆弾を起爆状態にするという重要で困難な手順を何日もくりかえし練習した（パーソンズは、原爆を搭載したB-29が万一、離陸に失敗して墜落したとき爆弾が炸裂することを恐れていたので、離陸したあとに起爆できる状態にしなければならないと決めていた）。なお「リトル・ボーイ」は、組み立てが完了したあとも、原爆が投下可能な天候条件になるのを搭乗員たちが待機している数日のあいだは、爆弾の組立施設のなかに保管されていた。雲のない空は、八月六日と予想されていた。

八月五日、ティベッツは、原爆を投下するために自分が操縦するB-29の機体に、パイロットになる決心を認めてくれた母親を記念して、その日の午後おそく、操縦室のすぐ下の機体に母親の名前を書かせた。のちに、もっとも知られ物議をかもすことになったこの作戦のB-29が「エノラ・ゲイ」と名づけられたのは、こういう事情だった[19]。ティベッツは、このたびの重大な任務と母親を結びつけたことを後悔することは決してなかった。戦争を終わらせるために任務にしたがったまでだと、いつも思っていたし、原爆を投下したことによってのちに起きることになった論争は、八月五日夜にティベッツが抱いていた気持ちとは無関係だった。最後のブリーフィングが終わって、その夜は、担当の隊員たちがエノラ・ゲイの爆弾倉に「リトル・ボーイ」を引き揚げて搭載する作業をおこなった。

八月六日未明、エノラ・ゲイと随行する気象観測機と観察機の搭乗員たちは、「汝の力により、この戦争がすみやかに終わることを」と祈りを捧げる従軍牧師の言葉を聞いていた。テニアン時間の午前二時四十五分、ティベッツの操縦するエノラ・ゲイが離陸し、日本をめざした。離陸後まもなくして安定した飛行高度に達すると、パーソンズが爆弾倉に入り込んで、原爆を起爆状態にするよう最終調整をした。そして気象観測機からの報告を受けたティベッツは、第一目標の広島に投下することを決定し、日本時間の午前八時十五分（ワシントンは八月五日午後七時十五分）、エノラ・ゲイは広島に原爆を投下したのである[20]。

重巡洋艦オーガスタに乗艦して大西洋をアメリカに向けて航海していたトルーマンは、くつろいだ時間を過ごしていた。七月にアメリカからポツダムに向かったときと同じように、夜には映画や音楽などの娯楽が用意されていて、穏やかな航海を楽しみながら、朝は早く起きて朝食前にデッキの上を時間をかけて歩きまわった。そして、アメリカに帰国するまでのあいだ折にふれて、バーンズ国務長官、リーヒ提督、ホワイトハウス上級顧問のサミュエル・ローゼンマンたちと、ポツダム会談の結果を国民に向けて発表する声明文の内容について意見交換をしていた。また当然のことだったが、陸海軍の補佐官ジェームズ・バーダマン大尉、ハリー・ボーガン准将などから太平洋戦線の戦況についても報告を受けていたので、悲惨な戦争を一刻も早く終わらせたいという想いをますます強めていた。アメリカの陸海軍は日本を屈服させるため徹底的な攻撃をつづけていたが、アメリカ軍の犠牲者も増えつづけていた。一方、原爆の重要な部品をテニアン島へ運んだ重巡洋艦インディアナポリスが七月二十九日に日本の潜水艦によって撃沈され、千二百人の乗組員のうち生存者は三百十六人だけという「戦争中の海上における最悪の悲劇」が起きて[21]、この悲惨な出来事は、日本が本土を防衛するための軍事力と戦意がいまだに衰えていないことを思い起こさせることになった。トルーマンは、まもなく日本に投下されるはずの原爆の効果にも期待を寄せていて、それが日本との戦争の結果にどれほどの影響をおよぼすかについて考えていたが、その状況について絶えず報告を受ける必要はなかった。原爆がまもなく投下されることはすでに決まっていたので、八月三日にオーガスタの艦上でホワイトハウスの代表記者団との会話のなかでは、アメリカは戦争を終わらせるために強力な新型兵器を開発したのだと一同に伝えて、オーガスタがアメリカに着く前に明かすことができないような極秘の情報を口にさえしていた。

原爆が広島の上空で炸裂したアメリカ時間八月五日の日曜日の夜、大西洋の北西海上を航海していたトルーマンは、ウィリアム・パウエルとマーナ・ロイが主演するコメディ・ミステリー映画『風車の秘密』を鑑賞していたらしい。翌日、船員食堂でトルーマンが昼食を摂っていたとき、ティベッツと搭乗員たちが実行した作戦について初めての報告書を受け取り、スティムソンが、「予定していた原爆は広島に投下されて、第一報によると、前におこなった実験より、はるかに大きな成功だったそうです」と伝えた。のちにトルーマン自身が語ったところによると、その報告を聞いて、「気が動転した」という。トルーマンは、報告書をバーンズに渡してから、興奮のあまり周囲にいた乗組員たちに向かって、「こいつは歴史上すごいことなんだ。これで、みんな家に帰れるぞ」と伝えた。まもなく追加の報告書が届いて、第一報の内容がまちがいないことがはっきりした。興奮したままのトルーマンは、食堂にいた者たちに向けて強力な新型爆弾の内容について説明をはじめ、「一トンのTNT火薬の二万倍の威力があるんだぞ」と伝えた。それから士官室へ駆けて行き、そこでも同じ様に原爆の説明をくりかえした。オーガスタに乗艦していたある報道記者は、「そのとき大統領が、原爆のニュースを知らせようとして、艦内をあちこち走りまわっていた」ことを覚えている。トルーマン自身がのちに語ったところによると、「太平洋戦争が早く終わることになりそうだという期待感を抑えきれなかったのだ」[22]。このような逸話からも、原爆によってこの戦争が早く終わるのだというトルーマンの強い期待感が伝わってくる。

しかし、トルーマンが原爆に抱いていた想いを心の底から聴いた者は、本当はオーガスタの者たちではなく、日本人の方だったのだ。原爆が投下されて成功したということがわかり次第トルーマン大統領の名前で声明を発表する文案は、トルーマンがポツダムをあとにする前に、すでに作られていて、トルーマンが乗艦しているオーガスタがアメリカのニューポート・ニューズをめざして航行しているあいだに、この声明文はアメリカ国内外に広く配布されていた。その内容は、広島に原爆が投下されたことを詳しく伝えたあと、新型兵器の威力と、ドイツとの技術競争に勝って製造した英米の科学技術力の二つの要点が書かれていて、さらに、原爆は「宇宙の源にある力」を利用したものだという言葉を使って、今の日本の玉座に座る太陽神の子孫とされる天皇にも伝わるような表現を借りて、「太陽から得られた力が極東で戦争をしかけた者たちに向けて放たれたのだ」と語り、「日本人に衝撃をあたえて脅かすために、アメリカは日本の都市にある、すべての製造施設に対して、さらに迅速に徹底的な破壊を加える用意がある」と警告されていた。そして、「戦争をしかけた日本の軍事力をかならず徹底的に破壊するつもりだ」と付け加えられている。声明文は、このように言葉を重ねたあと、「ポツダム宣言による最後通牒は、日本の国民が滅亡することを救うために発布されたが、日本の指導者たちが拒絶した」と説明しているとおり、明らかに、この時点で日本は別の行動を取るべきだったのだ。トルーマンは、日本が降伏しなければ原爆をさらに投下するとほのめかし、日本の指導者たちに向けて、「もしも我々の要求を受け入れなければ、この世で見たことのないような破滅の雨を空から浴びせることになる」と警告し、「このたびの原爆に加えて、今度は陸と海から、相手が今まで目にしたことのないほどの数と軍事力とによる作戦行動が待っているのだ」と述べながらも[23]、広島に投下した原爆の破壊力を日本に見せつければ、おそらく海と陸から日本本土へ進攻する作戦を未然に防ぐことができることを期待したのだった。

オーガスタの艦上では、トルーマンとバーンズが原爆の投下が成功したことに気をよくしていたが、ただバーンズの方は、国民の政治的な関心がどこにあるのかということについて、自分が戦時動員復興局長を務めていたとき、「予算の莫大な支出にどれほどか悩み、その仕事に疑問を抱いたことで、その反動をどれほど怖れていたか」ということを思い出していたため、そのような想いを抱くバーンズをスティムソンが安心させようとしていた。一方のトルーマンは、スティムソンと協議した戦時問題について語ることは控えていて、あえてスティムソンの名前は使わず、「国民から尊敬を集め、巨額の支出を極秘に管理して議会を黙らせるような人間は重要だった」という言い方をしただけだった[24]。いずれにせよトルーマンとバーンズの二人は今、政治家として、財政面についてきびしい非難を浴びるのを和らげるためにも、マンハッタン計画につぎ込んだ巨額の費用が日本を降伏させるために正しい政治判断だったと評価されることを望んでいたし、ルーズベルト政権下で考え出され、すぐれた科学技術と莫大な予算を費やした結果として原爆を使用したことが正当化されることを期待していたのだ。

トルーマンとバーンズは二人とも、原爆が戦争において合法的な兵器かどうかについては関心を示さなかったし、日本に対してさらに原爆を使用することに少しも疑問を抱かなかった。結局、トルーマンは、部下からの報告書に目をとおして承認する「会社の社長」のような立場で役割を果たしつづけ、ルーズベルトの後釜に座って、戦争を勝利に導くために原爆を使用するという役目を引き受けただけだったのである[25]。しかも、原爆の使用を承認したことは、ルーズベルトも望んでいた「アメリカ人の犠牲を最小限に留めて完全に勝利する」方針を引き継ぐことでもあったし、原爆は、アメリカの「工業力と技術力」というすばらしい矢筒のなかに、まだもう一本の矢として収められていて、その矢は、従軍している多くの兵士たちの犠牲を少なくするために、ふたたび使われようとしていたのである。歴史家のサミュエル・ウォーカーは、「トルーマンは、アメリカ人の犠牲を最小限にとどめるというルーズベルトの方針を引き継いで、戦争が終わるまで、それを実行するよう託されていたのだ」と指摘している[26]。

日本本土へ大規模な進攻作戦をおこなうことでアメリカ軍に多大な犠牲者が出る前に日本を降伏させたいと願っていたトルーマンは、あらかじめ決められていた方針を押し進めることにした。広島に原爆が投下されたことに大きな関心を寄せている批評家の多くは、原爆を使用する以外に考えられるかぎりの選択肢について探求しているが、当時のトルーマンは、あくまでも広島に原爆を投下する直前の世界情勢のなかで行動したのである。トルーマンとバーンズたちは、原爆の使用を避けようと努力することはなかったし、「ほかに選択肢があったのではないか」ということを重視する人たちは、そのような選択肢を過大に評価して歴史を歪めようとしているだけなのだ[27]。歴史家のバートン・バーンスタインは、「当時のアメリカの指導者たちは、原爆に代わる選択肢のほとんどを、あっさりと拒んだし、考えようともしなかった」と述べているが[28]、なぜほかの選択肢を考えなかったのかというと、海軍による海上封鎖、間断のない空襲、日本本土へ上陸するという威嚇、ソ連の参戦などのような、およそ選択肢とはいえない戦略とともに、原爆はあくまでも連合軍の兵器庫にある兵器のひとつでしかないと考えていたからで、原爆と、列挙したこれらの戦略とで、アメリカ軍が九州の南岸に上陸作戦を敢行する前に日本が降伏することを望んでいたのだ。

二発目の原爆を使用することと、ソ連が参戦すると決めていたことにトルーマンが思いを巡らせていたことで、日本に降伏を迫るための方針は多面的な様相を帯びることになってきた。トルーマンが八月七日に帰国して、無事にアメリカの土を踏むまでには、すでに決められた計画にしたがって「ファット・マン」と名づけられた二発目の原爆を投下する準備がととのっていたから、トルーマンが原爆の使用を決断したり命令したりする必要はなかった。広島に原爆を投下したあとの戦略として、アメリカは原爆をいくらでも保有していて、日本の指導者たちに対して、「降伏するまで何度でも破滅の雨を空から浴びせる」と警告するため、一発目の原爆を投下して数日後に二発目を投下する計画だった。当初の計画では八月十一日に二発目を投下する予定だったが、当日は天候が悪化するおそれがあったため、その前の八月九日に投下する命令がテニアン島の隊員たちに伝えられた。とはいえ、投下する日程の変更は、「ファット・マン」の調整をしていた兵装の担当者にとっては、かならずしも狼狽することではな

長崎に投下されたファット・マン。(ハリー・S・トルーマン大統領図書館)

かった。というのも、当時の担当者が回顧しているように、「二発目の投下任務の時期が早いほど、日本はアメリカが原爆をいくらでももっていると考えて早く降伏するだろうと誰もが思っていたのです」という事情があったのだ[29]。このような二発目の投下準備と並行して、アメリカ軍は大規模な空襲もつづけながら、日本人に対しては原爆によって破壊された広島の惨状を知らせ、自分たちの住んでいる都市から急いで避難するよう書いたビラを日本の各都市の上空からばらまいた。

アメリカが二発目の原爆を投下する準備をしていたころ、日本側の抵抗に追い打ちをかけるように八月八日、ソ連が日本に対して宣戦布告をすると同時に満州の日本軍に向けて大規模な進攻をはじめた。ソ連は、アメリカの新型兵器の威力についてはよく知っていたので、広島に原爆が投下されたため日本がまもなく降伏すると判断して、案の定、参戦を急いだのだ[30]。ソ連は、アジア北部の戦後処理について中国とのあいだで合意を取りつけることは棚上げにして、日本にとってはソ連も敵国だということを公式に表明したのである。八月八日午後おそく、モロトフは佐藤駐ソ大使を呼んでソ連が日本に対して軍事行動をはじめたと伝え、これによってソ連が和平工作の仲介をしてくれると期待をかけていた日本側の望みは水泡に帰した。その夜半、スターリンはアメリカの駐ソ大使ハリマンとジョージ・ケナン参事官の二人と面会している。ハリマン大使は、ソ連の参戦についてアメリカは公式な立場として了承していると述べて、「我々両国が、ふたたび同盟関係になったことを嬉しく思います」とスターリンに伝えた[31]あと、参戦したソ連軍の戦況や、原爆の投下によって日本がどのような対応を見せるかなどについてスターリンと話し合った。

アメリカはソ連が参戦を急いだ理由をよくわかっていたが、バーンズがポツダム会談のときに理解したとおり、太平洋戦線のほかの地域で何が起きようともソ連が満州を好き放題にしようと考えていたことも予想していたとおりだった。トルーマンは、ソ連が参戦したという報告を聞いて、平静な面持ちで満足そうに受けとめ、ホワイトハウスの記者団に向けて、「ロシアが日本に宣戦布告をしました」と手短に発表したが、そのとき傍にいたバーンズとリーヒ提督とともに自分が発表した内容が非常に重大な出来事だったことも頭にはあって、ソ連が参戦したため日本が降伏を急ぐことになるだろうという大げさな論評を避けることによって逆に日本に圧力をかけたかったと考えられる。八月九日の夜に発表されたポツダム宣言のラジオ放送のなかで、トルーマンは、ソ連が太平洋戦争に参戦したことを伝え、「枢軸国の最後となった日本との戦いに加わり、ナチスに対して勇敢に戦って勝利をおさめたソ連を喜んで歓迎したい」と語った[32]。なおトルーマンは側近に向けて、「わたしがポツダムに出かけたのは、スターリンが八月十五日か、可能ならもっと早い時期に対日戦に参戦すると伝えてくれるのを確かめるためだったんだ」と密かに語っている[33]。トルーマンは、自分の手がけた結果がどうあろうとも後悔はしなかった。歴史家の長谷川毅《つよし》が、「トルーマンは、ソ連が参戦したことを裏切り行為だと感じ、ソ連の行動には失望していた」と主張する点[34]については、今述べたような歴史的根拠に照らせば正しくないのである。

トルーマンのラジオ演説には、日本に対してさらなる警告が含まれていた。演説のなかでトルーマンは、アメリカ国民だけでなく日本の指導者たちも聴くことを期待して、「軍事基地の広島に対して初めてとなる原爆が投下されました。広島に投下したのは、民間人の殺傷をできるだけ抑えたかったからであり、世界で初めてとなるこの原爆は、さらなる原爆の投下をおこなうという警告をしているだけだということを理解しなければなりません」と語り、心理的効果をさらに狙って、「もし日本が降伏しないなら、軍事施設に対して、さらに原爆を投下することになりますし、そのため数千人の民間人が不幸にも命を落とすことになるのです。そうならないためにも日本の民間人は、工業地帯のある都市から直ちに避難して、原爆による破壊から身を守らなければなりません」と警告した[35]。ただ不幸にして長崎の住民たちは、トルーマンの警告が日本語に翻訳されて自分たちがその内容を知る前に、二発目の原爆に見舞われてしまったのだ。

「ファット・マン」を投下する予定のB-29ボックス・カーの第一目標は九州の小倉だったが、小倉の上空は雲と噴煙とスモッグに覆われていたため、第二目標と決められていた九州の西に位置する、三菱重工業の造船所と製造施設のある港湾都市の長崎に向かった[36]。機長のチャールズ・スウィニー少佐が指揮するボックス・カーは、午前十一時過ぎ、警告を発しないまま「ファット・マン」を投下し、長崎市の浦上地区にあるカソリック教会の浦上天主堂の真上で炸裂した。その破壊力はすさまじいもので、広島とは比較できないほどだった。即死した人は四万五千人と推定され、同じ数の人が負傷したが、負傷者の多くも、その後の数週間から数ヶ月のあいだに死亡した。長崎の三分の一以上の区域が破壊されたが、さいわいにも街の中心部は周囲の切り立った小高い山のおかげで爆発の衝撃が和らげられたため、甚大な被害を免れることができた。

日本側の当初の報道では被害は過小に伝えられたが、長崎の惨状が二発目の原爆だったことが東京に伝えられた。またしても一機の飛行機だけで通常の爆弾を搭載した数百機のB-29の効果を上回るようなすさまじい爆弾が投下されたのだ。日本に対して、降伏するか徹底的な破壊の目に遭うかという予定どおりの警鐘が、ふたたび日本中に響きわたり、さいわいなことに、その警鐘は東京にいる者たちの耳にも届いたのである。

1　一九四五年七月二十五日にスパーツに宛てたハンディ大将の指令書。（コート編「The Columbia Guide to Hiroshima and the Bomb」p.259）
2　バーンズが目をとおした七月二日から八月十六日までの日本の外交電報（「Byrnes Papers」Folder 571）を参照。これらの外交上のやり取りにあらわれている日本側の交渉条件の限界については、フランク「Downfall」pp.229-230を参照。
3　これらの条件については、ダグラス・J・マックイーチン「The Final Months of the War With Japan」p.36に述べられている。
4　日本が一九四五年のあいだ戦闘を継続する決定をしていたことを詳しく説明しているものとしては、リチャード・B・フランク「Downfall」esp.pp.83-86と、ハーバート・ビックス「Japan's Delayed Surrender: A Reinterpretaion」（「Diplomatic History, Vol.19（Spring, 1995）」）pp.197-225を参照。
5　ビックス「Japan's Delayed Surrender」p.208に引用された鈴木のことば。
6　原爆投下作戦のくわしい描写については、ロナルド・シャファー「Wings of Judgment: American Bombing in World War II（New York, 1985）」pp.128-142を参照。
7　フランク「Downfall」pp.83-86
8　ジャングレッコは、「Hell to Pay」で日本の防衛体制について詳細で鋭い分析をおこなっている。
9　この分析は、フランク「Downfall」pp.211-212に依っていて、ウィロビーの見解も引用されている。
10　エドワード・J・ドレア「In the Service of the Emperor Essays on the Japanese Army（Lincoln, NE, 1998）」pp.161, 164。次の文章も、一部はドレアの貴重な研究にもとづく。
11　日本の陸海軍の空軍力については、ジャングレッコ「Hell to Pay」p.78を参照。

12 ドレア「In the Service of the Emperor」pp.163-164

13 日本軍についての記述は、フランク「Downfall」p.238にもとづく。

14 米国戦略爆撃調査団の重大な欠陥については、ロバート・P・ニューマン「Ending the War with Japan: Paul Nitze's 'Early Surrender' Counterfactual」(「Pacific Historical Review, Vol.64 (May, 1995)」pp.167-194)と、バートン・J・バーンスタイン「Compelling Japan's Surrender without the A-bomb, Soviet Entry, or Invasion: Reconsidering the US Bombing Survey's Early Surrender Conclusions」(「Journal of Strategic Studies, Vol.18 (June, 1995)」pp.101-148)を参照。バーンスタインは、「太平洋戦争が原爆やソ連の参戦がなくて終結する時期について調査団が発表した事実と異なる報告書を、専門家たちは、もう信用していない。この問題については、調査団の報告書は信頼できない指針となっている」と述べている。(p.105)

15 詳細については、ステファン・ウォーカー「Shockwave: Countdown to Hiroshima (New York, 2005)」pp.82-85にもとづく。

16 ゴルディン「Five Days in August」p.77

17 ゴルディン「Five Days in August」p.83からのティベッツのことば。

18 パーソンズについては、ウォーカー「Shockwave」p.61を参照。

19 これは、ウォーカー「Shockwave」pp.193-194にもとづく。

20 この箇所の全体は、ワイントローブ「The Last Great Victory」pp.413-418。(牧師の祈りについては、p.415を参照)から引用。

21 インディアナポリスの沈没と生存者の悲惨な体験の描写については、スタンレー・ワイントローブ「The Last Great Victory」pp.295-298, 307-310, 326-328, 345-347, 366-371。(直接の引用文はp.369)を参照。

22 トルーマンが受け取った二通の報告書を含む説明については、トルーマン「Year of Decisions」pp.464-465を参照。ジャーナリストのメリマン・スミスの意見も載っている、ワイントローブ「The Last Great Victory」pp.420-421も参照。

23 一九四五年八月六日に広島に原爆を投下したことを発表した大統領の声明文。「Public Papers of the Presidents: Harry S. Truman 1945 (Washington, D.C., 1961)」pp.197-200を参照。

24　一九四五年八月六日のウォルター・ブラウンの日記。（「Byrnes Papers」Folder 602）

25　アロンゾ・ハンビーは、「Man of the People」p.324で、トルーマンのことを「会社の社長」と呼んでいる。

26　J・サムエル・ウォーカー「Prompt and Utter Destruction: Truman and the Use of Atomic Bombs against Japan（Chapel Hill, NC, 1997）」p.9

27　「ほかの選択肢」に焦点を絞った最近の著述としては、長谷川毅「Racing the Enemy: Stalin, Truman, and the Surrender of Japan（Cambridge, MA, 2005）（とくにp.295-299）」がある。

28　バーンスタイン「Understanding the Atomic Bomb and the Japanese Surrender」p.235

29　ワイントローブ「The Last Great Victory」p.446 に引用された、原爆の組み立てチームだったエンサイン・バーナード・J・オキーフのことば。

30　広島に原爆が投下されたときのソ連の反応と、ソ連が日本への参戦を決定したことについては、デビッド・ホロウェイ「Stalin and the Bomb」pp.127-129 と、長谷川「Racing the Enemy」pp.186-191 を参照。

31　一九四五年八月八日の会話録。（「Harriman Papers」Box 181）

32　一九四五年八月九日の国民に向けた大統領のラジオ放送。（「Department of State Buletin, Vol.13（August 9, 1945）」p.209）

33　一九四五年八月九日のエアーズの日記。（フェレル編「Truman in the White House: The Diary of Eben A. Ayers（Columbia, MO, 1991）」p.62）

34　長谷川「Racing the Enemy」pp.193-194 を参照。

35　一九四五年八月九日の国民に向けた大統領のラジオ放送。（「Department of State Bulletin, Vol.13（August 12, 1945）」p.212）

36　長崎への原爆投下については、ワイントローブ「The Last Great Victory」pp.481-491 を参照。長谷川毅は「Racing the Enemy」のなかで、「ソ連が参戦したことを知りながら、トルーマンはなぜ、長崎への原爆投下を中止させたり延期させたりしなかったのか」と疑問を呈しているが、この疑問は、日本に「ショック」をあたえて降伏に追い込むというアメリカの戦略を十分に理解していないことのあらわれである。

六　日本の降伏

このたびの戦争で投下された二発の原爆のうち、初めの原爆は広島にすさまじい被害をもたらした。街は広範囲にわたって破壊され、八万人にのぼる死者と、それと同じ数の人たちが負傷し、負傷した人たちの多くも、原爆が炸裂したときに放出された放射線を浴びたため、まもなくして死亡した。爆心から八平方キロメートルの範囲の人たちは、ほとんど死に絶え、すべてのものが完全に破壊され、八月七日に広島に足を踏み入れた人が、「街がすっかりなくなっていた。何といっていいかわからない、気の遠くなるような不気味な光景だった」と語っているように[1]、想像を絶するような衝撃によって被災した人たちを救うため広島に足を踏み入れた人たちは、その惨状に圧倒されてしまったのである。

広島は、軍事上の拠点で、司令部、部隊の駐屯地、軍の情報部、中国大陸へ向けて将兵や物資を輸送する港などがあったが、軍人だけでなく市内に住む民間人も原爆の犠牲になった。日本政府は、八月九日にスイス政府をつうじてアメリカに対し、広島に投下された爆弾は民間人を狙ったものだと非難したが、アメリカ政府は、「広島は、軍事上の要塞や軍事施設はないが、軍事上の役割を担う都市とみなされている」というトルーマンの主張で反論した。とはいえ、投下された原爆がその地域を無差別に破壊したことはまちがいないことであって、「被害の範囲は広範囲にわたっていて、その区域のなかにいたすべての人間は、戦闘員であるなしにかかわらず、また性別や年齢に関係なく、原爆の衝撃と放射線によって死傷した」ことを示している。つまり原爆は、「戦闘員は、相手を攻撃する方法を無制限におこなってはならないし、相手に不必要な苦痛を与えるようないかなる兵器も使用してはならないという戦時国際法」に違反して、大規模な無差別殺戮をおこなったことになるのだ。[2]

広島が大規模な被害をこうむったという第一報が東京に届いたのは八月七日だった。その日の閣議では、まだ断片的で混乱した情報しかなかったものの、被災した広島にかんする件と、すみやかな降伏を要求しているトルーマン大統領の声明文の内容について話し合われた。政府関係者は、トルーマンの声明文の内容を読んで、広島に投下されたのと同じ爆弾がさらに投下されるのでないかということはよくわかっていたが、軍部は、広島にどれほどの被害があったにしても、「決号作戦」を完遂する方針を曲げなかったため、政府としてはアメリカの脅しに対してどのような対応も差し控えることになったのである。しかし、政府部内で和平調停を推進しようとしていた文民出身の東郷外相は、八月八日に皇居に参内したとき、日本は和平をめざすべきだという自分の意見を裕仁天皇に上奏して、徹底抗戦が主流になっている今の政治情勢に変化が生じる可能性を期待した。歴史家のトリスタン・グルノウが述べているように、東郷外相は天皇に対して、戦争を終結させたいと自分が主張する理由として、広島に原爆が投下されたことと、アメリカが日本に対してさらに原爆を投下すると警告していることを説明し、日本はすみやかに降伏する機会をさぐるべきだと訴えた。[3]東郷の回想によれば、天皇は東郷の意見に同意して、「このような新型兵器が登場した以上、戦争をつづける必要は、ますますなくなってきたと思う。そのため、わたしの願いは、できるだけ早く戦争を終わらせるよう努めてもらいたいことだ」と述べた[4]とされる。ここで指摘しておかなければならないのは、天皇のこの発言は、ソ連が参戦したという知らせが届く前に発せられたことで、日本が最終的に降伏を決めた背景に、広島に原爆が投下されたことが決定的な役割を果たしたことを示しているのである。ただ一方で、天皇が発言した言葉の真意を適切に説明することは至難の業で、天皇の言葉のなかには降伏についての具体的な内容は含まれていなかったし、軍部が降伏に対して強い抵抗を示していたこともあって、政府としては、天皇のこの発言だけで公式に降伏を決断するには至らなかったと思われる。

八月九日、今後の日本をどうすべきかについて協議するため、東京で最高戦争指導会議が開かれたが、その席上では、ソ連が参戦したという深刻な報告についても検討しなければならなかった。この会議の出席者は、文民と軍人双方の指導的立場の人間から構成されていて、徹底抗戦派と和平推進派に分かれていたが、出席者の一人によると、その日の協議は、「戦争を継続すべしという強硬な意見」が大勢を占めていたという。[5]数時間にわたった協議のあと、鈴木首相、東郷外相、それに、少しためらいながらも米内光政海軍大臣が、ポツダム宣言の条項には天皇の神聖と特権を守る国体（天皇制）の護持については明記されていないながらもポツダム宣言は受諾すべきだと表明した。これに対して阿南惟幾《これちか》陸軍大臣、梅津美治郎《よしじろう》参謀総長、豊田副武《そえむ》海軍大将らは受諾に反対し、国体の護持に加えて、日本側による自主的な武装解除、日本側による戦争犯罪人の裁判、とりわけ連合軍による日本本土の占領はおこなわないという条件に連合国側が同意しなければ、日本本土防衛のため最後の一兵まで戦うと主張した。歴史家のリチャード・B・フランクは、「日本側のこのような降伏条件案に同意したら、あとで都合のよいときになって、日本軍の将兵たちは、自分たちは決して負けたのではなく、自分たちの意志で武装を解除し、戦争による破壊をやめたのだという神話を植えつけられることになるだろう」と述べている。[6]

ところが、最高戦争指導会議のこの日の協議の最中に、長崎にも原爆が投下されたという知らせが届き、この報告によって、アメリカは原爆を一発しか保有していないのではないかという予測は吹き飛んだ。[7]そのため鈴木首相は、「アメリカは、日本本土へ上陸してくる代わりに、原爆を投下しつづけるのではないか」という不安を抱きはじめながらも、[8]二発目の原爆が投下されたのに、それでも日本の指導者たちの方針が変わることはなかった。なぜかというと、天皇制を護持するという保証のないままポツダム宣言を受諾するという意見には誰もが同意できなかったからである。フランクが明らかにしたように、八月九日の午後早く、鈴木首相が皇居に参内して、「最高戦争指導会議の内部で少なくとも絶対に譲歩できない」として示された前述の四条件を付けてポツダム宣言を受諾するよう上奏していたらしいが[9]、これらの条件をアメリカに提示しても、トルーマン政権は、日本側がポツダム宣言を拒否したと判断することは明らかだった。一方、天皇の弟だった高松宮宣仁《のぶひと》親王の意見と、天皇の側近だった木戸幸一の意見を、それぞれ近衛文麿公爵と重光葵《まもる》前外相の二人が政府関係者に精力的に働きかけていたという事実は、いずれにしても戦争継続の方針が皇族関係者のあいだで疑問視されていたことを物語っている[10]。

そのあいだにも鈴木首相は、八月九日午後に全閣僚を招集してポツダム宣言の受諾について数時間にわたって協議をしたが、意見の一致には至らなかった。日本では政策を決める手続きは、すべて天皇に上奏して全員一致とすることが求められていたので、鈴木首相は皇居に参内して、閣議の内容を天皇に説明した。本来ならば、鈴木は辞職して新たな首相を任命してもらうよう天皇に上奏すべきだったのだが、鈴木は辞職しなかった。その代わり天皇に対して、御前会議を開いて最高戦争指導会議の意見を天皇にも聴いていただきたいと訴えた[11]。そして最高戦争指導会議の席に枢密院議長の平沼騏一郎を加えた何人かの側近とともに、八月九日が零時をまわろうとする数分前の深夜、会議の出席者たちは皇居にあった地下防空壕に集まり、天皇が入室すると一同は拝礼した。この御前会議にかんするもっとも信頼できる史料によると、鈴木首相は、協議によって全員一致を得るために、前述の四つの降伏条件をもう一度提示した[12]。東郷外相は、天皇の特権が守られるという条件が受け入れられれば降伏に同意すると発言したが、阿南、梅津、豊田の三人は、この意見には強硬に反対した。阿南は、あくまで戦争を継続すべきだと主張し、「全国民が愛国心のもと最後の一兵となるまで戦う決意をもって本土決戦をおこなえば、日本は危機を乗り越えることができるはずだ」と述べた[13]。平沼と鈴木は、東郷外相の意見に半ば賛成し、国民のあいだに動揺が生まれていることや、空襲が激化していることについて述べた。

結局、鈴木首相が二つの対立する意見に対して天皇の聖断を仰ぐことにした結果、天皇は、「耐えがたきを耐えねばならぬ時が来たのである」と述べて、降伏を受け入れることに同意した。国民がこれ以上苦しむのを見るのはもはや耐えがたいと考えながら、世界の平和と日本の悲惨な様子が治まることを心から願っていたのだ。一八九四年から一八九五年に起きた日清戦争が終結して、敗けた側の中国に対する要求を日本が取り下げざるを得なかったとき、自分の祖父にあたる明治天皇が体験した苦難を想い浮かべながら裕仁天皇も、「わたしは涙を呑んで、外務大臣の示した基本方針にもとづいて、連合軍の要求を受け入れるという提案を承認する」と述べ[14]、こうして聖断が下されて、天皇は部屋をあとにした。天皇がこのような決断をした理由については、歴史家のあいだで多くの議論を呼んでいるが、国民の苦難を終わらせたいという天皇の気持ちに疑問を差し挟む余地はほとんどない。裕仁天皇は、一九三〇年代には中国に対する日本の侵略行為を熱心に支持し、一九四一年には東條英機陸軍大将を首相に任命して無謀な太平洋戦争に突き進んだ政府の方針を支持したが、最後には日本の帝国主義者たちの野望が打ち砕かれたことを認めることになったのである。軍部の指導者たちが現在の状況を少しも理解しようとしないこともあって、天皇は、日本本土を防衛することは絶望的だということを、はっきりと理解するようになり、広島と長崎に原爆が投下された上にソ連が参戦したことで、事態はより一層はっきりとしてきて、和平交渉を望んでいる政府関係者の意見に同意することになったことは疑いない。とりわけ天皇にとっては、原爆による悲惨な有様がもっとも重く心にのしかかったと思われるし[15]、こうして日本が降伏すべきかどうかの協議は、天皇の聖断によって決まったのである。

御前会議が済むと、鈴木首相は側近に向けて天皇の聖断を受け入れるよう伝えてから、直ちに全閣僚を集めた。リチャード・フランクが語っているように、午前三時から四時のあいだにかけて閣僚たちは、わずか一時間前に天皇の言葉によって決まった日本の降伏を正式に受け入れた[16]のだが、このときの閣僚会談で阿南は鈴木とともに、国体の護持を降伏の条件とする提案を連合国側が拒否すれば戦争を続行すると断言した。ともかく天皇の聖断が下ったので、外務省はスイスのベルンをつうじて、「絶対主権者である天皇陛下の権威を損なうような、いかなる要求にも応じられないという重要な条件のもとに、日本国はポツダム宣言を受諾する」旨の電報を連合国側に打電した。とはいえ実際には、ポツダム宣言で無条件降伏というきびしい要求を突きつけられた日本側は、考えられるすべてのことを念頭に天皇の権威を保つことを模索しつづけていたのである。日本側の史料によると、日本が連合国側に対して、「こちら側の要求内容は理解されているものと期待している」とか、「要求が速やかに認められることを明言してもらいたい」などと打診していた記録が残されている[17]。

ついに日本は降伏を決断したが、日本が求めている降伏条件に対してどう応じるかは、アメリカと連合国側の判断に委ねられることになった。それよりも驚くべきことは、アメリカのおもだった政府関係者たちが、日本がこれほど早く降伏するとは考えていなかったことで、日本が降伏したときの十分な対応策を考えていなかったことである。リチャード・フランクが巧みに論証しているように、トルーマン政権内では戦時体制を平時の経済活動に移行させる政策をまだ何も決めていなかったことからも明らかなように、日本がいきなりポツダム宣言を受け入れることをトルーマンは予想していなかったのだ。原爆を二発投下されても日本は降伏については当分応じないだろうという考えをアメリカ政府がいかに信じていたかを雄弁に物語る証拠として、陸軍長官のスティムソンでさえ、八月十日にワシントンをあとにして数日間の休暇を過ごそうと予定していたほどだった[18]。トルーマンは、広島に投下された原爆のことで頭がいっぱいのまま八月七日おそくヨーロッパから帰国して、ホワイトハウスへもどったあとも、執務室で多くの時間を過ごすことはなかった。すでにスティムソンからは、広島に投下された原爆が大規模な破壊状況と多数の犠牲者をもたらしたという報告を受けていたため、原爆による惨状について不安を抱きはじめていたのだ。そのためもあってか、八月九日、日本に対してさらにつづけて原爆を投下するよう求めたジョージア州上院議員のリチャード・ラッセルから受け取った書簡に対して、「わたしは、戦争では日本は残忍で野蛮な国だということはわかっているつもりだが、日本人が野獣だからといって、我々も同じようにすべきだと考えることはできない。わたしとしては、ある国の指導者たちが強情だからといって、その国の国民をすべて殺してしまう必要があると思うのは残念なことだし、あなたの述べていることに対しては、それが絶対に必要な場合でなければ、そうするつもりはない。わたしの目的は、できるだけ多くのアメリカ人を救うことだが、日本の女子供に対しても人間らしい気持ちをもっているのだ」という返事を書いている。[19]ただ、原爆を使用したことについてトルーマンが良心の呵責を感じたかどうかは別にして、天皇の権威を守るという条件を受け入れれば降伏するという日本の要求を認めるかどうかについては、アメリカ政府部内では十分な議論がなされていなかったため、政府部内では大急ぎで日本に対する方針を決めることになった。

日本が降伏の条件について提案していることは、暗号解読装置マジックによって判明し、その後、ラジオ東京の内容を受信した陸軍の無線監視からもわかった。ワシントン時間の早朝、トルーマンは、まだ公式発表ではなかったが、日本側の降伏条件について協議する必要があると考え、リーヒ提督に対してスティムソン、バーンズ、フォレスタルを午前九時に招集して今後の対応について話し合う旨を指示した。このときの会談で、リーヒとスティムソンは日本側の提案を受け入れるようトルーマンに勧めたが、二人は、天皇の地位を保つという日本側の条件の意味を、天皇がごくかぎられた儀式で果たす役割を保つことだと誤解していたようなのである。一方のバーンズは、アメリカ国内の世論が日本の無条件降伏を強く望んでいることを考慮して、二人の意見に反対し、日本側の条件付きの降伏は受け入れられないと主張した。[20]バーンズがのちに同僚のウォルター・ブラウンに話した内容では、「ポツダム宣言では日本の無条件降伏を明記しているはずだし、我々が原爆をまだ保有せずロシアが参戦しないときにポツダムで決めた宣言の内容を、どうしてさらに譲歩する必要があるのか」と懸念を述べたとされる。

結局、バーンズの主張は認められて、日本の提案を受け入れるというリーヒの意見は却下されたが、協議が済んでからバーンズが述べたことだが、もし日本の提案をアメリカ政府が受け入れたとしたら大統領は困難な立場に立たされることになったかもしれないのである。[21]結局、最終的には、フォレスタル海軍長官が、「我々の回答としては、日本の降伏を認めるつもりだが、ポツダム宣言の趣旨と目的が完遂されなければならないという降伏の条件は確認しておくべきだ」と述べた意見をトルーマンは受け入れて[22]、この協議の結果、日本側へ伝える降伏条件の草案を作るようバーンズに指示し、大統領の顧問ベンジャミン・コーヘンとジョセフ・グルーが指導している国務省の日本専門の担当官の助けを借りて草案の作成をはじめた。

その日の昼までにバーンズは、仕上がった日本側への降伏条件の草案をもってホワイトハウスにもどり、トルーマンと二人で昼食をともにしながら草案の内容について話し合い、午後二時からの全閣僚の協議の用意をととのえてから、二人は、「日本が降伏したときに天皇と日本政府を統治する権限は、降伏条件が適切に実行されることを目的とする連合軍最高司令部に委ねられる」ことを明記した条項をロンドン、モスクワ、重慶に向けて打電する電文の内容も作成した。ただ、この条項は、天皇の命令で日本軍の全部隊の作戦を中止し武装解除をして戦争犯罪人を差し出すよう求める意味が含まれているため、天皇にとっては重い負担となった。その後、最終的に作られた日本への降伏条件では「最終的な日本の政治体制は、ポツダム宣言にしたがって、日本国民の自由に表現される意志によって樹立されるものである」とする条項を追加し、「ポツダム宣言に明示された目的が達成されるまで連合軍が日本に駐留する」ことも明記された[23]。この文書のなかには、天皇制を存続させることを保証する文言はなかったし、裕仁がそのまま天皇として在位することを保証するという文言も記されていなかった[24]。結局、降伏条件は、今後にわたって天皇としての裕仁の立場を保証するものではなかったし、八月十日の民主党上院議員の会合でトルーマンは、天皇のことを、「多くの点から見ても、ヒットラーやムッソリーニのような戦争犯罪人で、戦争を起こした責任を言い逃れて、結局は全体主義体制を維持しようとしている」と決めつけているが[25]、その一方で、天皇の地位を守らせて、各地にまだ多く残っている日本軍の将兵を降伏させるために天皇を利用する利点があることも理解していた。

これ以上アメリカ人に犠牲者を出さずに戦争を早く終わらせたいと強く願っていたトルーマン政権は、バーンズが作成した連合国から日本に通知する降伏条件を明記した合意文書に急いで同意するよう英中ソの三ヶ国に伝えた。それに対してイギリスと中国はまもなく、合意文書に基本的に同意する旨を返答してきたが、八月十日の夜半にハリマン駐ソ大使がモロトフに面会したとき、ハリマンにはソ連が返答を渋っていることがわかった。その前からモロトフ外相は、はじめからソ連としての返答をおくらせようと考えていて、ハリマンが返答を促すと、ようやくモロトフは午前二時になってハリマンとイギリスの駐ソ大使の二人に会い、バーンズの作成した合意文書に同意する意向を示した。ただモロトフは、日本に対する降伏条件案には同意する意向を示したものの、承諾するというときになって、「日本の天皇および日本政府を統治する連合国最高司令部の代表については、連合国の何ヶ国かが立候補して代表を決めるべきだ」と主張しはじめた。

ハリマンは、モロトフの言葉を聴きながら、日本の占領政策にソ連も深くかかわろうとしていることに気づいたが、さらにいうと、連合国最高司令部の代表を決めることについては、これまでの数ヶ月のあいだにスターリンがソ連政府の顧問や軍当局とのあいだで十分に協議していたという事実があった。[26]モロトフは、「ソ連のヴァシレフスキーと、アメリカのマッカーサーとで連合国最高司令官を二人置くことを検討してもよいのではないか」とまで主張した。ハリマンは怒りを抑えきれず、このような取り決めは「まったく承認できない」とはねつけたので、モロトフは、これは自分だけの考えであって、ソ連政府としてはアメリカの提案した日本の降伏条件には同意するつもりだと、ぶっきらぼうに答え、ハリマンも納得したが、会談が済んでモロトフと別れる際に、「アメリカは、四年ものあいだ太平洋で日本と戦争をしてきて大きな負担を強いられてきたのです。だから日本についてソ連が干渉することは、やめていただきたい。ソ連は二日間しか戦争に参加していないのですよ。ですから最高司令官が誰になるかについては、ソ連政府がアメリカに一任するのは当然のことです。今になってソ連がかかわろうとするなど、あり得ないことです」とモロトフに言い放った。ソ連が日本の占領政策にまで関与しようとする挑発的な提案にハリマンが強く抗議したことを、モロトフがスターリンに伝えたのはもちろんである。モロトフとの会談を終えてハリマンが大使館にもどろうとしていると、スターリンの通訳ウラジミール・パブロフがハリマンのところへ寄ってきて、「日本の占領政策についてソ連は、『承諾する』のではなく、『話し合い』を求めているのです」と語った[27]。

英中ソの連合国から降伏条件を承認する返答が届いたので、バーンズは、四ヶ国を代表して日本への降伏条件を発表し、東京の政治指導者たち、なかでも天皇の裕仁に対して日本が公式に降伏を承認するよう迫った。バーンズの抜け目のない戦術を支持していたトルーマンは、日本の指導者たちに対して、降伏を受け入れて日本が完全に占領されることを認めざるを得ない状況に追い込んだのだ。こうしてトルーマンと連合国の各政府は、日本側が降伏条件について前向きな回答をすることを期待していたが、一方でアメリカ軍の指導者たちは、日本をすみやかに占領する具体的な計画までは立てていなかったのである。というのも、マイケル・ゴードンが明らかにしたように、二発の原爆によって日本がこれほど早く降伏するとはアメリカ政府は予想していなかったからだ。バーンズが連合国側の降伏条件の内容を日本へ伝えた八月十日、戦略航空団のカール・スパーツ少将は、グアム島の司令部から国防省にある陸軍航空団計画局のローリス・ノースタッド少将に宛てて、「三発目の原爆は東京に投下する」ことを勧め、スパーツ少将にはわかっていたことだったが、「日本に対してさらに大きな打撃をあたえるためには、広島や長崎のように空襲をおこなっていない都市ではなく、東京にとどまっている日本政府の当局者たちに心理的な影響をあたえるという点から、破壊よりもこの方が重要だと考えられる」と伝えている[28]。グローヴス少将は、政府の上層部に対して、八月下旬現在で三発目の原子爆弾は投下可能だとしきりに伝えてきたが、ありがたいことに日本が降伏したため、トルーマンは、予定されていた東京への原爆投下を命令しなくてもよくなったのである。

連合国は、天皇の一身をアメリカ軍に委ねることを要求し、天皇自身もそれにしたがったのだが、天皇の周辺では、ふたたび大きな意見の相違が起きはじめていた[29]。東郷外相は、連合国が回答してきた降伏条件案を直ちに受け入れたが、阿南陸軍大臣と平沼男爵は、天皇の行く末と神聖な地位とが危うくなるとして反対した。陸軍省内部や戦地の陸海軍の士官たちのあいだでも、日本が降伏するという話は信じられないと考えて降伏することを拒絶していて、中国戦線の陸軍司令官だった岡村寧次《やすじ》陸軍大将のような好戦的で周囲を扇動するような人物がそのよい例で、「外国の報道機関から伝えられた屈辱的な和平調停案は、恐れ多い天皇陛下を亡き者にするに等しく、陛下の臣下としては、どうあっても承服することはできない」と主張するような軍人がいた。岡村大将が、「日本は、敵から差し出された和平調停に惑わされることなく、全軍が名誉ある戦死を遂げるべく最後まで戦うべきだ」と主張した[30]ように、降伏を受け入れるかどうかについて東京では混乱した状況が増すなかで、血気にはやった青年将校たちがポツダム宣言の受諾に反対して、日本の降伏を覆そうと勢いづいていた。

日本国内の文民と軍関係者とのあいだの陰謀の絡んだ内紛について詳しく述べることは本書の趣旨からはずれることになるが、和平推進派が痛ましいほどの苦難を味わっていたことを考えたとき、日本は降伏することを待ち望んでいたのだという意見が誤りだということは指摘しておかなければならない。さいわいにも天皇の裕仁は、側近の木戸幸一の助言に耳を傾けて、みずからと天皇家のことに望みをかけてバーンズの作成した降伏条件を受け入れることに決め[31]、八月十二日には皇族たち一同を集めて承認を得た上で、天皇家としては裕仁の決断を支持することになった。ただ陸軍省内部では、まだ意見の対立がつづいていて、八月十四日に天皇は、ふたたび最高戦争指導会議の会合に臨席して、ほかの関係者とともに意見を述べなければならなかった。天皇は、阿南、豊田、梅津が八月九日の会合と同じ主張をくりかえすのを聴いて、その意見には強く反対し、「わたしは、現在のわが国と世界の状況を想い、このまま戦争を継続することは更なる破壊を生むだけだと信ずる」と一同に語って、日本は連合国の提案を受け入れなければならないと主張し、みずからが国民に向けて戦争終結について話すことにも同意した[32]。そして出席している一同に向けて、「前途にある苦難の日々をわたしたちが乗り越えて行けるよう、自分は精一杯努めたい」と述べると[33]、天皇と一同はともに悲嘆の涙を流した。このようにして日本の降伏が最終的に決まると、鈴木首相は高齢で疲労の色が濃い体を押して内閣を招集したあと、天皇の願いを奉じて、東郷外相が直ちにベルンとストックホルムをつうじて、四ヶ国の連合国側に日本側の正式な回答書を送った。

こうして事態は終息したかに見えたが、実はそうではなかった。歴史家のガーハード・ワインバーグが要約しているように、「東京で重要な地位にあった一部の軍人たちが和平推進派の者たちを殺害して、天皇が国民に向けてラジオ放送することになっていたレコード盤を奪って破却し、このまま戦争を継続しようと画策」し[34]、八月十四日夜、熱狂的な青年将校たちが鈴木首相、平沼男爵、天皇の側近だった木戸侯爵を狙ったが、試みは失敗に終わった。しかし反乱軍は途中で皇居の一部を占拠して、近衛師団の森赳《たけし》中将を殺害した[35]。ただ、日本国と和平推進派にとってありがたかったことは、阿南と梅津がクーデター計画と天皇に忠誠を尽す青年将校たちの反乱を鎮圧しようとしたことだった。そして反乱軍を鎮圧した阿南と一部の将校たちは、降伏という屈辱に対しては自害をもって応え、このような不穏な状況のなかで、鈴木政権は政権を維持して、降伏に際してのさまざまな重責にも対応してから退陣したのである。ワインバーグが個性的な解釈をまじえて結論づけているように、日本が降伏する直前のこのような出来事のなかでも、「このクーデターの一件は危機一髪のことだったのであり、ある意味では、政府が降伏に同意する動きを表沙汰にするとクーデターが決行されて反対に戦争が長びくのではないかと政府部内の和平推進派が怖れていた」ことを物語っている[36]。

八月十五日、日本の国民はラジオ放送をつうじて、事前に収録された天皇の言葉に耳を傾けながら、日本が無条件降伏を受け入れたことを知った。ラジオからは、「永遠に変わることのない天皇家という天佑」に守られてきた一人の人間が、この戦争を終わらせなければならないと語っていた。歴史家のロバート・ビュートーが指摘しているように、この放送のなかで天皇は、「敗戦」、「降伏」、「占領」という言葉は一切使わず、日本の国益のため譲歩する必要があったと述べただけだった。しかも国民に向けて、「戦局必ずしも好転せず、世界の大勢また我に利あらず」と語り、「敵は新たに残虐なる爆弾を使用してしきりに無辜《むこ》を殺傷し、惨害の及ぶところ真にはかるべからざるに至る」と、日本が降伏する一因になった原爆についてこのように述べたあと、「しかもなお交戦を継続せんか、ついにわが民族の滅亡を招来すべし」と述べているのだ[37]。こうして翌十六日、全軍に対する停戦命令が勅命によって下され、陸海軍の各司令部が停戦命令にしたがうよう、天皇は弟の高松宮親王など皇族の助けを仰いだ。これによって東アジアの広い地域を占領していた日本軍の部隊は、広島と長崎へ原爆が投下されたあとになって、ようやく武装解除をした。皮肉なことに、歴史家の麻田貞雄が述べているように、「最後まで戦うと主張していた軍部が、今は降伏を受け入れて、ある意味では、それが逆説的に自分たちの『顔を立てる』ことになった」ともいえるのだ。つまり自分たちは戦いに負けたのではなく、「アメリカの科学力」に屈して降伏したのだと責任を転嫁することができたからである[38]。ともかく九月二日、東京湾に停泊中のアメリカ海軍の戦艦ミズーリの艦上で、正式な降伏が調印されることになった。

ワシントンでは、暗号解読装置マジックによって日本が降伏を決めたことを初めて知ったと思われるが、日本側からの公式の通知は、八月十四日の午後三時ころ（ワシントン時間は、日本時間より十三時間おそい）に、アメリカのスイス駐在大使から、日本政府が連合国側の降伏条件を受け入れたとバーンズに伝えてきたのが初めてだった。バーンズは直ちに、ホワイトハウスへ赴いて、日本が正式に降伏に同意したことをトルーマンに伝えた。そのころトルーマンは、八月十日以降になっても日本側から何の回答もないので、もう一度、原爆を投下しなければならないことに頭を痛めていて、待ち望んでいた知らせをバーンズが届けてくれる八月十四日の数時間前にはウィンザー公爵とイギリスの臨時代理大使ジャック・バルフォーと面会していて、日本が降伏しないことに失望を表明していたところだった。そして、まもなく帰国することになったバルフォーに向けて、「日本が降伏しない以上、東京に原爆を投下する命令を出すしかありませんね」と残念そうに話しているところだった[39]。しかし、ワシントンに駐在するスイスの駐在大使が日本が公式に降伏を受け入れたということをバーンズに伝えてきて、午後六時にはバーンズがトルーマンに知らせてきたので、この嫌な見とおしもいっぺんに吹き飛んだのだった。

日本が正式に降伏した知らせを聞いたトルーマンは、アメリカ政府として公式声明を発表するため、午後七時までに妻、参謀長、閣僚のほとんどを官邸に呼び寄せ、さらには真珠湾攻撃後に日本から宣戦布告を受け日本の降伏条件の作成にも尽力してくれた前国務長官のコーデル・ハルも一同に加えるよう特別に取り計らった。大統領執務室のなかではカメラのフラッシュやニュース映画のクリーグライトが眩しく照らされるなかをホワイトハウスの報道陣を前にして、トルーマンが日本側からの降伏声明を発表し、この発表を、「日本の無条件降伏を意味するポツダム宣言の全面的な受諾」とみなして、降伏による正式な引き渡しの手続きを進める予定で、その手続きはダグラス・マッカーサー元帥を連合国軍最高司令官に任命しておこなうと発表した[40]。

日本が降伏したらしいという噂は、その日の午後にはアメリカの国民に知れわたっていて、群衆がホワイトハウスの前に集まりはじめた。トルーマンと妻のベスは、カリスマといっていいほど名高かったルーズベルトとはほど遠かったが、二人でホワイトハウスの前庭に出て、集まった群衆を出迎えた。その際トルーマンは、大喜びするときや祝いの席で「チャーチルがするようなVサイン」までして見せた。派手好みの政治家だったら、もっといろいろなことを演じて見せたのだろうが、トルーマンは官邸にもどると、ミズーリ州にいる年老いた母親に電話をし、エレノア・ルーズベルト夫人には、ルーズベルト大統領が真珠湾攻撃のあと約束したことを自分は守っただけですと報告して、それで満足しただけだっ

日本の降伏声明を読み上げるトルーマン大統領。1945年8月14日。ジェームズ・F・バーンズとウィリアム・D・リーヒ提督がうしろに座っている。壁に掛かっているのはフランクリン・ルーズベルトの肖像画。（ハリー・S・トルーマン大統領図書館）

た。ただ八時には北側のバルコニーに姿を見せて、「We want Truman《我々にはトルーマンが必要だ》」と大声で唱和している群衆に向けて、「今日は、すばらしい日です。我々が待っていた日です。一九四一年十二月七日から待ち望んできた日なのです」と述べてから、群衆に聞かせたいというよりも、いつもの素朴な気持ちもあって、理想主義者らしく、「今日は、世界中の自由主義国家にとっての日でもあり、ファシズムと警察国家が世界からなくなった日でもあるのです」と語った。[41]

　ルーズベルトも、日本が降伏したときには、きっとトルーマンと同じ所感を述べたはずで、それから二週間後、東京湾の戦艦ミズーリ艦上でおこなわれた降伏調印式について国民にラジオ演説をしたなかでは、「今は亡き我々の偉大な指導者フランクリン・D・ルーズベルトは、民主主義の擁護者であり、世界の平和と協調の立役者でした」と賛辞を呈して語った。[42] ルーズベルトのあとをいきなり継がざるを得なかったトルーマンは、ナチズムと日本の軍国主義に勝利するため、こうしてアメリカと同盟国とを導いてきたのだった。

日本の降伏が公式に発表された八月十四日、ニューヨークのタイムズスクウェアから西と南にかけての小さな町に至るまで、国民は戦勝の祝いに包まれ、二日間の祭日があたえられたが、正式な降伏手続きはまだ完了していなかったため、その二日間が「V-J Day《対日戦勝記念日》」と名づけられたわけではなかった。歴史家のスタンリー・ワイントラウブが指摘しているように、ワシントンのアメリカ政府では、日本をどのような形で平和的に統治するかが優先されていたのだ。政府部内では、新しい声明や行政命令が矢継ぎ早に出されるなどの混乱状態がつづき、そのなかには二日間の祭日に五割増しの手当を支給するという行政命令などもあって、トルーマンが取り消す事態になったりしていて[43]、八月十七日に母親に宛てた手紙に、「こちらでは目がまわりそうです」と書いたのも無理からぬことだった。政府関係者のあいだでは、いろいろな手ちがいを起こしながらも、誰もが慌ただしく動きまわっていたが、トルーマンは、「我々は、みんなで一緒に進んでいるんだ」と期待していて、これから自分は外交から戦後の内政問題に力を注ぐ必要があると感じながら、母親に、「今わたしが目を向けておかねばならないことは、政治的な駆け引きのことなんです」と打ち明けている[44]。

日本が降伏したとトルーマン大統領が声明を出したことで、太平洋戦線に駐留していたアメリカ軍と、ヨーロッパから太平洋へ転戦する準備をしていたアメリカ軍の陸海軍の将兵や航空兵たちのあいだに大歓声が湧き起こった[45]。これで誰もが日本に向けて危険に満ちた進攻をして命を落とすことがなくなり、本国へもどって穏やかな暮らしを送ることができるようになったのだ。五百四十万人の日本陸軍と百八十万人の日本海軍の将兵たち[46]と戦うこともなくなったが、その代わり連合軍の将兵たちは、降伏した日本を占領するための準備に取りかかることになった。また、ワインバーグが指摘しているように、「日本が降伏したことによって、戦場が日本本土に迫って来たときに連合軍の捕虜たちを殺害しようと考えていた日本軍の計画を未然に防ぐことにもなったのだ。この計画については相当の準備がなされていたことは明らかで、それまで虐待を受けていた捕虜たちにとっては恐怖だった」とされている[47]。このことを考えても、戦争を終わらせるためにトルーマンが取った行動がアメリカ人の命を救うことになったと主張することができるのである。

一方、戦争をまだやめたくない国があった。ソ連である。八月十五日、トルーマンは、日本の占領にかんする基本的な手続きと統治について記した連合国最高司令官による命令書の写しをスターリンに送ったが、スターリンは、ソ連軍は北海道の北部地域を占領したいと提案してきた。これに対して八月十八日、トルーマンはスターリンの提案を即座に拒絶したのだが、極東ソ連軍のヴァシレフスキー元帥は、アメリカ軍が日本を占領する前にソ連軍が北海道を占領する許可をモスクワに求めながらソ連軍の進攻を停止しなかった。ただ、長い目で見たとき、北海道で暮らしていた日本人にとって幸運だったことは、ソ連軍が北海道へ進攻する起点と見なしていた樺太で日本軍による抵抗がつづいていて、そのためソ連軍の南下がおくれたことである。八月二十二日、スターリンはヴァシレフスキーに対してソ連軍を撤退させるよう命じた。歴史家のリチャード・フランクによると、トルーマンが八月十八日にスターリンからの提案に「断固とした拒絶」をしていなかったら、ソ連軍が進攻をつづけて北海道を占領したかもしれないと考えると、トルーマンが即座に返答したことは非常に重要なことだったのだ[48]。しかし、この一件は、アメリカの歴史家のあいだでも最近まで強調されていないことだが、明らかにソ連が日本本土をできるだけ広く占領しようとしていたことを示していて、万一、ソ連が進攻をつづけたとして、日本本土のどの地域まで占領したか、あるいは進撃してきたソ連軍に対して降伏を拒む日本人にどれほどの犠牲者が出たかは誰にもわからないながらも、原爆がソ連軍の進攻を阻止することに一役買ったことは、まちがいないのである。

1　この視察者は、スペイン人のペドロ・アルペというイエズス会宣教師だった。アルペ「Surviving the Atomic Bomb」（Essential Writing（Maryknoll, NY, 2004））pp.40-45 の回想を参照。
2　一九四五年八月九日の東京（東郷）からベルンへ宛てた抗議内容の電文は、「Byrnes Papers」Folder 571 の資料にある。
3　トリスタン・グルノウ「A Reexamination of the 'Shock of Hiroshima': The Japanese Bomb Projects and the Surrender Decision」（「The Journal of American-East Asian Relations, Vol.12, Nos. 3-4（Fall-Winter, 2008）」）p.175
4　グルノウ（p.175）から引用。
5　豊田海軍大将のことば。フランク「Downfall」p.291 の回顧録より。
6　フランク「Downfall」p.291。八月九日の会議と日本側の降伏条件の概要については、フランクのp.290-291 から引用。
7　二発目の原爆投下に対する日本側の受けた衝撃については、麻田貞雄「The Shock of the Atomic Bomb and Japan's Decision to Surrender-A Reconsideration」（「Pacific Historical Review, Vol.67（November, 1998）」）pp.490-493 を参照。
8　麻田「The Shock of the Atomic Bomb」p.491 から引用した鈴木のことば。
9　フランク「Downfall」p.291
10　フランク「Downfall」p.291。長谷川「Racing the Enemy」pp.205-209 も参照。
11　麻田貞雄は、「鈴木は裕仁に前もって話を付けた上で自分の意見を述べた」と主張している。麻田「The Shock of the Atomic Bomb and Japan's Decision to Surrender」p.495 を参照。
12　フランク「Downfall」pp.293-296と、ロバート・J・ビュートー「Japan's Decision to Surrender（Stanford, 1954）」pp.168-176 のすぐれた見解を参照。
13　阿南の立場については、ビュートー「Japan's Decision to Surrender」p.170 を参照。
14　裕仁の述べた全文は、ビュートー「Japan's Decision to Surrender」p.175-176 を参照。
15　日本に降伏を決断させた原爆の重要性については、ロバート・P・ニューマン「Truman and the Hiroshima

Cult（August 12, 1945）」p. 205 の論考を参照。

16　フランク「Downfall」p. 296

17　日本側の記録は、一九四五年八月十日にバーンズ国務長官に宛てたスイスの代理公使グレスリからの電文に記されている。（「Department of State Bulletin, Vol. 13（August 12, 1945）」p. 205）。日本は、ベルンとストックホルムの日本側代表をつうじてイギリス、中国、ソ連の各政府に降伏の意思を伝えた。

18　フランク「Downfall」p. 300

19　一九四五年八月九日にラッセルに宛てたトルーマンの書簡。（「Official File, Truman Papers」

20　ロバートソンは「Sly and Able」p. 435-436で、「国内の政策がバーンズのおもな動機」だったことを強調している。

21　一九四五年八月十日のブラウンの日記。（「Byrnes Papers」Folder 602）バーンズは、リーヒの意見に激怒して、「リーヒは、ルーズベルトの信任を受けていたころのように、まるで自分が国務長官でもあるかのように思っている。立場を弁えるもんだ」とブラウンに語っている。

22　トルーマン「Year of Decisions」p. 472

23　バーンズのはじめの草案は、トルーマン「Year of Decisions」p. 473 を参照。若干の修正を加えて日本へ送られた文書は、一九四五年八月十一日にスイスの代理公使グレスリに宛てたバーンズの電文に記されている。（「Department of State Bulletin, Vol. 13（August 12, 1945）」pp. 205-206）

24　フランク「Downfall」p. 302

25　長谷川毅「Racing the Enemy」をめぐる座談会でバートン・J・バーンスタインの解説（p. 28）に引用された、トルーマンにインタビューをしたタイム誌のジャーナリストの報告書。

26　ヴラディスラブ・M・ズボク「A Failed Empire: The Soviet Union in the Cold War from Stalin to Gorbachev（Chapter Hill, NC, 2007）」pp. 26-27

27　この会談の内容と、そこでのさまざまな議題については、一九四五年八月十日の会話録に記されている。（「W. Averell Harriman Papers, Manuscripts Division, Library of Congress」Box 181）

28　ゴルディン「Five Days in August」p. 98 に引用されたスパーツのことば。ゴルディンは、この著書のなかで

（p.98-101）、原爆の追加投下についての軍の考えを明らかにしている。

29 降伏条件をめぐる日本政府部内の意見の対立については、ウィリアム・グレイグ「The Fall of Japan（New York, 1967）」pp.135-201に詳しく述べられている。リチャード・フランク「Downfall」pp.308-321 の辛辣な見解も参照。

30 ロナルド・H・スペクター「In the Ruins of Empire: The Japanese Surrender and the Battle for Postwar Asia（New York, 2007）」p.23と、ヘイスティングス「Retribution」p.509から引用した岡村のことば。

31 長谷川「Racing the Enemy」pp.230-233

32 八月十四日の会議については、フランク「Downfall」pp.314-315 と、ビュートー「Japan's Decision to Surrender」pp.206-209を参照。

33 裕仁のことばは、ビュートー「Japan's Decision to Surrender」pp.207-208に掲載されている。

34 ワインバーグ「A World at Arms」p.891

35 クレイグ「The Fall of Japan」pp.181-201と、長谷川「Racing the Enemy」p.231-248

36 ワインバーグ「A World at Arms」p.891

37 ビュートーの見解と裕仁の声明については、ビュートー「Japan's Decision to Surrender」pp.2-3を参照。

38 麻田貞雄「The Shock of the Atomic Bomb」p.506

39 長谷川毅「The End of the Pacific War: Reappraisals（Stanford, 2007）」p.228のなかのバートン・J・バーンスタイン「Conclusion」から引用された、バルフォーに向けたトルーマンのことば。

40 トルーマンのこの声明内容については、トルーマン「Year of Decisions」pp.480-482から引用。

41 トルーマン「Year of Decisions」p.482

42 一九四五年九月一日のトルーマンのラジオ演説。（「Public Papers of the President: Harry S. Truman, 1945」p.256）

43 ワイントローブが「The Last Great Victory」p.642でくわしく述べられている。

44 一九四五年八月十七日にトルーマンから母親とメアリーへ宛てた書簡。（フェレル編「Off the Record」p.62）

45 ポール・ファッセル「Hiroshima: A Soldier's View」（「The New Republic, Vol.185（August 22, 29, 1981）」

pp.26-30）の著書を参照。

46　この数字は、ワインバーグ「A World at Arms」p.892 から引用。

47　ワインバーグ「A World at Arms」p.892。残念なことだが、日本が降伏したあともアメリカ軍の捕虜が殺害されることをすべて防ぐことはできなかった。八月十五日に福岡では、西部軍司令部の将校たちがB-29の搭乗員十六人を殺害した。その詳細については、クレイグ「The Fall of Japan」pp.214-215 を参照。

48　フランク「Downfall」pp.323-324。この段落は、フランクの重要な著作にもとづいている。この問題については、長谷川毅「Racing the Enemy」pp.252-289 も参照。

七　必要だったが、正しかったのか？

第二次世界大戦における「勝利の立役者」といわれた陸軍参謀総長のジョージ・C・マーシャル元帥が、自分の伝記を書いてくれたフォレスト・C・ポーグの求めに応じて一九五〇年代に何度かインタビューを受けたとき、はたして原爆の投下が必要だったのかと質問されて、「戦争を早く終わらせるために原爆を投下したことは、まちがいなく必要なことでした。当時の日本に対して必要だったのは、何か衝撃的なものを見せつけることだったのです。それが原爆だったのです。この方法が、もっとも賢明なやり方だったと、わたしは思っています」と語っている[1]。マーシャルは、人間的にもすぐれた軍人で、原爆が使用されたことを喜ぶような人間ではなかったし、政治家としても、原爆によって日本が降伏するきっかけになったことを、よく理解していた。一九四五年七月まで、日本は何ヶ月にもわたってB-29によるはげしい空襲に見舞われていて、東京をはじめとするおもな都市は壊滅的な被害を受け、日本の近海周辺は海上封鎖されて食料や燃料は欠乏して、日本の将兵と民間人の犠牲者は三百万人にも達し、それが果てしのない状況のように思われていた。しかし、それにもかかわらず日本の指導者たち、とりわけ軍部は「決号作戦」を叫んで、まもなく連合軍が進攻してくる日本本土を防衛するため相手に打撃をあたえようという戦術をあくまでも捨てようとしなかった。広島と長崎に原爆が投下され、ソ連が満州に進攻してきても、軍部は死に物狂いの作戦を遂行しようとしていたが、結局、日本政府が降伏することをためらっている状況のなか、裕仁天皇が決断して降伏を命じたのである。アメリカ軍が日本に降伏を迫るために計画した日本本土進攻作戦に対抗して、日本軍が立案した「決号作戦」によって撃退しようとしていた目論見が原爆の投下によって打ち砕かれたことを裕仁天皇は理解していたのだ[2]。結局のところ、天皇と政府部内の和平推進派にとって、原爆が戦争終結の交渉をするきっかけになったのであり[3]、ジョージ・マーシャルは、そのあいだの事情を前述のように正しく述べている。つまり原爆は太平洋戦争を終わらせることに役立ったといえるのだ。

思いつきで物事を考え空想を働かせるような著述家たちは、原爆の使用は必要でなかった（しかも明らかに、まちがっていたことで、道徳に反することだった）と考えられるような場面を思い描こうとしているようだが、公平な立場に立って判断してみたとき、きびしい現実を直視しなければならない。たとえば、万一、アメリカをはじめとする連合国がポツダム宣言の条項を大幅に変更して日本に譲歩したとしたら、日本がさらに長期間にわたって戦闘をつづけたことは、ほぼまちがいないことなのだ。歴史家のリチャード・フランクが指摘しているように、「原爆に頼らなくても日本は降伏したにちがいないと主張する人は、日本の命運を左右する八人の人物たちの信頼できる言動について論じることをしていない」のである[4]。このことについては歴史家の麻田貞雄も、「かりに日本の軍部が非妥協的だったとしても、もっと早い段階で和平交渉をする機会はあったのだし、一九四五年の夏にはトルーマン大統領にとって選択肢はかぎられていた」と結論づけている[5]。もちろん、アメリカが原爆を使用せずに、いずれは日本を降伏させたことは、まちがいないといえるが、日本の都市と施設に対する絶えまない空襲、強固な海上封鎖、日本本土への大規模な進攻作戦のような、日本に勝利するためのどのようなシナリオを使ったとしても、結局はアメリカ軍に多大な犠牲者を出し、日本の民間人と将兵には、それ以上に多くの犠牲者を出すことを考えなければならない[6]。

トルーマンが原爆の投下を決断したことの是非について性急に結論を出したがる人たちは、もしトルーマンが広島と長崎に原爆を投下することを認めなかったとして、数千人のアメリカ軍と連合軍の将兵たちが第二次世界大戦の戦死者リストに書き加えられることになると考えたら、言葉に詰まるのではないだろうか。しかも、このリストには、原爆が投下される前に日本本土へ上陸作戦を敢行した場合の戦死者だけでなく、東南アジアと太平洋南西地域で何ヶ月にもわたって日本軍と血みどろの戦闘を強いられている連合軍の地上部隊の戦死者も含められることになるし、日本軍が計画していたアメリカ軍の捕虜が殺害されたときの犠牲者の数も加えなければならない。これほどの犠牲者が出ることを防ぐ兵器だと知りつつ原爆を使わなかったとしたら、トルーマンは大統領として政治的にも個人的にも生き延びることができただろうか？　性急な判断をさらに複雑にする一例として、一九五八年に、非人道的な原爆の投下を命じたとしてトルーマン大統領に宛てて抗議文を送った広島市議会議長の任都栗《にとぐり》司《つかさ》に対して、トルーマンが、アメリカ軍が日本本土へ進攻したら戦闘によって二十五万人の日本人が犠牲になるはずのところを、原爆を投下したことによって救うことができたのだと説明した内容[7]が正しかったと認めなければならない。広島と長崎のすさまじい破壊の光景を目にすれば、たしかに受け入れがたいことかもしれないが、アメリカ軍が日本本土へ進攻したときに犠牲となる日本人の数は、原爆による犠牲者よりはるかに多くなったはずだ。さらに、原爆の投下によって、日本本土がソ連軍に占領されることを防いだという事実もあり、皮肉なことだが、原爆が投下されたことによって、日本が降伏する手続きがすみやかに支障なくおこなわれ、日本の国民も降伏の手続きに協力的になったとされるのであり、もしほかの軍事的な手段で日本を降伏させた場合には、このように平穏な成り行きになったかどうかは保証できなかったはずだ。

さらにいうと、原爆を投下したことによって、何の罪もないアジアの人々が死んだり苦しんだりすることを止めることにもなったのである。それに、アメリカが日本を降伏させるために原爆を投下したことの是非を議論する割には、日本軍による中国、朝鮮、フィリピン、ベトナム、インドネシアの人たちのおびただしい戦争犠牲者のことに、ほとんど関心が払われていないことは奇妙なことだ。広島と長崎の犠牲者のことを考えると、たしかに悲惨な出来事ではあったが、満州からニューギニアにかけて日本軍のおこなってきた残虐行為によって千七百万人から二千四百万人の死者が出た[8]ことに比べると、広島と長崎の犠牲者の数は、はるかに少ない数なのである。歴史家のギャバン・ドーズは、「日本による占領下のアジアは、残虐行為による遺体安置所だった」と述べているし[9]、真珠湾攻撃から数ヶ月の戦闘のあいだに、アジアの各地域では、毎月二十万から三十万人の人たちが日本軍の行為によって直接、間接に亡くなっていたのである。また歴史家のロバート・ニューマンも、アジアの戦場での有様を、「戦争が終わる最後の数ヶ月は、あらゆる面で最悪だった。飢餓と病気に加え、いつもながらの暴力、斬首、それに戦闘中に命を落とす者たちがいた。白人もいたが、多くはアジア人で、一九四五年の七月をすぎて日本の天皇が苦悩していたころにも、二十五万人以上の人間が亡くなったと思われる」と述べている[10]。

それでは、原爆を投下したことによって、戦争が早く終わり、アメリカ軍が日本本土へ進攻する必要がなくなり、はげしい戦闘によって日米両軍におびただしい犠牲者が出ることを防ぎ、日本軍が占領していたアジア各地の残虐行為がやむことになったとして、原爆を投下したことが道徳上許されることだったのかという問題が残されているが、これについてアメリカ人は、以前から消極的な考えを抱いている。たしかに、第二次世界大戦中にアメリカ軍の戦略計画を立案していた軍の高官たちの何人かは、原爆を使用することには批判的だった。リーヒ提督は、長年にわたって原爆の実効性には懐疑的で、原爆のことを爆弾とか爆発と呼ぶことさえ嫌っていて、「原爆は、致死的な放射線によって人間を殺す有害物で、爆発による破壊力以上のものだ」と述べている。一九五〇年に発表された回顧録に、「初めて原爆を使うことになったとき、我々は暗黒時代の野蛮人と同じ程度の道徳基準しかもたないことになったわけだ。わたしは、あのようなやり方で戦争をするよう教わってはこなかったし、戦争は、女子供を殺してまで勝つわけにはいかない」と語っている。リーヒにとっては、「もともと野蛮である戦争に、新たに恐ろしい兵器を使うということは、キリスト教を信ずる人間にとっては、ふさわしくない新たな形の野蛮行為」と思われたのだ[11]。

原爆を使用したことついて、きびしい非難をした軍人はリーヒにかぎらず、マッカーサー元帥やアイゼンハワーのような著名な軍人の発言のなかでも、くりかえし引用されていることなのだが、一方で、広島に原爆を投下する直前にトルーマンに対して使用を反対した軍人がいなかったという事実[12]を知っておくことも重要なことである。トルーマンは、文民と軍関係の顧問の双方から助言と同意を得るとともに、イギリスからも承認を得て原爆の投下を決断したのであり、原爆は合法的な戦争兵器だという全員の一致した意見にもとづいた結果だったのだ。一九六〇年代に英国原子力庁から委任を受けていた歴史家のマーガレット・ガウイングは、一九四五年に使用された原爆は、「強力な破壊力を示し、大量のTNT火薬に相当する経済効率のよい手段とみなされていた」ことを強調している[13]。このように当時のアメリカの政治指導者たちが、原爆という兵器の強力な破壊力によって日本を降伏させることを期待していた一方で、新型兵器の威力と破壊力に対する評価自体もかなり変わってきたのだが、原爆の炸裂によって発生する致死的な放射能の影響については十分に考慮されることはなかった。ジョージ・マーシャル元帥は、九州への上陸作戦のときに戦場に原爆を投下して、そのあと直ちに爆心地の一帯にアメリカ軍の部隊を進撃させることさえ考えていたのである[14]。アメリカが日本に原爆を使用する前の知識は、この程度のものだったのだ。

原爆を使用したことに対して長いあいだ非難をつづけたのは、軍関係者ではなく宗教界の代表者たちだった。米国キリスト教評議会の幹事長だったサミュエル・マックレア・キャバートは、広島に原爆が投下されて三日後の八月九日には早くもトルーマン大統領に宛てて、原爆による無差別な殺戮に強く抗議している[15]。これに対してトルーマンは、このような非難を無視することはせず、八月十一日にはキャバートに宛てて、「原爆を使うことについて、わたしほど悩んだ人間はいないのです。しかし、日本が真珠湾を不当にも攻撃し、アメリカ軍の捕虜を殺していることには、さらに悩んでいたのです」と返答し、日本が降伏することを一刻も待ち望んでいる気持ちをあらわす言葉として、「日本人にわからせるには、原爆を使うしかなかったのです。野獣を相手にしなければならないときには、野獣としてあつかわなければならないのです。それは、とても残念なことですが、本当のことなのです」と述べている[16]。トルーマンにとっては、相手からの非難に対しては、それ以上に反論する必要があると思っていたようだ。こうしてトルーマンは、戦争が終わってからも長いあいだ、原爆を使用したことを非難する相手に丁寧に応えている。とはいえ、そのような相手のことをトルーマンは、「お涙ちょうだい式の記者たち」(誰もが知っているエレノア・ルーズベルトに宛てた手紙のなかにも書いたように)と呼んで、自分を非難する相手が真珠湾攻撃によって日本が起こした殺戮を非難しないことを軽蔑していて、トルーマンにとっては、自分を非難する人たちは、「道徳の規準を、その場の状況によって使い分けて判断している」と思われたのだ。トルーマンは、このような非難に晒されながらも、「当時の戦争にたずさわっていた者たちには、原爆を投下したことによって、自分たちや五十万人の若者たちが救われたという、わたしの意見を理解してくれるはずだ」と、いつも自分に言い聞かせていた[17]。一九六二年四月、すでに大統領を退任していたトルーマンは、外交問題を専門とする歴史家のハーバート・ファイスに宛てて、投函はしなかったものの、手紙の草稿に同じような主張をくりかえしていて、当時の自分が取った行動を正当化している。その手紙には、詮索好きなファイスのことを、「ありふれたインテリのようだ」と述べて、「『事が終わったあと』になって、君とか思慮深い人たちが、決断をする必要がなかったといえるとは、大したもんだな。決断しなかったら、兵士たちはみな、死んだのだよ」と強い口調で書いている[18]。このように、投函されなかった草稿には、トルーマンの本当の気持ちがあらわれている。

原爆を投下したことで戦争を早く終わらせ、多くの人命を救うことができたとトルーマンが固い信念をもっていたとはいえ、道徳上、良心の呵責を消し去ることはできなかったようだ。長崎に原弾が投下された日、トルーマンは閣僚たちに対して、もう原爆は投下しないと語っている。トルーマンが、原爆を投下する決断に苦悩し、広島と長崎の惨状を知って、原爆の使用が軍事目的だけでは終わらなかったという想いが強まっていたことをあらわす言葉として、「もう一度十万人の人間を殺すことになるのかと考えると、ぞっとする」と語っている[19]。商務長官のヘンリー・ウォレスが日記に記しているように、「トルーマンは、本人も口にしていたように、一九四五年八月に味わった経験から、子供たちを皆殺しにするあんなやり方は好きではなかったのだ」と述べている。その後のトルーマンの核兵器に対する考えは大きく変わっていった。核兵器のことを、アメリカが頼りにできる軍事兵器だとは二度と口にしなかったし、そのことは、原爆を初めて投下する前に原爆はほかの軍事兵器と少しも変わらないと語っていた考えとは大きく隔たっている。一九四八年七月にソ連によってベルリンが封鎖される危機に直面したとき、大統領の顧問たちが核兵器の権限を文民から軍人に移すことを検討していたとき、トルーマンはその案を拒んで、「このような兵器は、どうしても使わなければならないとき以外には使うべきではないと思う。核兵器は軍事兵器などではなく、ライフルや大砲などの通常兵器とはちがうあつかいをしなければならないんだ」と説明している[20]。だから、軍事目的以外に女子供や非戦闘員まで皆殺しにしてしまうことを知らなければならない。広島に原爆を投下したあとの世界情勢を眺めながら、トルーマンは一九四五年に自分が演じたことを十分に理解していなかったことに気づくようになっていたのである。一九五三年一月の大統領の退任演説では、「核戦争をはじめるということは、理性ある人間にとっては、とうてい考えられないことなのです」と述べているし、原子力委員会のトーマス・E・マレーから、この演説のなかで述べられた「核戦争における道徳」について質問されて、「原爆を使用するということは、民間人にも影響をあたえて無差別に殺傷するという意味から、毒ガス兵器や細菌兵器などより、はるかに道徳に反する行為なのです」と、ぶっきらぼうに答えている[21]。

しかしトルーマンは、反核平和主義者にはならなかった。アメリカは核兵器を保有して必要なときに使用しなければならないことも理解していたのだ。一九四八年五月、原子力委員会議長のデビッド・リリエンソールからエニウェトク環礁での核実験について報告を受けた際、広島と長崎のことに触れ、「もう二度と、あんなことはしたくないんだ」とリリエンソールに語っているが、原子力を平和的に利用して建設的な目的をめざすようリリエンソールに勧めながらも、その一方では、アメリカは核兵器を保有しなければならないと断言し、「我々が平和を確かなものにするまでは、そうするしかないんだ」と述べている[22]。翌年、ふたたびリリエンソールと話をする機会があって、「原爆は、ありきたりの兵器とはちがって、ことによって必要なときでも二度と使わないつもりだ」とも語っている[23]のだが、ベルリン封鎖の危機のとき原爆を軍の管理下に置くことを拒んだにもかかわらず、国防長官のジェームズ・フォレスタルに対しては、「二度とあんな決定をする必要がないことを願ってはいるが、どうしても必要になったときは、わたしが決定するだけで、ほかの者が心配するにはおよばない」と伝えている[24]。

トルーマンが将来、最悪の状況になって、原爆をもう一度使用することを求められるかもしれない立場にいるかぎり、自分が二発の原爆を使用する決断をした苦悩を決して消し去ることはできなかったのである。大統領を退任する数週間前、ワシントンのイギリス駐米大使館で開かれたウィンストン・チャーチルの首相就任を祝する夕食会に出席した折、チャーチルは、首相に再任されたことに上機嫌で、陽気な夜にしようと思ってトルーマンに向けて、「わたしたち二人で聖ペトロの前に進み出て、日本に原爆を投下したことを伝えるとしたら、あなたなら、どのようにおっしゃるつもりですか?」と尋ねたのだが[25]、チャーチルの質問は明らかにトルーマンを不愉快にさせる内容だったので、ほかの出席者たちが慌てて話題を変えなければならなかった。夕食会の席で煙草や港やチャーチルの友人のことが話題になっていたとしても、罪や潔白などを話題にすることをトルーマンが喜ばなかったことは明らかである。原爆にかんする話題は、トルーマンのような、まともな神経の持ち主にとっては痛いところを突かれるようなものだったのだ。一九四五年の末にロスアラモス研究所の責任者ロバート・J・オッペンハイマーがトルーマンと面会して、自分の手は血で汚れているとトルーマンに語ったとき、トルーマンは怒りを露わにして、そのころには名の知れた物理学者のオッペンハイマーに対して、「わたしの手も血で汚れているというわけだが、そんなことは放っておいてもらいたい」と答えたと回顧している。そして、国務次官のディーン・アチソンに向けて、「この部屋で、あんなゲス野郎とは二度と会いたくないもんだ」と語ったとされる[26]。オッペンハイマーは、トルーマンの気に障ることを平気で口にしたものだ。

もしトルーマンの手が血で汚れていて、本人がそのとおりだと感じて気にしていたとしても、第二次世界大戦という大規模で凄惨な戦争のなかでトルーマンの立場が孤立していたというわけではなかった。この大戦によって五千万人をはるかに上まわる人間の命が失われ、ヨーロッパと太平洋にわたって残虐行為の現場が生み出されたという現実が横たわっていたからである。第二次世界大戦がはじまる前の戦争だったら、非戦闘員に危害を加えてはならないと兵士たちに命じられていたはずの規律は、この戦争ではかなぐり捨てられ、歴史家のバートン・バーンスタインが述べているように、全面戦争という様相を帯びてきたことで、昔のような道徳観は崩れ去っていた。そして、「全面戦争という新たな戦争の形態が登場したことによって、兵士だけでなく非戦闘員も敵と見なされてきたのであって、非戦闘員も、軍需工場で働き、軍事産業にかかわり、自国の生活を支え、国家の大部分を形成し、国民が団結する核となっていたため、非戦闘員を殺せば、生産はたちまち停止し、国内の基盤は崩壊し、軍隊も戦意を喪失して、政権は倒れて降伏することとなるからだ」と述べている[27]。このことは、上海、南京、レニングラード、ロッテルダム、コベントリ、ロンドン、ハンブルク、ドレスデン、東京などの都市で起きた惨状を思い起こせば、理解されるはずである。多くの評者が指摘しているとおり、このたびの大戦では、広島と長崎に原爆が投下される前に、すでに「道徳上の一線」を越えていたのである[28]。一九四五年よりかなり前から、英米軍による無差別爆撃は常態化していて、事実、歴史家のウィリアム・ヒッチコックが明らかにしているように、西ヨーロッパでの華々しい開放化のときでさえ、連合軍がナチスによる弾圧を解放しようとした戦闘によって民間人に多数の犠牲者が出て、集中爆撃による被害者は広い範囲にわたっていたのだ[29]。スティムソンの伝記作家が指摘しているように、「一九四五年までに、ヨーロッパとロシアにおけるナチスや、中国における日本軍の残虐行為を見れば、そのような行為をおこなうことで兵士たちの戦意を高めた反面、良心を弱めることになった」[30]のである。チャーチルとルーズベルトの二人は、敵の戦意をなくすために原爆という残忍な方法を承認して、それによって戦争に勝って結果的に人命を救うことを期待していたのだし、東京に対する焼夷弾爆撃も、結局は、ルーズベルトが承認するなかでおこなわれたことだったのだ[31]。

しかし奇妙なことに、チャーチルとルーズベルトが免れた道徳上の非難がトルーマンにだけ向けられたのである。その理由として挙げられる重要な点は、広島と長崎に原爆を投下する決断をトルーマンが下したことと関係があるからなのだ。ジョン・ハーシーが強い調子で感情的に訴えた「ヒロシマ」が一九四六年に雑誌「ニューヨーカー」に発表されて、原爆に対する見方にひとつの方向性をあたえることになり、原爆を使用したことの是非にかんする問題はとどまることがなくなって、アメリカが原爆を投下したことに対する幅広い議論がくり広げられるようになった。しかし、広島が被爆五十周年を迎えたころ、歴史家のモートン・ケラーは、原爆を投下したことに対する非難について、「多くの非難は、太平洋で戦争をはじめた日本政府の方針を忘れているのであり、このことはナチス政権を非難せずにドレスデンに対する爆撃のことを取り上げて、ヨーロッパの戦争が終結した経緯を話し合うことと同じだ」と指摘している[32]。ヒットラーがユダヤ人を根絶やしにしようとした卑劣な行為には関心を向けても、トルーマンを非難するときに、アジアで日本軍による大規模な残虐行為がおこなわれたことは、ほとんど論じられないのである。おそらく広島と長崎の惨状にばかりに目を奪われている人たちは、性急な判断を下す前に、日本軍によって犠牲になった多数の人間のことを少なくとも考えていないのだ。

トルーマンを非難する人たちは、現在の日本の政治指導者たちが自国の国民に対して負うべき責任を真剣に考えるまでは、少なくとも偏った観点から歴史的な評価を下すことは差し控えた方がよいのだ。戦後の日本の指導者たちは、戦争が終結した経緯についてアメリカ側に何らかの罪悪感を抱かせようとして、原爆の問題をことさら重大なことだったように声高に訴えているが、このことは歴史家のハーバート・ビックスが、「太平洋戦争の終結を長引かせたのは、連合国が無条件降伏を主張したからというよりも、日本の指導的立場にあった者たちの非現実的で無能な方針にあったのだ。天皇制を守ることに拘ったばかりに、無意味な時間を費やした結果、早期に戦争を終わらせるあらゆる機会を失ったのである」と説明している[33]ような重要な事実を覆い隠すことになるのだ。道徳上の立場から考えても、明らかに日本の指導者たちは、少なくとも一九四五年七月までには降伏する責任があったのであり、すでにそのときには日本が戦争に勝てる見込みはなかったのだし、国民たちは悲惨な状況にあったのだ。そして、降伏する代わりに、日本の軍部を指導する偏向した考えのサムライたちがバンザイ精神を叫んで、国民全員がカミカゼ特攻作戦に参加するよう叱咤していたのだ。あのような馬鹿げた背信行為によって、日本が戦争をはじめ、長びかせた事実を無視してはならないのである。

日本側にこれほどの問題がありながら、原爆投下は正しかったのかと、まだ問う必要があるのだろうか？　原爆の道徳上の問題について、まだ話し合わなければならないのだろうか？　たしかにトルーマンは、原爆を使用する前から、この問題を道徳的な面から考えたことはほとんどなかった。あくまでも原爆を合法的な軍事兵器と考え、原爆の使用を決断するときも苦悩することはなく、原爆を投下する目標が軍事的な場所だったかを真剣に検討することには目をつぶり、原爆によって戦争を早く終わらせアメリカ人の犠牲者を抑えて平和を手にすることを願い、実際そのとおりになったのだ。結局、ほかの大統領でも手がけたはずの行動をトルーマンが取っただけなのであり、少なくとも、トルーマンの行動を一般的な道徳上の問題として評価するだけでは十分ではないのである。トルーマンの決断した「道徳上」の部分と、決断をした「政治的軍事的な」部分とのあいだに区別があったのだろうか？　天才的な政治思想家ニッコロ・マキャヴェリは、歴史上はげしい非難を浴び、しばしば誤解されてきた人物だが、マキャヴェリなら、道徳と政治は切り離して考えるべきだと考えたはずだ。

マキャヴェリは、フィレンツェの君主ロレンツォ・ディ・メディチへ助言をするなかで、世間の無情や不道徳について、「あらゆる点で善をおこなおうとする者は、善をもたない多くの人間のあいだで身を滅ぼすにちがいありません。それゆえ君主にとって必要とされることは、万一、ご自身なり国家なりを保とうするならば、すべての善行をおこなうことなどできないことを知り、必要に応じて善を用いたり用いなかったりすることを学ぶことなのです」と述べている[34]。ロレンツォが、「わたしは国家を保つために、信仰に反すること、仁愛に反すること、人間愛に反すること、宗教に反することなどを、いつもおこなわねばならないから、人間として善と思われることをすべて守ることができないのだ」と語ったとき、マキャヴェリは、ときには宗教心にもとづく道徳にさえ背を向けなければならないと考えて、「フィレンツェの国を保つために、ロレンツォさまは、できるかぎり善からはずれてはなりませんが、必要に迫られたときには、道徳に反する方法も知らなければならないのです」と述べている[35]。マキャヴェリについて鋭い論評を書いた哲学者のアイザイア・バーリンは、「人間は自分の魂を救うことはできるし、あるいは偉大で輝かしい国家を造り上げ、保ち、奉仕することはできるだろうが、その両方を一度になすことは、かならずしもできない相談なのだ」と述べ[36]、「欠点のある不完全な世界のなかでは、権力と狡猾さは権力と狡猾さをもって迎えられるにちがいないのだ」とマキャヴェリの生き方を説明している[37]。

かりにハリー・トルーマンが同じ立場だったとしても、自分をロレンツォ・ディ・メディチと同じ部類の人間として考えたことはなかったはずだし、自分をイタリアの枢機卿チェーザレ・ボルジアや「君主論」に登場するほかの人物だと見なしたこともなかったはずだ。たぶんトルーマンなら、自分の行動について議論される場合にマキャヴェリのような人物を引き合いに出すとすれば、歴史家のハーバート・ファイスのような「インテリ」を想い浮かべたことだろう。ただ、ここで明らかにしておきたいことは、国家の情勢によってトルーマン、スティムソン、バーンズそのほかの軍事顧問たちの行動が左右されたのは、中世のフィレンツェではなく、アメリカだったということである。トルーマンの心情をふりかえってみると、必要に迫られて不道徳なことに手を染めたことを自分でもわかっていた節がある。たしかに、トルーマンは不道徳といえることをした人間かもしれない。自分が命じた原爆によってなんの罪もない老人、病人、女子供をはじめ数千人の非戦闘員が殺戮されたのだから、このことだけを取り上げて考えれば、たしかに原爆の使用は非難に値する非人道的な行為だったであろう。このような行為は、結果がよければ不道徳も許されるとする道徳観念を認める実利的な考えの人にとっては都合がよいのかもしれないが、勝利を手にするために犠牲者を一番減らす手段を使って、さらに多くの破壊、死者、犠牲者を出さずにすんだという事実だけでは、たしかに原爆が非人道的な行為だったことを否定することにはならないのである。

イギリスの哲学者エリザベス・アンスコムは、功利主義のひとつである帰結主義の立場を認めていなかったから、オックスフォード大学サマーヴィル・カレッジの研究員だった一九五六年に、オックスフォード大学が原爆の投下を命じた功績としてハリー・トルーマンに対して名誉学位を授与することに強く反対し、翌年にロバート・ニューマンが、「アンスコムの主張は、感情面だけを重視していて、歴史上の主張については、嘆かわしいほど弱い」と述べた意見[38]に対して、『トルーマン氏の学位』と題する冊子を出版して反論している。誠実な人柄だったアンスコムは、「広島と長崎に原爆を投下した行為は、戦争を終わらせる手段というだけの理由で、無実の人たちを殺す決定をした結果なのであり、相も変わらない殺人にほかならない悪行だ」と考えていた。アンスコムのこの考えは、その後の数十年のあいだ相当な影響をおよぼしはしたのだが、アンスコムは、「日本は和平交渉を強く望んでいた」という誤った認識をもっていて、「もし連合国が日本に対して無条件降伏に拘らなかったとしたら、戦争はもっと早く終結したはずだ」とする不正確な主張をしている。というのも、「決号作戦」を決行すれば連合軍が不利になると日本の軍部が計画していた事実をアンスコムが理解すれば、降伏条件を変えさえすれば軍部の徹底抗戦派も戦争の継続を思い直したはずだとは考えないはずである。事実、「決号作戦」が決行されれば、日本がアジア各地でおこなってきた残虐行為や、連合軍による日本への空襲がつづけられて、日米両者に多数の死傷者が出て、戦争が長引くことになったかもしれないのだ。アンスコムは結局のところ、トルーマンの行動だけに焦点を当てて、「結果がよければ不道徳をしてもよいという考えは、愚かな人間はそれに見合うような、ならず者なのだと言いかえてもよい」と主張しているだけなのである[39]。

しかし、トルーマンは愚か者でも、ならず者でもなかった。バプティスト派の敬虔な信者で、のちに本人が述べているように、『出エジプト記二十章（モーセの十戒）』の道徳律と「山上の垂訓」を生き方の礎にしようとしていた人物だったから、「汝殺すなかれ」という十戒第五節をあっさりと無視するほど道徳心がなかったり不道徳な行為をする人間では決してなかった。それどころか、イエスが唱えた「山上の垂訓」の至福の教えを自分のものにしようとしていて、戦争を終わらせた世界の「調停者」として讃えられたいと願っていたのである[40]。のちに、「わたしは戦争を嫌悪し、原爆だろうが弓矢だろうが、人を殺すことは、どんな方法でも反対なんだ」と正直に語っているが[41]、戦争のように混乱した状況のなかで、ときには道徳的かどうかわからなかったり、容易に判断できなかったりする問題について自分が政治的に取り組まなければならない立場に置かれていたことは自覚していて、原爆の投下から十五年後に、原爆の投下をした決断についてトルーマン自身が書いた手記[42]のなかで、「ときには道徳に反することをしなければならないときもあるのだ。そんな場合には、できるだけ害をなさない道を選ぼうとするものだ」と述べながら、当時の自分自身のことや、原爆の使用を決断したときのことなどを心のなかに想い浮かべたことだろうと思う。

あれから六十年以上経った現在から考えてみると、長くて悲惨だった当時の戦争のなかで原爆の使用を決断したことが、役に立つ不道徳のなかから小さい方をトルーマンが選んだということがわかるはずだ。トルーマンが、道徳上の問題について慎重に考えないまま周囲の状況にしたがって事を進めたことは認めなければならないが、公平な見方をする人なら、トルーマンが「必要悪」と呼ばれる選択をしたことがわかると思う。陸軍長官のヘンリー・L・スティムソンが一九四七年に、「原爆の使用を決断したことは、十万人以上の日本人を死に至らしめる決断でもあった。その事実を変えることはできないし、そのことを取り繕おうとも考えていない。しかし、計画的に仕組まれたこの破壊行為は、我々が忌み嫌うべき選択のなかのもっとも小さなものだったのだ」と記している[43]ことが、このことを示している。原爆を使用したことが、「忌み嫌うべきだった」ことは疑いないが、殺戮を終わらせるために、「もっとも小さな忌み嫌うことだった」ことを理解しておかなければならない。トルーマンは、ほかの多くの人たちと同じように、自分の手を血で汚したかもしれないが、戦場のあちこちで本当に流される血を止めたのである。こうしてトルーマンが、より多くの流血を防いだという現実は認めなければならないし、それとともに、日本を降伏させるための行動のなかで、実現できるような道徳的な方針には背を向けなかったことも評価しなければならない。

広島と長崎で毎年予定されている原爆記念式典が今後も催されるたびに、原爆の投下はそれほど不道徳な行為だったのではなく悲惨な戦争を終わらせるために可能な選択だったと評者がはっきり主張するときが訪れるまでは、トルーマンの決断を道徳に反したと非難する人がいるかもしれないし、あるいはトルーマンが原爆の投下を決断する必要に迫られて重圧感を感じていたことに共感する人がいるかもしれない。いずれにせよ、ミズーリ州インディペンデント出身のハリー・トルーマンは、過去の戦争犯罪人として法廷の場に出廷しなければならないような道徳上の極悪人ではなかったのである。原爆の投下を決断したトルーマンのことを、あれから六十五年経った時点で非難する人たちは、自分をあの当時の場所に立たせて、あの状況のもとで自分が何をなしただろうかと自問してみるといい[44]。原爆の投下を非難する人たちは、もし原爆が一年早く完成していたと仮定して、ナチス政権の邪悪な指導者を亡きものにして戦場やガス室にいたおそらく数百万人の人命を救うことになると考えながらも、ヒットラーのいるベルリンに原爆を投下することは控えようと考えるかもしれない。あるいは、ベルリンに原爆を投下しようと考えながら、現在と未来の指導者たちには、このような恐ろしい決断をする状況に決して立たないでほしいと、ただ祈るだけかもしれない。

1　ラリー・ブランド編「George C. Marshall Interview and Reminiscences for Forrest C. Pogue（Lexington, VA, 1991)」pp. 424-425
2　フランク「Downfall」p. 348
3　これについては、麻田貞雄が「The Shock of the Atomic Bomb and Japan's Decision to Surrender」pp. 496-497でくわしく述べている。
4　フランクは、六巨頭、木戸公爵、裕仁の八人を指している。「Downfall」p. 343を参照。
5　麻田「The Shock of the Atomic Bomb and Japan's Decision to Surrender」p. 512
6　バートン・J・バーンスタイン「Understanding the Atomic Bomb and the Japanese Surrender: Missed Opportunities, Little-Known Near Disasters, and Modern Memory」（「Diplomatic History, Vol. 19（Spring, 1995)」pp. 236-259）の「選択肢」についての深い考察を参照。
7　広島市市議会からの非難決議に対する一九五八年三月十二日のトルーマンの書簡。（「Truman Papers」PSF, Box 20）
8　より少なく見積もられた犠牲者数は、ロバート P・ニューマン「Truman and the Hiroshima Cult」pp. 138-139に見られる。より多く見積もられた数字は、ワーナー・グルー「Imperial Japan's World War Two, 1931-

1945（New Brunswick, NJ, 2007）」pp.18-22, 203-205に見られる。

9　ニューマン「Truman and the Hiroshima Cult」p.138に引用されたドーズのことば。

10　ニューマン「Truman and the Hiroshima Cult」p.139（「一九四五年の七月をすぎて日本の天皇が苦悩していたころにも二十五万人以上の人間が亡くなったと思われる」は原文のまま）

11　ウィリアム・D・リーヒ「I Was There（New York, 1950）」pp.441-442

12　ロバート・ジェームズ・マドックス編「Hiroshima in History」pp.14-22

13　マーガレット・ガウイング「Britain and Atomic Energy, 1939-1945」p.381

14　マーク・ガリッキオ「After Nagasaki: General Marshcll's Plan for Tactical Nuclear Weapons in Japan, Prologue, Vol.23（Winter, 1991）」pp.396-404

15　一九四五年八月九日にトルーマンに宛てたキャバートの書簡。（ロバート・H・フェレル編「Harry S. Truman and the Bomb: A Documentary History（Worland, WY, 1996）」p.71-72）

16　一九四五年八月十一日にキャバートに宛てたトルーマンの書簡。（フェレル編「Harry S. Truman and the Bomb」p.72）

17　一九五九年八月七日にエレノア・ルーズベルトに宛てたトルーマンの書簡。（「Truman Papers」PSF, Box 509）

18　一九六二年四月末にファイスに宛てたトルーマンの書簡。（ポーエン編「Strictly Personal and Confidential」p.34）

19　ジョン・モートン・ブルーム編「The Price of Vision: The Diary of Henry A. Wallace, 1942-1946（Boston, 1973）」p.474

20　一九四八年七月二十一日のトルーマンの日記。（「Journals of David Lilienthal, Vol.II」p.391

21　一九五三年一月にマレーとトルーマンとがやり取りした書簡を参照。（「Truman Papers」PSF、Box 112）

22　リリエンソールに向けたことば。（「Journals of David Lilienthal, Vol.II」p.342）デビッド・S・ブロシァスは、「トルーマンは厳粛な気持ちで核兵器を使用することを考えていた」と結論づけている。ブロシァス「Longing for International Control, Banking on American Superiority: Harry S. Truman's Approach to Nuclear Weapons」

（ジョン・ルイス・ガディスら編「Cold War Statesmen Confront the Bomb」p.20）

23 リリエンソールに向けたことば。（「Journals of David Lilienthal, Vol.II」p.474）

24 ミリス編「The Forrestal Diaries」p.487

25 ディーン・G・アチソン「Present at the Creation: My Years in the State Department（New York, 1969）」pp.715-716の話を参照。

26 カイ・バードとマーチン・シャーウィン共著「American Prometheus: The Triumph and Tragedy of J. Robert Oppenheimer（New York, 2005）」p.332。バードとシャーウィンが述べてるように、トルーマンはこの話に長いあいだ尾ひれを付けていた。もっとも有名な話としては、トルーマンはオッペンハイマーにハンカチを渡して、これで血を拭いたらどうかねと言ったという。これについては、ポール・ボイヤー「By the Bomb's Early Light: American Thought and Culture at the Dawn of the Atomic Age（Chapel Hill, NC, 1994）」p.193と、デビッド・マカルー「Truman」p.475を参照。

27 バーンスタイン「Understanding the Bomb and the Japanese Surrender」p.259-260

28 フランク「Downfall」pp.46-47を参照。これについての幅広い議論については、ロナルド・シェーファー「Wings of Judgment」と、マイケル・シェリー「The Rise of American Air Power: The Creation of Armageddon（New Haven, CT, 1987）」pp.256-316も参照。

29 ウィリアム・I・ヒッチコック「The Bitter Road to Freedom: A New History of the Liberation of Europe（New York, 2008）」pp.21-22, 29-30

30 ゴッドフリー・ホジソン「The Colonel」p.278

31 この空襲による犠牲者数については、フランク「Downfall」p.18

32 モートン・ケラー「Amnesia Day」（「The New Republic, Issues 4209-4210（September 18, 25, 1995」）p.14

33 ビックス「Japan's Delayed Surrender」p.223

34 ニッコロ・マキャヴェリ「The Prince」（ハーベイ・C・マンスフィールドによる翻訳と概論（Chicago, 1998）p.61）

35 マキャヴェリ「The Prince」p.70。（とくに十八章には留意）

36　アイザイア・バーリン「The Originality of Machiavelli」p.50。（ヘンリー・ハーディ編バーリン「Against the Current:Essays in the History of Idea」（New York, 1980））

37　バーリン「The Originality of Machiavelli」p.51

38　ニューマン「Truman and the Hiroshima Cult」p.124

39　G・E・M・アンスコム「Mr. Truman's Degree」（「The Collected Philosophical Papers of G.E.M. Anscombe, Vol.III, Ethics, Religion and Politics（Oxford:Blackwell, 1981）」に再版）pp.62-71

40　のちにトルーマンは「Mr. Citizen（New York, 1960）」p.127-141で、みずからの宗教上の見解を述べている。とくにp.134-136を参照。

41　トルーマン「Mr. Citizen」p.267

42　トルーマン「Mr. Citizen」p.263

43　ヘンリー・L・スティムソン「The Decision to Use the Atomic Bomb」（「Harper's Vol.194（February, 1947」）pp.97-107とp.107から引用。

44　この見解は、ジョン・ルイス・ギャディス「Surprise, Security, and the American Experience（Cambridge, MA, 2004）」p.33の見解。

八　バーンズ、ソビエト、アメリカの核兵器独占

第二次世界大戦が終結すると、トルーマンとバーンズの二人は息つく暇もないほど忙しくなった。さまざまな困難と要求が容赦なく押し寄せてきて、多くの重要な政策課題をこなしながら、原爆にかかわる政策にも取り組まなければならなかったのである。それからの数ヶ月にわたってトルーマンは、具体的な政策が決まらないまま、バーンズには外交政策の分野で重要な役割を果たしてくれるものと期待しながら、自分は国内の重要方針や政策課題について重点的に取り組んだのだが、こうして二人が分担して政策に取り組むことについては、とくに不安を感じていなかったようだ。みずからが選んだバーンズのことを十分に信頼していたし、バーンズもアメリカが核兵器を独占するために戦後初めてとなる政策を策定する役割を演じていた。ただ、核兵器の問題は国内外に関係することだったし、基準となるものを作らないまま新しい地図を描こうとしていた。いずれにせよ、トルーマンとバーンズそのほかの政府関係者たちが原爆を使用した直後から具体的にどのような取り組みをしたかを理解することは、アメリカが核兵器のことをどのように考えていたのか、また戦後のアメリカが核兵器について外交上どのような役割を演じたかを明らかにする意味からも重要なことである。このことを理解しておくと、のちにトルーマン政権が、核兵器を含む原子力の戦後に果たす役割を形作ろうと苦労したにもかかわらず、軍事兵器として原爆を開発し使用した本来の目的が、いつのまにか曖昧で混乱した結果を招いたかがわかるのである。

トルーマンが広島に原爆を投下したと発表した八月六日の声明のなかで、「原爆は、わが国の科学者

たちが、それればかりに取り組んできたことではないし、アメリカ政府が世界の科学的知識を妨げようとする政策でもないのであり、今後は、この原子力エネルギーを別の目的に用いる取り組みが必要になるのです」と述べている[1]のだが、今から考えて賢明に思われることは、トルーマンが、「アメリカは、わが国を守るために可能なかぎりの方策を立て、世界のほかの国が突然の破壊に見舞われないよう監視しているあいだは、軍事兵器の製造過程や応用については明らかにするつもりはありません」と語っていることである。そして、この目的のために、核兵器の製造と使用を管理するための委員会を設立するため連邦議会の承認を得ることを約束し、ポツダム会談の結果について報告してから三日後に、「原爆は非常に危険で、無法な世界で自由勝手に使用することはできない」とくりかえし述べている。またラジオ放送で、アメリカとマンハッタン計画に協力してくれたイギリスとカナダとを関連させて、「我々三ヶ国と世界のほかの国が核兵器によって破壊し尽くされる危険から守ろうとするならば、核兵器を管理する方法が見つかるまでは、その製造法の秘密を明かすことはありません」と語り、アメリカのことを、「誤って使われることを未然に防ぎ、人類にとって有益な道筋に変えることを義務づけられた核兵器の保管人であり、原子力が世界平和のために大きく貢献する役割として期待される国なのです」とまで述べている[2]。ただ、このような期待が実を結びにくいことが、まもなく明らかになってきた。

核問題についてトルーマン政権が公にした、このような慎重とも思えるような初めての政府方針は、明らかに偶然が重なった結果であり、矛盾した内容だったことが特徴である。ポツダム宣言を発表してからわずか数日後に日本が降伏する前に、アメリカは原爆の情報については秘密を守るとトルーマンが断言したにもかかわらず、グローヴ少将は、物理学者のヘンリー・デウルフ・スミスがマンハッタン計画の公式とされる歴史についてまとめた「軍事目的のための原子力エネルギー」と題する報告書を発表しているのだ[3]。アメリカの核政策について重要な研究をしている政治学者のマクジョージ・バンディは、「スミス報告書には、核兵器の歴史上もっとも重要な一連の技術的な内容が記されている箇所がある」と述べていて[4]、最近になって歴史家のマイケル・D・ゴルディンも、「スミス報告書は、核兵器を製造するときの諸問題にかんする一般的な指針が書かれていて、ソ連は、この指針をもとに核兵器の開発や製造を促進することができたのだ」と述べている[5]。スミス報告書を発表したことで、このような事態になって、現実的な考えをするグローヴス少将は頭を痛めたことだろうが、一九四五年八月当時はグローヴスも、マンハッタン計画の内部で機密扱いにする情報と組織が受け継ぐすべての情報とを同時にそれとなく区分しているうちに、世界の科学界なら明らかに知っているような情報なら発表してもよいだろうと考えていたのだった。

一方の国務長官のバーンズは、原爆の情報を進んで公表するつもりがなかったことがわかっている。八月十八日、スティムソンの側近で核問題を担当していたジョージ・ハリソンは、オッペンハイマーがスティムソンに宛てて、核兵器を国際社会で管理をするためにアメリカが率先して組織作りを進めるよう訴えた書簡をバーンズに見せたが、バーンズは、この件をアメリカが率先して取り組むことは現時点では適切でないと判断し、「オッペンハイマー博士に伝えてもらいたいのだが、核兵器の管理を国際間で合意しようという提案は当分のあいだ現実的ではないから、マンハッタン計画の諸君には、今までの仕事を全力で務めてもらいたい」とハリソンに伝えている[6]。バーンズは、この件について早急に行動を起こすことよりも、もっと重要な問題を抱えていて、まもなく開催される外相理事会の席では、曖昧な態度を取って、外交上アメリカが核兵器を独占することを有利に進めようと考えていたのである。

ポツダムで設立された外相理事会の初会合が九月にロンドンで開催される予定になっていたが、バーンズが会議に向けて準備するには、日本が降伏してわずか数週間しか経っていなかったし、外相理事会に出席するためワシントンを発つ前に国務省内でいくつかの重要な異動をおこなっている。もっとも注目すべきはディーン・アチソンを国務次官に任命したことで、アチソンは当時はまだ、のちに強まったソ連に対する強硬な姿勢を示していなかったが、バーンズとともに日本の無条件降伏を支持し、ダンバートン・オークス会議ではアメリカが主導して戦後の国際協調の土台をなすことになる合意を結ぶ際にも交渉にたずさわっていた[7]から、バーンズは、アチソンの助けを借りて国務省を監督しようと考える一方で、共和党の外交専門家ジョン・フォスター・ダレスを加えて、さまざまな外相理事会に同席させることにした。一方、内政問題にも目を注ぎながら、外交政策を立案する際に、ふたたび影響力を増しつつあった連邦議会のことも前もって考えながら、外交政策については二党連立の方針で臨み、交渉中のあらゆる条約問題については共和党の一員として加わったダレスにも支持してもらおうと考えたのである[8]。なおバーンズは、国務長官として政権内で外交政策の立案には率先して取り組むつもりでいたので、スティムソンが陸軍長官を退任する時期が迫っていても、さほど心残りに感じることはなかった。

スティムソンは、第二次世界大戦でめざましい働きをして際だった経歴を残したあと、戦争が終結してまもなく退任の準備をしていたが、老いの身ながら穏やかな私生活に入って過ごすつもりはなく、原爆にかんするトルーマン政権の政策方針に引きつづき影響をおよぼそうと考えていた。スティムソンは以前、戦後の問題に取り組む重要な外交手段として、アメリカが手にすることのできる「切り札」についてトルーマンに指南しようとしたことがあったが、当時のトルーマンは、スティムソンから見れば怠け者の生徒だった。そのためスティムソンは決心して、ひとりの教師として進んで自分の講義ノートを改訂したのである。その後、原爆が投下されて日本が降伏したあと、十分休養を取ろうと思って、いったんアディロンダックの狩猟クラブに引きこもったのだが、そこで体の健康を取りもどしているあいだに、現在の世界情勢のなかでアメリカが核兵器を独占する意味について懸念をおぼえるようになっていた。というのも、アメリカが核兵器を独占してソ連に外交圧力をかける試みが失敗すれば、それをきっかけにして核開発競争が起きるのではないかと恐れたのである[9]。そこでジョン・マクロイ陸軍次官補の助けを借りて、核兵器の情報を諸外国のあいだで共有する計画を立案しようとしたが、この方針はバーンズの考えていた外交政策と真っ向から衝突することになった。

　ジョン・マクロイは、アディロンダックに滞在するスティムソンのもとを訪れたあと、ワシントンにもどると早速、核兵器の技術を国際間で共有する計画についてバーンズに報告したが、バーンズの考えはまったく別の方向に進もうとしていたから、核兵器でソ連がアメリカに追いつくにはまだ当分先のことだと自分は思っているとマクロイに伝えた。そして、近々開催されるロンドンでの外相理事会の成り行きについて、「ロシアは、相手との力関係は敏感に感じ取る方だし、ロシアを含め世界中が原爆の威力についてはよく知っているから、たとえアメリカが原爆でロシアを脅そうとしなくても、今はまだアメリカが原爆を保有しているというだけで、今度の会議では十分な成果をあげて帰れるとわたしは思っているんだ」と語った[10]。それからバーンズは、休養を終えてワシントンにもどってきたスティムソンにも同じ見解を伝え、それに対してスティムソンは、「原爆を利用してどのようにロシアを操るか」について説明し、「君は、スターリンと協調しようとする方針にまったく反している」と述べた。日記のなかにも、「バーンズは今度の外相理事会のことで頭がいっぱいで、問題を片づけるのに原爆をポケットに忍ばせておけば思いどおりになると考えているようだ」と記している[11]。スティムソンはトルーマンとも短時間に面会して、バーンズの外交姿勢を改めるよう伝えたが、トルーマンの気持ちを変えることはできなかった。その代わりスティムソンは、自分とマクロイが手がけている覚書を提示してバーンズと話し合うため十分な時間をかけた会談を望んでいたのだが、その会談を待たずにバーンズはワシントンを発って、スティムソンの考えが届かないロンドンの外相理事会に向かっていた。

　バーンズが原爆を使って外交を有利に進めようとする方針について、スティムソンが、見苦しくて分別のないやり方だと考えたことは明らかである。ただ、かりにポツダム会談でソ連との困難な交渉や政治家としての長年の経験があったにしても、バーンズが原爆という外交上の重要な武器を手にしてロンドンの外相理事会に臨んだことは、かならずしも驚くにはあたらないと思う。それよりも驚くことは、アメリカが原爆を保有していることを、外交上、とりわけソ連に対してどのように利用するかについて、トルーマン政権が事実上ほとんど協議しなかったことだ。またバーンズも、この問題について具体的な計画案を作成しようとはしなかったし、国務省の担当者にも原爆を利用した可能なかぎりの外交戦略を検討するよう指示することもしなかった。ふりかえってみると、アメリカが核兵器を独占していながら、まさに驚くべき状況というのは、政府部内の政策立案者たちが、核兵器を独占することで具体的にどのように有利な外交政策が取れるかについて、ほとんど協議をしなかったことである。このように、原爆を保有していれば外交政策に有利かもしれないという素朴な期待だけでバーンズが交渉に取り組んでいた一方で、スティムソンやマクロイなどほかの高官たちは、当初から核兵器の技術情報を諸外国と共有することを重視していたのである。このような政府部内のまとまりのなさのためか、「原爆外交」にかんするあらゆる議論を見ても、肝心なこの点についてはほとんど注目されていないし、その意味では、トルーマン政権は、計画的な方針をもって核兵器を利用した外交をおこなわなかったと見なすことができる。原爆は結局、ソ連を威圧するための鞭のような道具として使われることもなく、ソ連と協調するための人参のようなものとして差し出されることもなかったのである。アメリカが原爆を外交手段として有効に利用できたかどうかについては、もちろん推測の域を出ないが、トルーマン政権がこの問題に真剣に取り組まなかったことだけは歴史上の事実だったといえる。

トルーマンは、ロンドンへ発つバーンズに自分の考えをおおむね一任した。歴史家のアロンゾ・ハンビーが指摘しているように、トルーマンは、「国内の改革にますます没頭していて、ポツダム会談後の外交問題に対しては、かぎられたことだけにしか関心を示さなかった」[12]とされる。国内で必要とされる労働力の確保や、戦時に作られた部局を整理するような問題が、次第にトルーマンの関心の的になっていたのだ。当然のことだが、アメリカの国家元首として、八月下旬にワシントンを訪問したフランスのシャルル・ド・ゴール大統領をもてなした際にも、その場での外交政策についての発言は、ありきたりの陳腐な内容だった。東京湾の戦艦ミズーリ艦上でダグラス・マッカーサー元帥が日本との正式な降伏の手続きをおこなったことについても、アメリカ国民に向けた演説で、「国際連合のほかの国々とともに、わたしたちは協調と平和と国際親善のために、新たによりよい世界に向かって進むのです」と月並みな表現で語っただけだった[13]。そのころロンドンでは、バーンズが、ソ連と協調することがほとんど困難なことを、まもなく思い知らされることになった。

外相理事会は本来、ポツダム会談の議定書にしたがって、ドイツの同盟国だったイタリア、ルーマニア、ブルガリアなどとの講和条約の草案を協議したり、地政学上の問題を取り決めるために設立されたものだった。ロンドンへ向かうクイーンエリザベス号のなかでバーンズは、アメリカの代表団を前に、「わたしはロシアの扱い方は知っている。アメリカの連邦議会のようなもんさ。あいつらの国に郵便局を造ってやってみろ。そうしたら、あいつらも我々の国に郵便局を造ってくれるはずだ」と説明している。バーンズの伝記を書いた作家のデビッド・ロバートソンは、「ソ連を脅して交渉しようとした好戦的なスティムソンのような外交官に比べると、戦後初の会談で取り組んだバーンズの外交は、仮協定の草案をすみやかに仕上げてソ連に協力を求める条件として、アジア、東欧、バルカン地方におけるソ連の統治を外交的に進んで承認するという方針にもとづいていた」という。バーンズはこのような決意を固めて、多くの問題を具体的に進めるためにロンドンに着いたのである[14]。

第一回の外相理事会は九月十一日にロンドンで開かれたが、この会議は米英中仏ソの五ヶ国の外相が戦後処理にかんするさまざまな問題について協議する目的で、その後一年半かけておこなわれた初めての会議となった。バーンズは当初から、各国が協調することを望んでいたが、重要な交渉を妨害しようという腹づもりのソ連の強情なモロトフ外相と、イギリスのアーネスト・ベヴィン外相とのあいだでは、さっそく衝突がはじまった。九月十三日には、当日はじめから手続き上で意見の相違があって、それが終日にわたったため、正式の会議場で外相同士が挨拶を交わすことすらできなかったのだが、貴族院で開かれた歓迎式の場でバーンズはモロトフに話しかける機会があった。バーンズの補佐官ウォルター・ブラウンが、「いつもの議会上院でのやり方」と評したように、バーンズがモロトフに、「いつ本題に入りましょうか?」と訊いた。モロトフは、バーンズの心底に気づいて、「ポケットに原爆をお持ちなのでしょう?」と返答したので、バーンズは、議会上院のときのようなやり取りのまま穏やかな調子で、「あなたは、アメリカ南部の人間をご存知ないようですね。わたしたちは飛び道具は尻ポケットに入れているんです。もしあなたが、行き詰まっている今の問題を別にして本題に入ろうとするのでしたら、わたしは尻ポケットから原爆を取り出して、あなたに向けてぶっ放すことになりますよ」といった[15]。バーンズの口調には、相手を脅そうとする威圧は感じられなかったので、モロトフと通訳はバーンズの言葉に笑いながら応えたが、ユーモラスのなかにも、アメリカが原爆をもっていることをソ連に知らしめようとする意図が伝わったようだった。バーンズがあらかじめ、この言葉を考えていたとしても、二人があれほど穏やかで愉快に会話できたことはなかったはずで、結局のところ、相手に対する効き目は「クッションに羽毛を落とすほどのもの」だったのだ[16]。

二人のやり取りはそれで終わったが、のちにモロトフは、アメリカが原爆を独占していることについてバーンズをからかうことまでやってのけた。九月十七日、セント・ジェームズ宮殿での晩餐会でバーンズが演説を終えたあと、モロトフはバーンズの雄弁を讃えてから、「バーンズ氏は原爆を一発お持ちだったのですよね」と皮肉まじりに語った[17]が、この挑発に、バーンズは冷静さを失わず、引きつづき真剣に交渉に取り組んだのである。モロトフの出鼻をくじいて、アメリカが原爆をもっていることでソ連との交渉を受け入れやすくできたはずなのに、バーンズはなぜソ連に対して圧力を強めなかったのかと疑問に思われるかもしれないが、一九五〇年代に入ってからも、アメリカが核兵器を独占していることが外交上有利だったかどうかについては、歴史家のジョン・ルイス・ギャディスも、「それならば、なぜアメリカ政府は独占する原爆を利用して、東欧におけるソ連の覇権を取り下げさせ、ソ連の独裁政権を解体させるような最後通告をしなかったのか、もし要求にしたがわなければモスクワに原爆を投下するという脅しがあるのに」と述べている[18]。アメリカがこのような外交手段を取らなかった理由については幅広い議論が必要なのだが、ロンドンで外相理事会が開かれた当時は、いずれにせよバーンズには、原爆でソ連を脅して合意を取り付けようとするつもりがなかったことは認めなければならない。バーンズは、アメリカが原爆をもっていることをソ連に示しはしたが、それを外交交渉にまで利用するつもりがなかっただけなのだ。悲惨な戦争を終わらせ、アメリカ人の人命を守るため、原爆で日本を脅して降伏させる必要はあったが、戦後の世界情勢のなかでは原爆を脅しに利用する必要はないと考えて、ソ連に最後通告をあたえなかったのだ。モロトフとの交渉に困難があったにせよ、アメリカが核兵器を独占することが外交上有利に働かないことをバーンズは知っていたからこそ、一九四六年以降に向けて戦後の国際秩序を確立するため実質的な合意を求めて辛抱強く交渉をつづけたのである。

一方、ワシントンでは、バーンズが不在なことを利用して、九月十二日にスティムソンがトルーマンに面会して、自分が取りまとめた覚書を提出した。トルーマンは覚書を読んで、核兵器を国際社会で管理するという観点からソ連に働きかけるよう勧告するスティムソンの意向[19]を知って、この問題について協議するため全閣僚を招集することに決め、九月二十一日に開かれた閣僚会議がスティムソンにとって最後の仕事になった。ただ、トルーマン政権内部での混乱と意見の対立は、このときの会合でも明らかになっている。その席上でスティムソンは、ソ連とも核兵器の情報を共有するという自分の見解を述べたが、海軍長官のジェームズ・フォレスタルは、ソ連が世界各地で野望を抱いた行動をしていることに懸念を強めていたので、スティムソンの意見に反対する者たちの代表となった。一方、国務次官のアチソンは、核兵器の情報公開に慎重な上司のバーンズの立場よりはスティムソンの考えに近い意見だった。フォレスタルは日記のなかで、のちに冷戦時代に名を知られることになったアチソンのことを、「ロシアと情報を交換し合うことで見返りを求め、情報を公開すること以外に選択肢はないと考えている。今後の国際秩序を確立するために各国が協調する上で、わが国が連合国諸国、なかでもソ連の軍事機密をすっかり掴んでいるということを考えていないのだ」と記している[20]。しかしトルーマンは結局、スティムソンとアチソンの意見に傾いて、長時間にわたる閣議のあと、核開発競争が強まることを防ぐために核兵器を国際社会で管理して原子力の利用を考えるとする提案書を承認した[21]。この方針によって、アメリカは将来にわたって核兵器を独占することができなくなる代わりに、大国のあいだで安定した関係が保たれることを期待しようとした[22]のであり、ソ連との協調関係を引きつづき望んでいることのあらわれでもあったのだ。

本国政府で決まった方針のため、ロンドンの外相理事会にいたバーンズは、不本意ながらも原子力の国際管理にかんする政府の決定に同意することになった。そのころのバーンズは、外相理事会で、バルカン半島のブルガリアとルーマニアに対するソ連の支配力を弱めるための重要な議題について、少しも譲歩しないモロトフと合意に達するため集中的に取り組んでいた。バーンズは、ポツダム協定での妥協案にしたがって、ソ連が東欧諸国に「友好的な」関係を必要としていることには理解を示しながらも、その一方で、アメリカの報道関係者をこれらの諸国に自由に入国できるよう解放してもらいたいとモロトフに求め、この妥協案ならアメリカの連邦議会も交渉予定の講和条約を承認してくれる可能性があると説明した[23]。しかし、モロトフはバーンズのこの妥協案に同意せず、攻撃を最大の防御とする手段を使って、反対に、日本の占領政策にソ連も参加することと、アフリカにあるイタリアの植民地をソ連が領有する条件を持ち出して、ソ連の拡張主義を恐れていたバーンズの弱点を突いてきた。結局、ロンドンでの外相理事会は協議が進展せず、米英ソの三大国の協調は混乱したまま、不名誉な閉会となったのである[24]。

外相理事会の結果が不調に終わったことは、バーンズにとっては思いがけない結果だったし、頭を悩ますことになった。ロンドンの外相理事会に発つ前は、ソ連との合意を達成しようと、原爆を交渉に利用することはあえて避け、正真正銘の妥協をとおして戦後処理の問題を進めるつもりだった。しかしロンドンでの協議は、ソ連が強硬な態度を崩さないことに頭を痛め、モロトフと交渉することはほとんど不可能だということがわかり、九月二十一日にはウォルター・ブラウンに対して、「モロトフは、ヒットラーが武力によって小国を支配しようとしたところを、自分は口先だけのやり方で支配しようとしている」と語っている。ただバーンズは、交渉の可能性をすぐにあきらめてソ連に敵対するような方針に切り替えることはせず、まだ協調できる道を探っていた。皮肉なというか滑稽なことだったが、独裁者のスターリンが支配しているソ連のことを外相のモロトフを相手に交渉しているということに気づいたバーンズは、モロトフではなくスターリンに直接訴えようと思いついて、「スターリンは平和を望んでいるはずだ。スターリンが死ねば、世界にとって脅威になる」とまで述べて[25]、二回目の外相理事会が予定されているモスクワでスターリンと接触して、合意にかんする交渉をつづけてみようと決心したのである。

バーンズは、ロンドンからワシントンにもどると、外相理事会が不調に終わった状況のなかでも平静を装い、ラジオ放送をつうじて、「外相理事会では、かなりの合意がなされたのですが、我々のやり方で講和条約を作成しようとするには、きびしい現実がありました」と国民に伝え、「和平交渉をつづけて行くために、次によい機会が待っている」ことを期待していた[26]。どちらかといえばソ連に対して協調関係をつづけようと考えているバーンズの姿勢は、アメリカが原爆を保有していることと外交政策の方針との関係について研究している人たちからは評価されているはずだし、のちにはじまった冷戦というレンズをとおして、その後の進展を展望しようという考えは、ここではとりあえず控えておくことにしよう。それにしても驚くことではあるが、ロンドンでの外相理事会が終わって数ヶ月のあいだは、トルーマン政権のためにバーンズが作り上げた外交政策のなかで原爆が直接に果たすような役割は、ほとんどなかったのである。とはいえ、ロンドンの外相理事会について国民に報告したなかで、「国内の問題と同じように、世界の情勢においても平和と政治的な発展をもたらすためには、知的な発想にもとづいた妥協が必要なのです」と、自分なりの信念にもとづいて語っており、バーンズはその信念にしたがって行動したといえる。ロンドンの外相理事会でソ連の用いた手練手管を批判しながらも、「一時的には後退を余儀なくされても、我々だけでなく、すべての国のために公正で長くつづく平和を実現するために努力することを忘れてはならないのです」と心に誓ったのだ[27]。

ロンドンと、そののちに開かれる外相理事会で交渉することになる外交方針を決める際、バーンズはトルーマンから何の束縛を受けることもなかった。歴史家のロバート・メッサーが明らかにしているように、「トルーマンは、ロンドンの外相理事会でバーンズが交渉に臨む際の詳細については、格別の関心は示していなかった」とされる。バーンズに対して全面的な支援と励ましをあたえ、アメリカの外交政策を決める際には、かなりの程度まで本人の自由に任せていたほどトルーマンはバーンズを頼りにし、信頼していたのだ[28]。原子力の国際管理を進めるという方針をアメリカが決めてからも、トルーマンは、この問題についての協議はすべてバーンズが取り仕切るよう伝え[29]、バーンズのことを、アメリカが戦後の国際秩序を確立する政策を進めるための重要な人物と考えていたのである。

当時のトルーマンの考えを明らかにすることは有益なことではあるが、その考えを明確に述べることは、かならずしも簡単ではない。率直なところ、当時のトルーマンの考えはわかりにくく、外交問題については曖昧で一貫していない傾向が見て取れるからだ。ソ連に対する外交政策についての声明で、ときには強硬な姿勢を崩さないかと思えば、反対に、ソ連と和解して協調したいことを望んでいるような考えを表明したりしている。十月二十七日の海軍記念日での演説では、対ソ方針について、このような二面性があらわれている。相反するふたつの方針は、一見すると意見が統一しているようにも思われるが、演説のなかで、「アメリカの軍事力は、ひきつづき強力でありつづけなければならず、アメリカの外交政策は高潔さと正義という基本理念と、悪意のある相手と妥協することを拒む確たる方針にもとづくもので、アメリカは自国の国民を無理矢理したがわせるような政権は認めないのです」と語っていて、内容は、このように単純な主張ではあったが、戦争中に同盟を結んでいた国との協調が重要なことも確信していて、モスクワの市民にも自分の演説が伝わることを望むかのような口調で、「長くつづく平和を達成するため、このたびの戦争で同盟を結んだ国が結束して決めたことに世界が失望するはずはないのです」と主張し、「同盟国の協調精神」を壊すことは許されないとまで述べているし、話し合いによる妥協を重んじるバーンズの外交姿勢を支持して、「戦勝国のあいだでは、利害関係において解決できないほどの根深い対立はないのです」と述べているのだ[30]。

トルーマンとバーンズの二人は、ソ連の行動には憂慮しながらも、ソ連とのあいだで戦後の協調関係を確かなものにしようとする一貫した方針を捨てることはなかったのである。二人とも、戦後の国際秩序を確立するために、これまでルーズベルトが外交方針として進めてきたモスクワとの協調路線を踏襲しようとしていて、この目的のためにトルーマンは国際連合の役割に大きな期待を寄せていたし、バーンズが考えていたように、「現在のソ連政権内で融和的な考えに立って影響力をもつ」とされるスターリンとは交渉できる自信をもっていた。一九四五年十月下旬には、ソ連とアメリカとのあいだに深刻な意見の相違があったことをトルーマンも認めてはいるが、「我々がじっくり時間をかければ、いい結果が出るはずだ」と信じていて[31]、バーンズにも、必要な交渉に着手するために十分な時間をかけて対処するよう伝えている。またトルーマンには、ほかの政策課題が頭のなかを占めていて、そのころに取り組んでいた課題をひとわたり眺めてみると、基本的にはルーズベルトの政策を継承しながらも、その政策に新たな肉付けをして取り組み、政策の上に自分の足跡を残したかったことがわかる。具体的には、一九四五年九月六日に連邦議会に提出した教書のなかで、ニューディール政策の主要な部分に支持を表明し、さらに発展させると述べていて、そのなかには、ルーズベルトが国民のために安定した雇用、住宅建設、医療、教育などにかんする概要について述べた経済面の「権利章典」も含まれていたが、さらにこの教書は、のちに「フェア・ディール政策」と呼ばれるようになったトルーマンの基本政策を初めて示したもので[32]、トルーマン政権の土台になった「自由主義と進歩主義を達成する計画についての詳細」を述べたものである。労働者の完全雇用に特別に拘ったことも、国内の改革をめざしていたルーズベルトの政策を継承しようとしていたことのあらわれでもある。そして教書を発表してから数週間から数ヶ月のあいだに、教書のなかで述べた、国民健康保険と社会福祉制度にかんする法案を連邦議会で承認してもらうことをめざしていた。

一九四五年十月にトルーマンが提出した教書では、そのほかにもマンハッタン計画に関連のある施設を管理するための新たな法案を作成し、原子力の今後の開発についての指針を策定するよう議会に求め、原子力の分野に革新的ともいえる原子力委員会を設立するための法案化も求めていて、最後の項目では、新たな兵器が開発されたときに国際社会で管理するための初期段階を検討することまで求めている。フォレスタルの考えよりも明らかにスティムソンとアチソンの見解に傾いていたトルーマンは、原子力の分野では、協力関係がいつか競争関係に入れ替わるかもしれないという状況のなかで、核兵器の国際管理に合意するために、その初会談をイギリスとカナダの両国とに求め、その後に、ほかの国とも会談を持つことを考えていた[33]。このような方針に沿って、その後の数ヶ月にわたるトルーマン政権の取り組みは方向づけられることになったのだが、さらに明らかなことは、原爆を外交交渉に利用するより国際社会で管理しようとする方針が初期のトルーマン政権のなかで支配的だったことで、この点はまさに、アメリカが将来に向けて国際社会のなかで指導的立場を保つことをめざしていたということだった。こうして、太平洋戦争が終結して数ヶ月のあいだトルーマン政権のなかで当初は支配的だった、原爆をアメリカで独占しようとする外交政策が、のちには原爆と核関連物質を国際社会で管理する方針に転換して、アメリカの外交政策として登場することになったのである。

1　一九四五年八月六日に広島に原爆を投下したことを伝える大統領の声明文。（「Public Papers of the Presidents of the United States: Harry S. Truman, 1945（Washington, D.C., 1961）」pp. 199-200）

2　一九四五年八月九日に国民に向けた、ポツダム会談について伝えるラジオ演説。（「Truman Public Papers, 1945」pp. 212-213）

3　ヘンリー・デウルフ・スミス「Atomic Energy for Military Purposes: The Official Report on the Development of the Atomic Bomb under the Auspices of the United States Government, 1940-45（Princeton, NJ, 1945）」

4　バンディ「Danger and Survival」p. 134

5　マイケル・D・ゴルディン「Red Cloud at Dawn: Truman, Stalin, and the End of the Atomic Monopoly（New York, 2009）」p. 99

6　一九四五年八月十八日のジョージ・L・ハリソンによる報告書の覚書。（「Miscellaneous Historical Documents Collection」Truman Library）

7　この時期にアチソンが考えていた展望については、ロバート・バイスナー「Patterns of Peril: Dean Acheson Joins the Cold Warriors, 1945-46」（「Diplomatic History」Vol. 20（Summer, 1996）」）pp. 321-355を参照。

8　政策の立案にとって連邦議会が重要な役割として再登場してきたことについては、ギャディス「The United States and the Origins of the Cold War」pp. 254-263を参照。

9　ホジソン「The Colonel」pp. 356-361

10　一九四五年九月二日のジョン・マクロイの日記。（カイ・バード「The Chairman: John J. McColy, The Making of the American Establishment（New York, 1992）」pp. 261-262）

11　一九四五年九月四日のスティムソンの日記。

12　ハンビー「Man of the People」p. 340

13　一九四五年九月一日のトルーマンのラジオ演説。（「Public Papers of the President: Harry S. Truman, 1945」p. 257）

14　ロバートソン「Sly and Able」pp. 446-447を参照。（バーンズについて引用）

15　一九四五年九月十三日のブラウンの日記。（「Byrnes Papers」Folder 602）

16　マクジョージ・バンディが「修正主義者の歴史家は、ロンドンでの会議でバーンズが原爆外交をおこなったとして非難しているが、記録ではそのような事実は証明されていない」と結論づけていることは認めなければならない。バンディ「Danger and Survival」p.145を参照。ロンドンでの外相会議におけるバーンズの「原爆外交」を誇張する最近の例としては、キャンベル・クレイグとセルゲイ・ラドチェンコ共著「The Atomic Bomb and the Origins of the Cold War（New Haven, CT, 2008）」p.98を参照。

17　一九四五年九月十七日のブラウンの日記を参照。（「Byrnes Papers」Folder 602）モロトフと原爆についてくわしく知るには、ホロウェイ「Stalin and the Bomb」p.156を参照。

18　ギャディス「Surprise, Security, and the American Experience」p.62。この問題についてのギャディスの見解については p.62-63も参照。

19　一九四五年九月十一日にスティムソンがトルーマンに対して自身の立場を述べている覚書については、ロバート・H・フェレル編「Harry S. Truman and the Bomb: A Documentary History（Worland, WY, 1996）」p.77-82を参照。

20　ミリス編「The Forrestal Diaries」pp.94-96

21　スティムソンの尽力、閣僚会議、トルーマンの決断については、バンディ「Danger and Survival」p.136-145でくわしく述べられている。トルーマンは、九月二十一日の会議のあと、出席者に自分たちの見解を書面で提出するよう求めている。「秘密主義を取るのは無益で危険なことです」と覚書に添えて警告したディーン・アチソンの意見については、一九四五年九月二十五日にトルーマンに宛てたアチソンの書簡（「Truman Papers」PSF, Box 199」）を参照。

22　アメリカによる国際社会の管理について、よくまとまったものとしては、バンディ「Danger and Survival」pp.145-161を参照。

23　バーンズとモロトフとの協議については、ボーレン「Byrnes-Molotov Conversations, September 16 and 19, 1945」（「FRUS 1945, II」）pp.194-201, 243-247を参照。ウォルター・ブラウンは、「バーンズは、世界の平和のためバルカン半島に対する自分の姿勢を和らげようとしてモロトフに嘆願するように接した」と述べている。一九四五年九月十六日のブラウンの日記。（「Byrnes Papers」Folder 602）

24 ギャディス「The United States and the Origins of the Cold War」p.266

25 一九四五年九月二十一日のブラウンの日記。(「Byrnes Paper」Folder 602)

26 一九四五年十月五日のバーンズによるラジオ演説。(「Department of State Bulletin, Vol.13 (October, 7, 1945」p.507-512)

27 一九四五年十月五日のバーンズの演説。(「Dept of State Bulletin, Vol.13」pp.507, 508, 510, 512)

28 メッサー「The End of an Alliance」p.126

29 バンディ「Danger and Survival」p.145

30 一九四五年十月二十七日のトルーマンの談話。(「Public Papers of the President: Harry S. Truman, 1945」pp.431-438)

31 ギャディス「The United States and the Origins of the Cold War」p.275から引用したトルーマンのことば。

32 トルーマン「Year of Decisions」p.532。一九四五年九月六日のトルーマンの教書については、「Public Papers of the President: Harry S. Truman, 1945」pp.263-309を参照。この教書の内容と重要性についての分析は、ハンビー「Man of the People」pp.362-364を参照。

33 一九四五年十月三日の原子力エネルギーにかんするトルーマンの特別教書。「Public Papers of the President: Harry S. Truman, 1945」pp.362-366とp.366から引用。

九　原爆と冷戦の発端

広島と長崎に投下された原爆が第二次世界大戦を終結させたことは明らかであるが、原爆を投下したことが、のちに戦勝国のあいだではじまった対立の火種になったのだろうか？　あるいは戦後になって世界中を支配した冷戦の原因を作り出したのだろうか？　トルーマンが日本に原爆を投下することを認めなかったとしたら、冷戦を避けることができたのだろうか？　これらの疑問について、ここでは、いくつか留意しなければならないことがあるのだが、アメリカとソ連との長年の紛争に核兵器がどのように関係していたかについて詳細に述べることは本書の範囲を越えるので、ここでは初期の冷戦時代にアメリカが核兵器についてどのような方針を取っていたかを理解するため、広島と長崎に投下された原爆のことにもう一度立ちもどって、原爆を使用することになった経緯を幅広い視点で眺めてみることにする。まず初めにはっきりさせておきたいことは、原爆を使用したことによって冷戦がはじまったのではなく、原爆によって冷戦がどのように拡大していったかということである。核兵器を国際社会で管理することと核開発競争の問題は、ソ連とアメリカとのあいだで強まった冷戦と深く関係してはいるが、強調しておかなければならないことは、この二つの問題が冷戦を引き起こすことになったというよりも、むしろ冷戦の姿を反映しているということなのであって、冷戦の起きた根本的で直接の原因を理解して行けば、核兵器によって冷戦が激化したとする誇張した主張をしりぞけることになるのだ。

一九四六年以降のアメリカの外交政策は、原爆を外交交渉の道具に使ったり、アメリカ軍の戦略に利用するよりも、核兵器を国際社会で管理しようとすることに重点を置いたままだったし、一九四五年末から一九四六年末にかけてアメリカの外交政策を特徴づけたものは、優柔不断と曖昧な態度を取りつづけたことだった。遅々として、まとまりのない態度を取りつづけながらソ連が国際秩序の安定と利益に反する脅威とみなされると述べて、ソ連の外交政策を非難するだけだった。そのころのトルーマンとバーンズが、スターリンの性格と当時のソ連の体制を十分に理解していたことだけは述べておかなければならないが、とはいえソ連の行動に対して首尾一貫した対応を取ることができず、その方針は揺れ動いていたのである[1]。

トルーマン政権の取った外交政策の、その場しのぎというか曖昧な体質は、トルーマンがイギリスのアトレー首相とカナダのキング首相と会談して原子力の国際管理について話し合ったあとの一九四五年十一月上旬にもあらわれている。原爆の開発に協力していたイギリスとカナダの首脳らを招いた会議が予定されたわずか一週間前に、科学技術開発局長だったヴァネヴァー・ブッシュがバーンズと面会したとき、ブッシュは、「会議の構成も、準備されるはずの議題も、アメリカが提案する計画案もできていない」ことを知って、唖然とした。アメリカが戦後の外交戦略として、どうにか作り上げた核兵器についての方針とは、この程度のものだったのだ！　呆れかえっているブッシュに向けてバーンズは、会議の計画書を作成してくれるよう巧みに持ちかけたので、ブッシュは大急ぎで十一月十五日に署名されることになっている英米加三ヶ国の合意書の草案を作った[2]。トルーマンは、先にスティムソンの助言のなかにあった原子力の技術情報を共有することについては、慎重に情報を開示するという方針を承認したが、このときの方針では、ソ連を会議に加えることは急がず、ソ連を除外する意図を示すものでもなかった。ともかく、このたびの合意文書では、核兵器をひとつの国だけで保有することはできないことと、高い道徳的理念にもとづいて原子力を全人類に有益なものとして使用し、破壊的な目的のために使うことを禁止することが述べられていて、最後に各首脳が署名をして、基本的な科学技術の情報交換をおこなうことを互いに宣誓した。そして、この情報交換については、原子力を平和目的にのみ使用して管理するために設立された国連の原子力委員会が監督することになり、この委員会は、将来的には各国の軍備から核兵器を廃絶することを目的にしていた。さらに原子力委員会は、原子力の技術を平和利用するために有効な予防措置が取れるよう、核開発施設の査察や順守が実施できる制度を定めることになり、委員会の役割は、「個別の段階に応じながら、次の段階に着手する前に今の段階が国際社会から十分な信任を得ることができてから、次の段階に進むべきだ」と結論づけられている[3]。

設立されたばかりの国連に、このような意欲的な問題を委任したことは、国連に大きな期待を寄せていたトルーマンを喜ばせたことはまちがいない。一方のバーンズは、大国間の力関係をもっと切実な問題と考えていて、一月十日にロンドンで予定されている国連総会の初会合[4]に先だって、原子力委員会の設立についてはソ連とも話し合うべきだと考えていた。そのため十二月にモスクワで開かれる英米ソ三ヶ国の外相理事会のときに、この問題を協議することを十一月二十三日に提案した[5]。そして、この問題を協議することを渋るイギリス外相アーネスト・ベヴィンを口説いて協力することに同意させて、モスクワへ旅立った。原子力を管理するために国連に原子力委員会を設立するという、トルーマン・アトレー・キング三首脳の呼びかけに促されたバーンズは、この問題を自分が提案する重要な議題として位置づけていて、核関連の情報交換が必要だとする交渉を進めるための計画を立てて、このような情報交換は、英米加の三ヶ国が宣言のなかで訴えている原子力の予防的措置がととのう前に実現するかもしれないとまで暗に示している。

モスクワで開かれた外相理事会で、バーンズは、バルカン半島諸国との講和条約の締結や、日本、朝鮮、満州の占領政策を含めた広範囲にわたる重要な問題を合意に結びつけるための交渉を進めていた。アメリカの代表として、ヨーロッパ諸国がソ連と西側諸国のあいだで分断されることは認めることにして、それを最大限に活用するつもりだった。そしてソ連とも協調関係を維持できることを期待して、米ソ両国のあいだで対立している問題を最小限に減らそうとした[6]。ここで重要な点は、国連総会の初会合で、原子力の国際管理を目的とした原子力委員会を設立することについて、バーンズがモロトフと共同提案をする同意を得たことで、核兵器の国際管理という問題にかんしてソ連と協力できる見込みは、まだ望みがあったのだ。

モスクワでの外相理事会で成果をあげたことはバーンズを喜ばせ、翌年一月に開催される国連総会の初会合でさらに建設的な交渉をするための基礎ができたと思った[7]。しかしバーンズの期待と方針は、ヨーロッパ大陸の半分を掌握しヨーロッパの心臓部に入り込もうと計画しているソ連をやっかいな問題と考えているイギリスの代表団とは、きわだった対照を見せることになった。イギリス外相のアーネスト・ベヴィンは、モスクワでの外相理事会でバーンズの意見にしたがいながらも、その先に広がっている地勢上の現状を見ていて、バーンズとはちがいソ連に対する強硬な姿勢を貫いていて、このように二人が異なる見とおしをもっていたことを考えておくことは、冷戦の原因と発生を理解するのにも役立つのである。政界へ進出する前は労働組合員で熱心な社会民主主義者だったベヴィンは、ソ連を懐柔したり和解しようとするつもりはなかった。ベヴィンもモスクワとの良好な関係を求めてはいたが、ソ連のあからさまな拡張主義にはひどく頭を悩ませていたのだ。一九四六年一月一日にイギリスの外交特派員と交わされた非公式の会話によると、「ソ連は、自分の国と関係がもてそうな、あらゆる種類の場所を支配しようと目論んで、ソ連の南、東、西に位置する衛星国をソ連の安全保障として張り巡らそうとしている」とベヴィンは述べている[8]。このことは、東欧で共産主義による支配が増してベヴィンを悩ませていただけでなく、フランスとイタリアでも共産主義勢力へ同調する空気が強まっていて、さらに重大なことには、地中海や中東にもソ連の拡張主義の脅威が広まっていることを暗示している。

ベヴィンは、ソ連の拡張主義によって、伝統あるイギリスの国益が損なわれる大きな脅威となっていることを理解していたから、トルーマンとバーンズがルーズベルトの方針を継承しながらソ連とのあいだでさまざまな問題を解決しようと取り組んでいた一方で、強硬なイギリスのベヴィンは、あえてアメリカの方針に異を唱えて、脅威となっているソ連の行動に対抗しようとしていたのである。明らかにソ連は、このように英米間の対ソ方針が微妙にちがうことを察知していて、イギリスとヨーロッパの研究者たちが指摘しているように、一九四五年末から一九四六年にかけて、イギリスはソ連のプロパガンダの標的となっていたのである。[9]ノルウェーの歴史家ゲイル・ルンデスタットは、「一九四五年から一九四六年のあいだで重大な敵対関係になっていたのはイギリスとソ連で、アメリカとソ連ではなかった」とまで述べていて[10]、この主張は、冷戦の歴史を単に米ソ二極間の対立とみなして記述することを好むアメリカの歴史家たちからは十分に評価されてはいないが、イギリスがソ連の行動に強硬に反対していたという意味で、「英ソ冷戦」と呼ぶことがふさわしい。[11]そして、生じたばかりの冷戦がどの国同士の関係であったにしても、原爆にかんする問題が役割を果たしていなかったことは明らかである。とにかくソ連の行動と野望はベヴィンを悩ませる問題で、一九四六年をつうじてアメリカの支援を期待しながらソ連と懸命に対抗していたが、これに対してアメリカがどのように応じたかについては明らかではない。

ベヴィンが強硬な対ソ方針を貫いていた背景には、のちに強い影響をおよぼすことになる「長文電報」を打電したジョージ・ケナンと、有名な「鉄のカーテン」を主張するウィンストン・チャーチルの二人が、ソ連の勢力拡大と意図について発した警告が後押ししていたこともある。ケナンは、アメリカの駐ソ大使として一九四六年二月にモスクワからの電報で、「ソ連の力は図式的でも冒険主義的でもない。はっきりとした計画のもとに行動しているわけではないし、余計な危険を冒す考えはもっていない。理性による論理には鈍感だが、力による論理には非常に敏感である」とアメリカ本国へ知らせて、ソ連の力は、ほかから強い抵抗に遭うと、たいていは引き下がるものだと述べて、「もしソ連の敵対国が十分な力をもっていて、その国が対抗意識を示せば、ソ連は力を行使しようとはしなくなるはずだ」と力説した。[12]ケナンの電文は、国内で高まっていたソ連に対する強硬姿勢には理性的に対処するという点で役立つと同時に、ソ連は自国の安全を保証されて「飼い慣らされた」ら新たな国際秩序のなかに統合されるはずだと主張していたルーズベルトの見解を打ち砕くことになったのであり、ソ連と取引をしたり妥協したりするバーンズの外交方針がソ連と安定した関係を進めることができるのかと考えたときには、疑わしくなってきたのである。ケナンが正しく判断したように、スターリンは心を許せるような人物ではなかったのだ。歴史家のジョン・ルイス・ギャディスはケナンの主張を要約して、「ソ連のような政権との相違を解消することは永遠にできないだろう。あのような政権は、自国の正当性を保とうとして、外部に脅威を作り上げているのだ」と述べている[13]。

一九四六年三月、ミズーリ州フルトンのウエストミンスター・カレッジにおいて、イギリスの前首相ウィンストン・チャーチルが、演壇にトルーマン大統領も臨席しておこなった有名な演説のなかで、ケナンが長文電報で密かに伝えてきた内容と同じことを語っている。チャーチルは、「ソ連と世界の共産主義勢力が、近い将来、何を企んでいるのか、あるいは、もし起きるとして、どの程度にまで共産主義を広めて非共産主義の国を転向させようとしてるのかは、誰にもわからないことなのです」と語ってから、ソ連の国民とスターリンに賛辞を送ってソ連の正当な安全保障に理解を示す一方で、「ヨーロッパが現在置かれている明白な事実を聴衆に伝えねばならない」と感じていて、「バルト海に面したポーランドのシュチェチンからアドリア海沿岸部に位置するイタリアのトリエステにかけて、ヨーロッパ大陸に鉄のカーテンが下ろされたのです。その向こうには中央ヨーロッパから東ヨーロッパの古代国家のすべての首都があり、ワルシャワ、ベルリン、プラハ、ウィーン、ブタペスト、ベルグラード、ブカレスト、ソフィアのような有名な都市とそこに暮らす住民たちは、わたしがソビエト圏と呼ばねばならないところに置かれていて、どのような形であれ、単にソ連の影響下というだけでなく、多くの場合に、非常に強固で、強まりつつあるモスクワからの統治のもとにあるのです」という、当を得た有名な言葉を述べている。このようにソ連の意図を指摘しながらチャーチルは、ソ連も戦争することは望んでいないことを見抜いていて、あらためて、「ソ連の狙いは、戦争で得られる権益と、自国の勢力と共産主義の果てしない拡張なのです」と述べながら、ソ連が弱さではなく強さを念頭に置いている点に触れて、「イギリスとアメリカとが連携して、国連の包括的な権限のもとでロシアにかんするあらゆる問題を十分に理解しなければならないのです」と主張している[14]。

このようにケナンとチャーチルの二人の主張によって、これまで高まりつつあったソ連との協調路線の正当性が揺らぐとともに、アメリカの政府当局者にとって、ソ連は交渉のむずかしい相手から潜在的な敵国という見方に変わるきっかけになったのである。しかし、ソ連に対するこのような方針の転換が政策面で実際にはほとんど実質的な成果をあげなかったことも印象的ともいえる事実なのであって、一九四六年三月末までは、いくつかの特定の事象についてはソ連に対して強硬な姿勢を示し、バーンズも、三月にイラン北部を占領していたソ連に対して対決姿勢を強め、撤退を要求しているが、このような対ソ方針も、アメリカの連邦議会と国民に説明できるほど一貫した政策として実施されたものではなかった[15]。結局、ケナンの「長文電報」とチャーチルの「鉄のカーテン」が主張したことは、アメリカの対ソ政策が四苦八苦している状況を終わらせることにはならなかったのである。

ケナンとチャーチルが時を同じくして主張しながらも、アメリカの対ソ政策が大きく転換しなかったことが明らかになるなかで、アメリカは核兵器を国際社会で管理するという方針を決定し、新たに設立された国連原子力委員会に提出するアメリカの提案書を作成するようバーンズから命じられたアチソンは、スティムソンの見解をもとに、テネシー川流域開発公社の代表だったデビッド・リリエンソールと、ロバート・オッペンハイマーの助けを借りて、「アチソン・リリエンソール報告書」を作成した。この報告書の内容は、核開発の研究と技術を国際的に正式に管理することを求めたもので、一九四六年三月二十八日に公表され、兵器を目的として原子力を用いることを防ぐ唯一の方法は原子力の研究と開発を一手に管理する国際的な機関を設立することだと述べ、原子力を開発する全行程とその使用を委任できるような超国家的な「国際原子力開発機構」の設立を提案した。ただ、この機関は原子力に関係するすべての活動を管理、規制、認可する権限を有することになるとはいえ、これに違反した国に制裁を加える権限はないとされた。歴史家のロバート・ベイスナーが説明しているように、「この機関がソ連からの支持を確実に得られるようにするため、アチソン、リリエンソール、オッペンハイマーの三人は、原子力を開発している国に対する査察については重視しなかった。査察に対してソ連が抵抗を示したり、ソ連国内での通行が自由にできないことや、査察がソ連の指導者たちに強要するような印象をあたえると考えたからだ」[16]とされている。

トルーマンとバーンズは、アチソン・リリエンソール報告書を連邦議会で承認してもらうことを考えて、高齢で虚栄心が強かったが政界に広い人脈をもつ投資家のバーナード・バルークを特使に任命し[17]、これで国連の原子力委員会に提案するアメリカの方針を表明することができると安心した。ところが、バルークは、その提案書を黙って勝手に作り替え、強制的な査察、違反に対する制裁の二点と、この二点については国連安保理事会で拒否権の発動を特別に禁止するという内容を書き加えたのだ[18]。それに先立つ一九四六年四月、バルークは、アチソン・リリエンソールの原案が「現在のソ連の政権内で両立できるのか」という基本的な点についてオッペンハイマーに問いただしていて、オッペンハイマーもいくつか憂慮することがあることは認めながら、「アメリカは、正々堂々とした提案をするべき立場でありますし、ソ連がこの提案に協力する意志があるかどうかを確認しておかなければならないのです」と説明している[19]。アチソンとリリエンソールが、その年の半ばまでは自分たちの作った提案書はソ連も同意してくれると考えていたことは明らかだったが、バルークは査察と制裁を加えないことに難色を示し、六月に意を決してトルーマンに対して、腹を立ててというより哀願する様子で、自分を是非とも国連の代表として認めてもらいたいと訴えた。トルーマンは、アチソン・リリエンソール案を勝手に書き換えたバルークを解任すれば、安全保障について連邦議会から強い抗議があがると考えて、バルークを辞任させることはできなかったし、それどころかトルーマンは、七月までには次第にバルークの見解に理解を示すようになって、「我々は、いかなる状況のもとでも、ほかの国が我々に対して武装することができなくなることがはっきりするまで、銃を捨てるべきではない」という考えを固めるようになったのである[20]。原子力を国際社会で管理するという基本方針を無視するわけではなかったが、どんな提案をするにせよ、ソ連が誠意を示しているからといって、それを信用してアメリカの安全保障まで脅かされることなどできなかったのだ。これまでのことをふりかえってみて、ソ連政権の体質やスパイ活動によって原爆の情報を盗みつづけきたソ連のことを考えると、トルーマンの考えはもっともだと思われるし、アメリカの提案書が合意に達するのにトルーマンが一九四六年半ばまで時間を費やし、その理由がバルークがこの問題を重大視したことが原因だったことは注目に値する。

バルークは、六月十四日の国連総会で、核兵器を戦争に使うことを防ぐために国際的な機関を設立するというアメリカの提案を発表し、この提案内容には核関連施設の査察と違反した際の制裁についての条項も含まれていたので、驚くにはあたらないが、ソ連はアメリカの提案を拒否してバルーク案をあからさまに非難し、それから数ヶ月にわたって協議を重ねたにもかかわらず、最終的な合意に達することはできなかった。ソ連の代表アンドレイ・グロムイコは、バルーク案の対案として、核兵器の製造と使用を禁止し、現在保有している核兵器を破却するという合意案を提案したが、核開発の管理を順守していることを確かめる核関連施設への査察については同意しなかった[21]。ソ連がアメリカの提案を拒否した背景には、バルーク案が西側諸国によって管理される機関によってソ連経済と科学界が支配されるのではないかという危機感があったことは明らかで、バルーク案を承認すれば、ソ連が核兵器を開発して製造している進行過程が明らかにされると考えたのだろう。もっと幅広い見方をすれば、どのような査察であっても、「鉄のカーテン」が大きく破られることになり、そのことをスターリンは許さなかったのだ。つまりソ連がバルーク案をなぜ拒否したかを理解するためには、第二次世界大戦後のソ連の独裁者が抱いている野心をしっかりと見抜かなければならないのである。

スターリンが自国の勢力を拡大している意図とソ連の脅威がどのようなものかについては、欧米の歴史家のあいだでは議論の多いテーマだということは、はっきりしているが、冷戦の終息とソ連と東欧諸国にかんする公文書を、かぎられた範囲ではあるが目をとおしてみると、歴史家がソ連の真意や行動を解釈する助けになる。これらの史料によると、スターリンがソ連の安全保障に対する「飽くことのない熱望」に囚われていたことはたしかで、スターリンが勢力拡大にかんする基本計画をもたず日和見的に行動していたことを強調する人もいるが、いずれにせよ、ソ連の独裁者の果てしない権力志向を無視することは困難である。[22] 結局のところスターリンは、自分の国を守るために二千万人の国民を指揮した自分の部下たちを恐れ、信用しなかった人間なのだ。戦争末期には何千人というソ連の退役軍人たちを収容所群島へ送ったが、そのようなことをしても、心の屈折した卑劣な指導者の心を安心させることはできなかったのである。

考えてみると、スターリンが、少なくとも理論的には、大戦末期に二つの幅広い選択肢を前にしていたことがわかるはずだ。一つめの選択は、歴史家のウラジミール・A・ポズニアコフが指摘しているように、「連合国と西側諸国とのあいだで一般的な政治的経済的な協力関係を築くこと」で、この方針は、「戦争が終結するまでは、ほかの連合国とのあいだで表面化していた緊張関係を緩和して、軍事上の予算を抑制し、ソ連の国内経済をすみやかに回復させて、国民の生活水準を高めることにつながる可能性があった」とされ、二つめの選択は、「広大なソビエト帝国を築くため、おそらく安全保障を確立するのに必要な基盤を築くために、国民をきびしく統制して国内の政治的社会的な変革を望んでいる国民の期待を打ち砕く」ことだった。[23] スターリンはもちろん後者を選択し、西側諸国と対決する方針を取ったので、アメリカが原爆を保有していることは、スターリンのこの上ない野心を煽り立てたり和らげたりすることには少しも関係なかったと思われる。

皮肉なことに、もしスターリンがみずからの野心を東欧諸国の地域に限定していたなら、アメリカからの強い反発を受けずに東欧諸国の広大な地域をソビエト化する方針を進めることができたかもしれない。一九四六年三月にイランでソ連が起こした紛争の経験をスターリンが学んで、帝政時代の先人が成し遂げた以上のロシア帝国の拡大を夢見ることをしなかったなら、冷戦は避けられたかもしれないのである。しかし、スターリンにはそれができなかった。勢力を拡大して東欧地域におけるソ連の覇権を確固として、さらにトルコをはじめとする地中海の諸国と西ヨーロッパまでも威嚇しようとしたため、スターリンの破滅を招くようなこの選択が、冷戦の直接の原因になったのである。イデオロギー、政治経済体制、生活様式を超えた根本的な相違などが欧米諸国とソ連との紛争の根底にあったことはたしかだが、アーネスト・ベヴィンが長いあいだ憂慮していたように、ソ連は、アメリカを巧みに挑発して、自国の安全保障をたしかめようとするスターリンの偏執狂的な姿をあらわしてきたのであり、その結果として、トルコとドイツについては、ソ連の圧力に対抗して、アメリカが初めての大規模な行動を起こす事態に発展したのだ。こうして一九四六年末からとくに一九四七年になると、イギリスに代わって今度はアメリカがソ連の勢力拡大に対抗することになって冷戦が本格的になり、トルーマン・ドクトリンとマーシャル・プランによって、トルーマン政権はソ連の拡大を封じ込める政策を取りはじめたのである。

原子力の国際管理についてソ連と合意に達しなかったことは、当時は、これによって紛争が拡大する原因になったというよりも、冷戦によって生じた相手に対する疑いや不信のあらわれだったと見なさなければならないから、核兵器にかんする国際管理の制度化がまとまらなかったことを嘆くだけでは、米ソ間にあった本来の問題を覆い隠すことになってしまうだけなのだ。つまりアメリカが原爆を保有しているからといって、スターリンの外交方針や目論見が変わることはほとんどなかったのであって、ソ連の指導者は原爆をそれほど恐れることはしなかったし、せいぜいスターリンの目論見を多少なりとも慎重にさせたくらいのことである。一方のアメリカは、冷戦中のソ連に対抗して原爆の独占をどのように利用するかについては、ほとんど一貫した方針を立てないまま核兵器の開発と核実験の計画を進めて、一九四六年半ばには、ソ連の関係者まで視察に招待して、西太平洋マーシャル諸島のビキニ環礁で二発の原爆を爆発させた。しかし、ここで注目すべきことは、トルーマン政権が冷戦のあいだでも原爆を外交政策や軍事上の戦略に取り入れなかったことである[24]。トルーマンは一九四六年にマクマホン法案に署名し、それによって核兵器の管理を文民の機関であるアメリカ原子力委員会に委託することになり、一九四八年まではその管理は不十分だったにせよ、軍当局は核兵器にかかわることができなくなったのである。トルーマン政権は、核兵器を政治的軍事的な戦略に利用することには関心をもたなかったことから、一九四六年に核実験の計画を立案しながらも、核兵器の保有数と使用準備は衰えることになり、トルーマンの伝記を書いた作家ロバート・フェレルは、「一九四七年初頭には、組み立てられたばかりの原爆が一発あっただけかもしれない」とまで述べている[25]。トルーマン政権の考えでは、アメリカが原爆を一発でも保有していさえすればソ連を説得できて、原爆を使った全面戦争にはならないだろうということだった。ようするに、原爆を保有していればソ連が通常兵器で攻撃してくることはないだろうと考えていて、このような核兵器による抑止政策が、緊張が高まりつつあったソ連に対する封じ込め政策を補う一部だったのである。

トルーマンは、ソ連とのあいだに危機的な状況が起きたときでも、ソ連とその同盟国に対して核兵器を利用して威嚇したり対抗する手段は差し控えていた。一九四八年のベルリン封鎖の危機のとき、アメリカは戦略航空軍団のB‐29爆撃機をヨーロッパへ派遣したが、B‐29に原爆を搭載することはしなかったし、ソ連の露骨な挑発に対しても、ソ連軍に包囲されたベルリンに物資を空輸することで対応し、原爆によってソ連を威嚇することはしなかった。また一九五〇年冬から一九五一年にかけて、朝鮮戦争で中国共産党軍の進攻によってアメリカ軍が軍事的な危機に直面したときにも、戦地の司令官だったダグラス・マッカーサー元帥の要請にもかかわらず、原爆を使用することには同意しなかったように、トルーマンは、核兵器は大国間の紛争では抑止効果はあるが、局地的な紛争では役に立たないという方針を貫いていたのである。

このような米ソの図式は、一九四九年八月二十九日にカザフスタン北部のセミパラチンスクで実施されたソ連の核実験を強く印象づけられることになり、しかも、この日は奇しくも、ソ連が核実験に成功するのは一九五三年だろうとアメリカの中央情報局（ＣＩＡ）が予測した日でもあったのだ。予測より四年も早かったとはいえ、ＣＩＡのすぐれた情報収集によって、核兵器を独占することでアメリカの安全保障を保とうとトルーマンたちが抱いていた方針は、これで完全に打ち砕かれることになった[26]。ソ連が核実験に成功した一九四九年までの数年間、核兵器を独占することで安心していたアメリカは、ヨーロッパとそのほかの地域で起こるおそれのあったソ連軍の攻撃に対抗して、通常兵器による大規模な再軍備をしようとしてこなかった。一方、このような再軍備の問題とは別に、トルーマンは政界で評価を得ていたことや、財政上の政治的責任のため、防衛費をうまく抑制することができていた。そのため政府関係者たちは、核兵器を独占することによってソ連の通常兵器に対抗して抑止効果があると期待していたのだが、ソ連が核実験に成功したという知らせで、政府部内には、はげしい動揺がおきたのである。

ソ連が核実験を成功させたことに対して、政府部内で感情的になるほどの議論の末、トルーマンは、一般には「水素爆弾」（以下、「水爆」）と呼ばれる核融合爆弾の開発を指示した。このときのはげしい議論によって、原子力委員会のリリエンソール議長と委員会の一員だったルイス・ストラウスとの意見が対立し、議論には科学者たちも加わって、オッペンハイマーは水爆の開発に反対し、アーネスト・ローレンスとエドワード・テラーは開発を支持するという有様になった。戦略家たちのあいだでは、国務省内でジョージ・ケナンとポール・ニッツェとが、この問題について意見が分かれた。結局、国務長官として早くから核兵器の国際管理を支持していたディーン・アチソンが、友人のリリエンソールとオッペンハイマーの意見に反対し、水爆の開発を進めるようトルーマン大統領に進言したのである。政治学者のマクジョージ・バンディは、トルーマンが水爆の開発推進を決断したことは、「一九四一年十月にルーズベルト大統領が原爆の製造を指示したという重大な事実の次に位置づけられるもので、トルーマンはなんのためらいもなく水爆の製造を指示し、一九五二年十一月一日には世界で初の本格的な水爆の実験を成功させたのだ。こうして人類は、あと戻りのできない状況を生み出すことになった。それから一年たらずのあいだに、ソ連も初の水爆の実験に成功したからである」と述べている[27]。重大な岐路に立たされていたにもかかわらずトルーマンは、このことを少しも困難な決断だったとは考えていなくて、政府方針の決定から数日後、ホワイトハウスの閣僚会議の席で、「我々が水爆の開発を推進することは、誰も望んではいないことなのだが、もしロシアと交渉する目的のためだけにしても、そうしなければならないのだ」と語っている[28]。結局、米ソという超大国が相手の核兵器の事実上の潜在能力に対して互いに恐れと警戒を抱くという構図は、それからの核開発競争に拍車をかけることになったのである。

その後の四十年にわたって核開発競争に莫大な予算が費やされたことを考えたとき、リリエンソール、オッペンハイマー、ケナンたちが核兵器の開発に歯止めをかけようとした勇気ある努力には、心情的には共感できるものがある。この三人が核兵器の国際管理を合意に結びつけようと努力した姿は、水爆の開発を支持するストラウス、テラー、ニッツェらが物語の悪役と見なされる一方で、リリエンソールたちは天使と見なされたことは明らかであるが、ソ連の偉大な物理学者アンドレイ・サハロフが述べたように、このような誇張した呼び方は戒めなければならないようだ。ソ連でイーゴリ・タムの指導のもとで理論グループ（サハロフも含まれていた）が結成された一九四八年には、すでにソ連は水爆の開発を手がけていたし、サハロフが述べているように、スターリンは、水爆の潜在能力を十分に知っていて、その開発と配備を計画していたからである[29]。こうして、原子力の開発研究を国際間で一時的に停止したり検証しようとする機関を設立するというアメリカの提案は、すべて挫折する運命にあった。このような状況のなかでトルーマンが水爆の開発を指示した決断は、悲劇的な結果にはなったものの、賢明な判断でもあったのだ。長期にわたる核開発競争と、互いに相手を徹底的に破壊しようとする戦略は、ほかに実行可能で安全な選択肢がないかぎり核兵器の開発しかないという現実を前にして、当然のことながら、あらゆる分野から非難を受けることになったが、歴史家のジェラルド・デグルートが水爆について、「道徳意識がなく、巨額の費用をかけ、外交政策を行き詰まらせるように思われるが、核抑止は核兵器に対してもっとも有効な防衛策であることは、今のところ変わっていない」と述べている[30]ように、人類にとって将来、ほかにすぐれた道筋が見つかるまでは核による抑止政策は保たれると信じることができるのだ。

広島と長崎に原爆が投下されてから六十五年以上が経ち、そのあいだに国際紛争で核兵器が一度も使用されなかったという事実は、以上に述べてきたことから理解できると思う。第二次世界大戦で原爆が使用されて以来、現在までの長いあいだ、核保有国のあいだで大きな紛争が起きることはなく、「核による平和な時代」と見なされるようになっていて、そのおかげで、核兵器を使用して大量殺戮が起きるような紛争が効果的に抑えられているのである。戦争のために巨額の資金をつぎ込むことは理性ある政治家には受け入れがたいことのように思われるだろうが、戦争を終わらせるために原爆が開発されて実際に使用されながらも、その後の世界の大国のあいだで長い平和が保たれてきたという、思いがけない役割を核兵器は担っているのである。ウィンストン・チャーチルが一九五五年三月一日に庶民院でおこなった最後の重要な演説のなかで、核兵器が開発されたことを「畏敬すべき皮肉の経過」と呼び、その経過のあいだに、「世界の国々は、恐怖のなかから安全という丈夫な子供が生まれ、全滅のなかから双子の兄弟が生き残るという物語の一幕にやってきたのです」と語っている[31]。またオッペンハイマーは、このような皮肉な現実をアメリカとソ連の両国をサソリに喩えて、「瓶のなかに二匹のサソリがいて、互いに相手を刺し殺すことができるのだが、どちらも命がけなのだ」と巧みに表現しているが[32]、さいわいにも、今のところ二匹のサソリに命の危険は起きていない。広島と長崎の惨状が世界中の人たちの心に焼き付けられたことで、核兵器は決して使ってはならないと人々は肝に銘じているのだ。

第二次世界大戦後になって、核兵器が実際のところ世界情勢にどのような影響をおよぼしたのかを見極めようとする際に、この問題について真剣に考えている人とは意見を異にする課題がひとつ残されてはいる[33]のだが、日本に原爆を使用したことの是非については、意見を交わしたり議論をしたりする余地は、もうそれほどないのであって、トルーマンが日本に原爆を投下する決定をしたことについて今でも論争が渦巻いてはいるものの、すでにいくつかの重要な結論に達したことは認めなければならない。その結論というのは、第一に、アメリカが原爆を使用したおもな動機のなかには日本を早く降伏させてアメリカ兵の人命を救いたいという強い願いが色濃く混じっていたことで、第二に、日本を降伏させて戦争を終結させれば日本本土へ大規模な進攻作戦をおこなって悲惨な戦いをしなくてもよくなったことである。そして第三に、原爆と戦後の世界情勢とを完全に分けて考えることはできないにしても、ソ連との外交交渉の手段を目的として原爆の使用を決断したのではなかったということである。ようするに、原爆は、本来は軍事目的として日本に勝利するために有効に使用されたことが明らかになったのである。トルーマンと関係者たちは、原爆を使用する以外の「選択肢」は求めなかったが、ふりかえってみて、一九四五年にトルーマンが置かれていた重圧感を想像するならば、ほかにうまく行くかもしれない実行可能な選択を確実に求めることはできなかったのであり、トルーマンの決断に対して、後年、多くの評者が、政治的あるいは道徳的に問題のある行動だったときびしく非難しているが、当時は、原爆の使用に代わるような有効で適切な選択肢など簡単には見つからなかったのだ。とはいえ日本へ原爆を投下したという悲惨な現実は、そのなかに横たわっているのである。

1　この問題は、拙著「From Roosevelt to Truman: Potsdam, Hiroshima and the Cold War（New York, 2007）」pp.262-306で述べている。冷戦時代の突発的な原爆使用の重大性については、キャンベル・クレイグとセルゲイ・ラドチェンコ共著「The Atomic Bomb and the Origins of the Cold War（New Haven, CT, 2008）と、マイケル・ゴルディン「Red Cloud at Dawn」を参照。

2　この問題の率直な疑問と踏み込んだ議論については、ギャディス「The United States and the Origins of the Cold War」pp.270-271を参照。

3　公式な声明については、「President's News Conference, November 15, 1945」（「Public Papers of the President: Harry S. Truman, 1945」）pp.472-475を参照。

4　ギャディス「The United States and the Origins of the Cold War」pp.276-277

5　一九四五年十月二十三日にバーンズがハリマンに述べたなかで、モロトフに伝えたことば。（「FRUS 1945, Vo. II」p.578）

6　この解釈について、わたしはマーク・トラクテンバーグ「A Constructed Peace」pp.14-15から大きな示唆を受けている。

7　ロバートソンは、バーンズがスターリンに理解を求めて戦後世界で米ソ協約を確固たるものにできると考えていたため「元気旺盛」だったとまで述べている。

8　アラン・ブロック「Ernest Bevin: Foreign Secretary, 1945-1951（New York, 1983）」p.214に引用されたベヴィンのことば。

9　とくに、ブロック「Ernest Bevin: Foreign Secretary」pp.216-217を参照。

10　ゲイル・ネンデスタッド「The United States and Western Europe since 1945: From "Empire" by Invitation to Transatlantic Drift（New York, 2003）」p.48

11　フレイザー・ハーバット「The Iron Curtain: Churchill, America, and the Origins of the Cold War（New York, 1986）」の「Anglo-Soviet Cold War, United States-Soviet Rapprochement」pp.117-150を参照。

12　「長文電報」については、「Kennan to Secretay of State, February 22, 1946」（「FRUS 1946」VI, pp.696-709）を参照。

13 ジョン・ルイス・ギャディス「Strategies of Containment: A Critical Appraisal of Postwar American National Security Policy（New York, 1982）」p.20

14 一九四六年三月五日の「The Sinews of Peace」と題されたチャーチルの演説のなかで「鉄のカーテン」について言及した部分は、「Churchill Papers, Churchill Archives Center, Cambridge, England, Churchill Series 5/4」に載っている。

15 イラン紛争に対するバーンズの尽力については、ロバートソン「Sly and Able」pp.462-476を参照。

16 ベイスナー「Pattern of Peril: Dean Acheson Joins the Cold Warriors, 1945-1946」（「Diplomatic History, Vol.20（Summer, 1996）」）p.330。この計画を立案する際に果たしたオッペンハイマーの重要な役割については、バードとシャーウィン共著「American Prometheus」pp.340-342を参照。

17 バルークが任命された理由については、トルーマン「Memoirs, Vol.II, Years of Trial and Hope（New York, 1956）」pp.20-21を参照。この任命については、一九四六年四月十九日にバルークに宛てたバーンズの書簡も参照。この書簡でバーンズは、「わたしは、アチソンの指示のもとで作成された国務省報告と称される報告書の内容には感心していることを君に伝えておく。ただ、この報告書が最終的なものではなく、反対に、この問題を君が検討して考えつく見解を述べてくれれば、わたしなりに慎重に検討するつもりがあることも伝えておく」と説明している。（「Byrnes to Baruch, April 19, 1946, Truman Papers, PSF, Box 113」）

18 バルークと自身の核問題に対する立場については、マーガレット・コイト「Mr. Baruch（Boston, 1957）」pp.565-585を参照。ヒューレットとアンダーソン共著「The New World」pp.562-576も参照。

19 バードとシャーウィン共著「American Prometheus」p.343から引用したオッペンハイマーのことば。

20 一九四六年七月十日にバルークに宛てたトルーマンの書簡。（トルーマン「Years of Trial and Hope」p.25）

21 バルークとグロムイコ双方の提案について総括されたものは、ジョセフ・M・シラクサ「Nuclear Weapons: A Very Short Introduction（Oxford, 2008）」pp.30-36に掲載。

22 たとえば、ヴォイチェフ・マストニー「The Cold War and Soviet Insecurity: The Stalin Years（New York, 1996）」とヴラディスラヴ・ズボクとコンスタンチン・プレシャコフ共著「Inside the Kremlin' Cold War: From Stalin to Khrushcev（Cambridge, MA, 1996）」を参照。これに対する批判的な見解については、リチャード・

C・ラーク「The Cold War Revisionists kayoed:New Books Dispel More Historical Darkness」（「World Affairs, Vol.162（Fall, 1999), pp.43-62」）を参照。イリア・ガイドゥク「Stalin:Three Approaches to One Phenomenon」（「Diplomatic History, Vol.23（Winter, 1999), pp.119-125」）も参照。

23　ウラジミール・ボツニアコフ「Commoners, Commissars, and Spies:Soviet Policies and Society 1945」（アーノルド・A・オフナーとセオドア・A・ウィルソン共編「Victory in Europe 1945:From World War to Cold War（Lawrences, KS, 2000)」）p.197

24　この点については、デビッド・G・コールマンとジョセフ・M・シラクサ共著「Real-World Nuclear Deterrence:The Making of International Stragtegy（Westport, CT, 2006)」pp.5-9でくわしく述べられている。

25　ロバート・H・フェレル「Harry S. Truman and the Cold War Revisionists（Columbia, MO, 2006)」pp.50-51

26　バンディ「Danger and Survival」pp.197-231を参照。

27　バンディ「Danger and Survival」pp.197

28　一九五〇年二月四日のエベン・エアーズの日記。（「Eben A. Ayers Papers」HSTL, Box 17）

29　アンドレイ・サハロフ「Memoirs」（リチャード・ラウリイ訳（New York, 1990, pp.98-100））デビッド・ホロウェイ「The Soviet union and the Arms Race（New Haven, CT, 1983)」pp.23-25も参照。

30　デグルート「The Bomb:A Life」p.351

31　一九五五年三月一日の庶民院でのチャーチルの演説。（マーチン・ギルバート「Churchill:A Life（New York, 1991)」p.936）

32　J・ロバート・オッペンハイマー「Atomic Weapons and American Policy」（「Foreign Affairs Vol.31, No. 4 (July, 1953)」）p.529

33　得心できないが、核兵器はそれほど重要なものではないと主張する最近の研究については、ジョン・ミューラー「Atomic Obsession:Nuclear Alarmism from Hiroshima to Al-Qaeda（Oxford, 2010)」を参照。

参考文献として

原爆のさまざまな問題を知るための入門書を求めたい人は、マイケル・コートの「The Columbia Guide to Hiroshima and the Bomb（New York: Columbia University Press, 2007）」がよいと思います。この本の「Key Questions and Interpretations」と題された章は、とくに役立つ内容であり、多くの原資料も載せられています。また、原資料については、デニス・メリルの「Documentary History of the Truman Presidency, Vol.1, The Decision to Drop the Atomic Bomb on Japan（Bethesda, MD: University Publications of America, 1995）」が参考になります。核兵器の開発についての入門書としては、ジョセフ・シラクサの「Nuclear Weapons: A Very Short Introductions（Oxford and New York: Oxford University Press, 2008）」が参考になります。核兵器の開発についての詳細な内容については、リチャード・ローズの「The Making of the Atomic Bomb（New York: Simon and Schuster, 1986）」と、リチャード・ヒューレットとオスカー・E・アンダーソン共著による「The New World, 1939-1946, Vol.1, A History of the United States Atomic Energy Commission（University Park: Pennsylvania State University Press, 1962）」がよいですし、ヘンリー・デウルフ・スミスの「Atomic Energy for Military Purpose: The Official Report on the Development of the Atomic Bomb under the Auspices of the United States Government, 1940-45（Princeton, NJ: Princeton University Press, 1945）」と、ヴィンセント・C・ジョーンズの「Manhattan: The Army and the Atomic Bomb（Washington, D.C.: U.S. Government Printing Office, 1985）」も重要な文献です。マーク・フィーゲは、「The Atomic Scientists, the Sense of Wonder, and the Bomb, Environmental History, Vol.12（July, 2007）, pp.576-613」で、ロ

スアラモスでの体験について述べています。

イギリスが関与した原爆開発については、マーガレット・ゴーウィングの「Btitain and Atomic Energy, 1939-1945（New York: St. Martin's Press, 1964）」が役立ちます。デビット・ホロウェイの「Stalin and the Bomb: The Soviet Union and Atomic Energy, 1939-1956（New Haven, CT: Yale University Press, 1994）」には、ソ連の核開発計画について述べられています。マンハッタン計画にかんするソ連のスパイ活動についての詳細は、アレン・ワインスタインとアレクサンダー・ワシーリエフ共著の「The Haunted Wood:Soviet Espionage in America-the Stalin Era（New York:Random House, 1999）」と、ジョン・アール・ヘインズとハーベイ・クレーア共著の「Early Cold War Spies: The Espionage Trials That Shaped American Politics（Cambridge and New York: Cambridge University Press, 2006）」が役立つと思います。

原爆の使用の是非については、歴史家のあいだでも、はげしい論争のテーマとなっていますが、これについてはマイケル・J・ホーガン編の「America in the World: The Historiography of American Foreign Relations Since 1941（Cambridge and New York:Cambridge University Press, 1995）, pp. 207-219」のなかの「The Decision to Use the Bomb:A Historiographical Update」でJ・サムエル・ウォーカーが論評しています。ウォーカーは、十年後に書いた随想のなかで、トルーマン大統領が原爆を使用する際に「バランスのある立場」にもとづいていたことを認めていて、ウォーカーの「Recent Literature on Truman's Atomic Bomb Decision: A Search for Middle Ground, Diplomatic History, Vol.29（April, 2005）, pp.311-334」が参考になります。ごく最近の文献調査については、マイケル・コートの「The Historiography of Hiroshima: The Rise and Fall of Revisionism, The New England Journal of History, Vol.64（Fall, 2007）, pp.31-48」が役立ちます。

原爆の使用を擁護する立場として、もっとも早い時期に発表された文献としては、当時の陸軍長官だったウォー・ヘンリー・L・スティムソンの「The Decision to Use the Atomic Bomb, Harper's Magazine, Vol.194（February, 1947）, pp.97-107」がありますが、スティムソンの、この「正統主義」の立場については、ハーバート・ファイスが、「Japan Subdued: The Atomic Bomb and the End of the War in the Pacific（Princeton, NJ: Princeton University Press, 1961」と「The Atomic Bomb and the End of World War II（Princeton, NJ: Princeton University Press, 1966」の二冊のなかで詳細に述べていて、この立場を支持する根拠となっています。アメリカが原爆を投下した目的は、日本を降伏させるためだったのではなく、原爆をソ連との外交政策のため使用したと主張する、いわゆる修正主義者による初期の文献としては、P・M・S・ブラケットの「Fear, War, and the Bomb: Military and Political Consequences of Atomic Energy（New York: Mcgraw Hill, 1949）」があります。このような「原爆外交」という立場にもとづく主張は、のちのガー・アルペロビッツの「Atomic Diplomacy: Hiroshima and Potsdam（New York: Vintage, 1965」から大きな影響を受けていますが、ロバート・ジェームズ・マドックスは大胆にも、アルペロビッツの「The New Left and the Origins of the Cold War（Princeton, NJ: Princeton University Press, 1973」を見てくれただけの低級な学識にもとづいた内容だと述べています。

　原爆にかんする論争は、広島と長崎の被爆五十周年記念の前後に、とくに高まりを見せて、ガー・アルペロベッツらによる「The Decision to Use the Atomic Bomb and the Architecture of an American Myth（New York: Knopf, 1995）」や、ロバート・ジェイ・リフトンとグレッグ・ミッチェル共著の「Hiroshima in America: Fifty Years of Denial（New York: Putman's Sons, 1995」が発表されて、修正主義者を勢いづかせました。一方、ロバート・ジェームズ・マドックの「Weapons for Victory: The Hiroshima Decision Fifty Tears Later（Columbia: University of Missouri Press, 1995」と、ロバートP・ニューマンの「Truman and the Hiroshima Cult（East Lansing: Michigan State University Press, 1995）」は、トルーマンが原爆を使用したことを擁護する立場を取っています。

マーティン・シャーウィンとバートン・バーンスタインは、「原爆外交」の立場には反対しながらも、修正主義者の主張を支持する面も見せていて、これについてはマーチン・J・シャーウィンの「A World Destroyed: The Atomic Bomb and the Grand Alliance（New York:vintage, 1975）」が参考になります。バートン・バーンスタインの文献としては、「Roosevelt, Truman, and the Atomic Bomb, 1941-1945: A Reinterpretation, Political Science Quarterly, Vol.90（Spring, 1975）, pp.23-69」と「Understanding the Atomic Bomb and the Japanese Surrender: Missed Opportunities, Littel-Known Near Disasters, and Modern Memory, Diplomatic History, Vol.19（Spring, 1995）, pp.227-273」が重要です。J・サムエル・ウォーカーの「Prompt and Utter Destruction: Truman and the Use of Atomic Bomb（Chapel Hill: University of North Caroline Press, 2007）」も役立つ内容で、バランスの取れた立場から述べられています。

太平洋戦争と第二次世界大戦の終結にかんする文献は広範囲にわたっていて、この問題について代表的な論評としては、ガーハード・ワインバーグの「A World At Atoms: A Global History of World War II（New York: Cambridge University Press, 1994）」があります。リチャード・B・フランクの「Downfall: The End of the Imperial Japanese Empire（New York: Random House, 1999）」は、この問題についての重要な文献で、このテーマについて真剣に取り組んでいる学生は目をとおしておくべきです。エドワード・J・ドリアの著書は、太平洋戦争の最後の局面を知るためには欠かせないもので、著書の「MacArthur's ULTRA: Codebreaking and the War Against Japan, 1942-1945（Lawrence: University of Kansas Press, 1992）」と「In the Service of the Emperor: Essays on the Imperial Japanese Army（Lincoln: University of Nebraska Press, 1998）」が参考になります。太平洋戦争における残忍な行為を知るには、ワーナー・グルーの「Imperial Japan's World War Two, 1931-1945（New Brunswick, NJ: Transaction Publishers, 2007）」と、ジョン・ダワーの「War Without Mercy: race and

Power in the Pacific War（New York: Pantheon Books, 1986）」が太平洋戦争における人種差別上の問題について詳しく述べられています。戦争末期の残虐行為については、マックス・ヘイスティングスの「Retribution: The Battle for Japan, 1944-1945（New York: Knopf, 2008）」、トーマス・W・ツァイラーの「Unconditional Defeat: Japan, America, and the End of World War II（Wilmington, DE: SR Books, 2004）」、スタンレー・ワイントローブの「The Last Great Victory: The End of the Pacific War, July/August 1945（New York: Dutton, 1995）」などがあります。リチャード・B・フランク、バートン・J・バーンスタイン、波多野澄雄、ディビット・ホロウェイなどの著名な研究者による論評については、長谷川毅の編集による「The End of the Pacific War: Repaaraisals（Stanford: Stanford University Press, 2007）」を参照するとよいでしょう。戦争の終結とその後にもたらされた影響については、ロナルド・H・スペクターの「In the Ruins of Empire: The Japanese Surrender and the Battle for Postwar Asia（New York: Random House, 2007）」が参考になります。

　日本が最終的に戦争終結を決断した経緯について述べられた重要な文献としては、ロバート・ビュートーの「Japan's Decision to Surrender（Stanford: Stanford University Press, 1954」があります。日本が降伏する際に日本国内で意見が分かれたという経緯については、ウィリアム・クレイグの「The Fall of Japan（New York: The Dial Press, 1967）」にドラマチックに語られています。麻田貞雄は、「The Shock of the Atomic Bomb and Japan's Decision to Surrender-A Reconsideration, Pacific Historical Review, Vol.67（November, 1998）, pp.475-512」で、日本が降伏する前後の経緯について述べていますが、とりわけ重要な文献としては、ハーバート・ビックスの「Japan's Delayed Surrender: A Reinterpretaion, Diplomatic History, Vol.19（Spring, 1995）, pp.197-225」、ハーバート・P・ビックスの「Hirohito and the Making of Modern Japan（New York: HarperCollins, 2000）」、トリスタン・グルノウの「A Reexamination of the 'Shock of Hiroshima': The Japanese Bomb Projects and the

Surrender Decision, The Journal of American-East Asian Relations, Vol. 12（Fall-Winter, 2008）, pp.155-189」などがあります。

原爆の使用についての論争はおさまる兆しが見えません。今後の展望について述べた文献としては、長谷川毅の「Racing the Enemy:Stalin, Truman, and the Surrender of Japan（Cambridge, MA:Harvard University Press, 2005）」、マイケル・D・ゴードンの「Five Days in August: How World War II Became a Nuclear War（Princeton, NH:Princeton University Press, 2007）」、シーン・マロイの「Atomic Tragedy: Henry L. Stimson and the Decision to Use the Bomb Against Japan（Ithaca, NY: Cornell University Press, 2008）」、アンドリュー・ロッターの「Hiroshima: The World's Bomb（New York and Oxford:Oxford University Press, 2008）」、キャンベル・クレイグとセルゲイ・ラドチェンコ共著の「The Atomic Bomb and the Origin of the Cold War（New Haven, CT: Yale University Press, 2008）」などがあります。ステファン・ウォーカーの「Shockwave: Coundtown to Hiroshima（New York: HarperCollins, 2005）」は、興味深い内容について述べられています。ロバート・ジェームズ・マドックス編の「Hiroshima in History: The Myths of Revisionism（Columbia: University of Missouri Press, 2007）」には、最近の入手可能なすぐれた知見が多く掲載されています。D・M・ジャングレッコの「Hell to Pay: Operation Downfall and the Invasion of Japan, 1945-1947（Annapolis, MD: U.S. Naval Institute Press, 2009）」は、アメリカによって計画されていた日本本土への進攻作戦について検証するとともに「決号作戦」による日本の頑強な防衛態勢についても詳しく述べてあって、日本の敗戦と太平洋戦争の終結を理解したい人にとっては必要な内容が書かれています。

原爆の使用にかかわったさまざまな人たちについて述べられた多くの刊行物があります。そのなかで重要な文献として、ロバート・H・フェレルの「Harry S. Truman: A Life（Columbia: University of Missouri Press, 1994）」には、トルーマンが政治家として強靱さと才能のある人物だったことが述べられていて、ハロンゾ・ハンビーの「Man of the People: A Life of Harry S. Truman（New York: Oxford University Press, 1995)」では、トルーマンの複雑な性格について興味深く述べられています。トルーマン自身のことばとしては、ハリー・S・トルーマンの「Memoirs, Vol.I, Year of Decisions（New York: Doubleday, 1955)」があります。スティムソン陸軍長官については、ヘンリー・L・スティムソンとマクジョージ・バンディ共著の「On Active Service in Peace and War（New York: Harper and Brothers, 1048)」と、ゴッドフリー・ホジソンの「The Colonel: The Life and Wars of Henry L. Stimson, 1867-1950（New York: Knopf, 1990)」があります。ジェームズ・F・バーンズ国務長官は、自身が「Speaking Frankly（New York: Harper and Brothers, 1947」と「All in One Lifetime（New York: Harper and Brothers, 1958」の二つの回顧録で、みずからについて語っていますが、デビット・ロバートソンの「Sly and Able: A Political Biography of James F. Byrnes（New York: W. W. Norton, 1994)」も非常にすぐれた内容です。カイ・バードとマーティン・シャーウィン共著の「American Prometheus: The Triumph and Tragedy of J. Robert Oppenheimer（New York: Knopf, 2005)」は、ピューリッツァー賞を受賞していますが、注意を払って目をとおしておくべきです。レズリー・R・グローヴスの「Now It Can Be Told: The Story of the Manhattan Project（New York: Harper and Brothers, 1962)」は、みずからのことを率直に語っています。

戦後のアメリカの核政策の推移については、マクジョージ・バンディの「Danger and Survival: Choices About the Bomb in the First Fifty Years（New York: Random House, 1988)」に詳しく述べられています。グレッグ・ハーケンの「The Winning Weapon: The Atomic Bomb in the Cold War, 1945-1950（New York: Knopf, 1980)」とマイケル・D・ゴーディンの「Red Cloud at Dawn: Truman, Stalin, and the End of the Atomic Monopoly（New York: Farrar, Straus and Giroux, 2009)」も重要な著書です。

当時の米ソ関係と、その後の冷戦に至る推移については、ウィルソン・D・ミスキャンブルの「From Roosevelt to Truman:Potsdam, Hiroshima, and the Cold War（New York and Cambridge:Cambridge University Press, 2007）」があります。ジョン・ルイス・ギャディスの「The United States and the Origin of the Cold War, 1941-1947（New York:Columbia University Press, 1972）」のすぐれた研究や、マーク・トラクテンバーグの「A Constructed Peace:The Making of the European Settlement, 1945-1963（Princeton, NJ:Princeton University Press, 1999）」の洞察力に富んだ著書にも目をとおしておくべきです。

マイケル・ボスは、原爆の使用にかんする倫理上、道徳上の問題について、「Choices Under Fire:Moral Dimensions of World War II（New York:Knopf, 2006）」のなかの「The Decision to Drop the Atomic Bomb:Twelve Questions」の章で思慮深く述べています。哲学者エリザベス・アンスコムの批判にみちた小冊子「Mr. Truman's Degree」は、エリザベス・アンスコム自身の「The Collected Philosophical Papers of G.E.M. Anscomb, Vol.III, Ethics, Religion and Politics（Oxford:Blackwell, 1981）, pp.62-71」に復刻版が載せられています。マクジョージ・バンディとロバート・P・ニューマンは、前述の著書のなかで原爆にかんする道徳上の問題について注意を喚起しています。バンディは、マイケル・ウォルツァーが「Just and Unjust Wars:A Moral Argument with Historical Illustrations（New York:Basic Books, 1977）」のなかで自分を批判した内容に対して、具体的に思慮深い態度で反論しています。

訳者あとがき

今から八十年近く前に広島と長崎に原爆が投下されたことで、人類はひとつの教訓を得たはずです。原爆が投下された翌年の一九四六年には早くも、ジャーナリストのジョン・ハーシーが「ヒロシマ」を発表して、一瞬にして何万人もの人命を奪うほどの非人道的な核兵器が使用されたことを世界中の人たちは知ることになり、その後の国際的な核開発競争のなかで、核兵器を二度と使ってはならないし廃絶しなければならないという機運が高まるきっかけになったからです。

ただ、その一方で、なぜアメリカは原爆を投下したのか、あるいは投下する必要があったのかという問題が提起されるようになり、原爆を投下したことの是非については、現在まで論争がつづいているのです。この論争は、原爆が非人道的な行為だったことを非難するよりも前に、そもそも原爆を投下する必要性が何に起因するものだったのかという政治上の問題について議論が戦わされているのですが、いまだに一定の見解に達したとはいえないようです。

本書は、Wilson D. Miscambleの「The Most Controversial Decision」を訳出したもので、この問題について、日米の史料や歴史学者らの見解をもとに、なかでも当時のトルーマン大統領とバーンズ国務長官を中心に、アメリカの政治家たちが原爆についてどのように考えていたのかについて述べながら、著者なりの結論を導き出そうとしています。もちろん原爆が人類史上で例を見ないほどの悲劇をもたらしたことは著者も認めていますが、原爆の問題を単に道徳上の面からだけでなく、広い歴史的視野に立って、原爆が投下された意味を考えるべきではないかというのが本書の主題になっています。その詳細については本書に述べられているとおりですが、いずれにしても、原爆の使用は「正しかったのか」

ということより「なぜ必要だったのか」ということに力点が置かれていることは否定できません。そのため、被爆国のわたしたちにとっては違和感をおぼえる部分もありますが、著者は、原爆が悲惨な現実をもたらしたことはたしかだが、それでは、あなたが当時の指導者だったらどう行動しただろうかと読者に問いかけています。本書の基本的な立場は核抑止論ですが、本書は、著者のこの問いかけに対して、わたしたちはどう答えるべきなのか、あるいは正しく反論できるのかを考えるきっかけになると思います。

なお本書の編集にあたっては、幻冬舎ルネッサンスの谷口健太氏と鳥居絵里香氏に大変お世話になりました。篤く御礼申し上げます。

〈著者紹介〉

Wilson D. Miscamble

CSC（聖十字架の会衆）の聖職者ウィルソン・D・ミスキャンブルは、1988年にノートルダム大学の終身専任職に加えられた。オーストラリア出身で、1953年に生まれ、クイーンズランド大学で学んだあと、1973年に同大学を卒業して三年後に修士号を取得した。1976年にノートルダム大学に移って大学院で歴史学を専攻し、1980年に博士号を取得した。その後、オーストラリアのキャンベラにある首相内閣局の査定課で北米担当の専門家として二年間ほど勤務している。1982年の夏にノートルダム大学に戻り、「聖十字架の会衆」の聖職者養成課程に入って、1988年4月9日に聖職者の称号を授けられた。

ノートルダム大学の歴史学科では、あらゆる水準の講義を担当し、1993年から1998年まで歴史学科の主任を務めている。主な研究分野は、第二次世界大戦以降のアメリカの外交政策と、二十世紀のアメリカ国内におけるカソリック教の果たす役割についてである。

著書の「George F. Kennan and the Making of American Foreign Policy, 1947-1950」は、1992年にプリンストン大学出版局から出版され、ハリー・S・トルーマン図書賞を受賞している。また、「Keeping the Faith, Making a Difference」（2000年）を著わし、ジョン・マルシャレクと共に「American Political History: Essay on the State of the Discipline」（1997年）を編纂し、「Go Forth and Do Good: Memorable Notre Dame Commencement Addresses」（2003年）の編集にもたずさわっている。2007年に著わした「From Roosevelt to Truman: Potsdam, Hiroshima, and the Cold War」は、ケンブリッジ大学出版局から出版され、2008年にハリー・S・トルーマン図書賞を受賞している。最近の著書としては、「The Most Controversial Decision: Truman, the Atomic Bombs, and the Defeat of Japan」（2011年）と、「For Notre Dame: Battling for the Heart and Soul of a Catholic University」（2013年）がある。このほかにも数多くの論説、随筆、書評なども執筆している。もっとも新しい著書としては、「American Priest: The Ambitious Life and Contested Legacy of Notre Dame's Father Ted Hesburgh」が2019年に出版されている。

〈訳者紹介〉

金谷俊則（かなや としのり）

1951年、広島市に生まれる。

広島大学医学部卒業。広島市在住。

著書：「吉川興経」（2004年、中央公論事業出版）
「武一騒動」（2005年、同）
「毛利隆元」（2008年、同）
「ヒロシマ 叔父は十五歳だった」（2014年、幻冬舎ルネッサンス）
「Hiroshima: From the shadow of the grass」（2015年、Gentosha Renaissance Inc.）
「毛利隆元私見」（2021年、中央公論事業出版）

訳書：キャロン「わたしは広島の上空から地獄を見た」（2023年、文芸社）

日本《にほん》への原爆投下《げんばくとうか》はなぜ必要《ひつよう》だったのか

2023年4月28日　第1刷発行

著　者　　Wilson D. Miscamble
訳　者　　金谷俊則
発行人　　久保田貴幸

発行元　　株式会社 幻冬舎メディアコンサルティング
〒151-0051　東京都渋谷区千駄ヶ谷4-9-7
電話　03-5411-6440（編集）

発売元　　株式会社 幻冬舎
〒151-0051　東京都渋谷区千駄ヶ谷4-9-7
電話　03-5411-6222（営業）

印刷・製本　中央精版印刷株式会社
装　丁　　都築 陽

検印廃止
The most controversial decision : Truman, the atomic bombs, and the defeat of Japan by Wilson D. Miscamble, C.S.C.

Printed in Japan
ISBN 978-4-344-94189-2 C0031
幻冬舎メディアコンサルティングＨＰ
https://www.gentosha-mc.com/